초판 발행일 | 2025년 2월 10일
지은이 | 해람북스 기획팀
발행인 | 최용섭
책임편집 | 이준우
기획진행 | 송지효

㈜해람북스   주소 | 서울시 용산구 한남대로 11길 12, 6층
문의전화 | 02-6337-5419
팩스 | 02-6337-5429
홈페이지 | https://class.edupartner.co.kr

발행처 | (주)미래엔에듀파트너
출판등록번호 | 제2020-000101호

ISBN 979-11-6571-224-2 (13000)

이 책은 저작권법에 따라 보호받는 저작물이므로 무단전재와 무단복제를 금지하며,
이 책 내용의 전부 또는 일부를 이용하려면 반드시 저작권자와 (주)미래엔에듀파트너의
서면동의를 받아야 합니다.

※ 잘못된 책은 바꾸어 드립니다.
※ 책 가격은 뒷면에 있습니다.

Contents

01 맛있는 과일이 주렁주렁　006
- 배경 서식 지정하기
- 도형 서식 지정하기
- 그림 삽입하기

02 영어가 쏙쏙 영어 단어 카드　012
- 텍스트 상자 삽입하기
- 도형 서식 지정하기
- 도형 복사하기
- 그림 삽입하기

03 새콤 달콤 오렌지 주스　018
- 배경 서식 지정하기
- 도형 효과 지정하기
- 개체 순서 변경하기

04 학교 폭력 반대 포스터　024
- 정렬 기능으로 맞추기
- 투명한 색 설정하기
- 자르기 도구 이용하기
- WordArt 삽입하기

05 반짝 반짝 무도회 가면　030
- 배경 서식 지정하기
- 투명한 색 지정하기
- 그림 자르기 및 색 다시 칠하기

06 우리집 카페 메뉴판　036
- 그림으로 저장하기
- 배경 서식 및 도형 서식 지정하기
- WordArt 삽입하기
- 스포이트로 색 추출하기

07 달콤한 탕후루 가게　044
- 배경 서식 지정하기
- 도형 빼기
- 자르기와 투명한 색 설정하기

08 우리 모두의 컴퓨터 교실　050
- SmartArt 삽입하기
- SmartArt 색 변경 및 그림 삽입하기
- SmartArt 도형 모양 변경하기
- 텍스트 상자와 그림 삽입 및 효과 지정하기

09 내가 만드는 동영상 썸네일　056
- 도형 안에 글자 입력하기
- 도형 복사하기
- 그룹화하기

10 별똥별이 떨어진다!!　062
- 배경 서식 지정하기
- 도형 효과 지정하기
- 곡선 그리기
- 이동 경로 애니메이션 설정하기

11 룰루랄라~ 나만의 놀이공원　070
- 자르기 및 투명한 색 지정하기
- 보관할 영역 표시 및 제거할 영역 표시

12 역사 속 위인들을 찾아서　076
- 도형 및 그림 삽입하기
- 텍스트 상자 삽입하기
- 그룹화 하기

Contents

13 가로세로 낱말 퀴즈! 082
- 슬라이드 세로 방향 설정하기
- 표 삽입 및 스타일 설정하기
- 표 음영 색 지정하기

14 우리나라를 소개합니다. 088
- 새 슬라이드 추가하기
- 문자 간격 조정하기
- 슬라이드 마스터 설정하기

15 아픈 지구를 지키는 방법 094
- 테마 설정하기
- 슬라이드 마스터 설정하기
- 그림 스타일 설정하기

16 초등학생이 희망하는 직업 100
- 간격을 동일하게 정렬하기
- 그림 크기 조절하기
- 위쪽 맞춤으로 정렬하기

17 아름다운 하모니, 오케스트라 106
- 그림 삽입 후 복사하기
- 하이퍼링크 설정하기
- 슬라이드 쇼 보기

18 로딩 중... 112
- 모양 조절점으로 도형 모양 변경하기
- 도형 병합으로 새로운 모양 만들기
- 밝기 변화 애니메이션 설정하기

19 상자 안에 무엇이 있을까요? — 118
- 텍스트 변환하기
- 애니메이션 타이밍 설정하기
- 트리거 적용하기

20 카드 뉴스 만들기 — 124
- 텍스트 그림자 설정하기
- 투명도 설정하기
- 도형 병합하기

21 나는 누구일까요? — 130
- 맞춤 기능으로 정렬하기
- 애니메이션 추가하기
- 지연 시간 설정하기

22 알쏭달쏭 재미있는 넌센스 퀴즈 — 136
- 애니메이션 설정하기
- 시작옵션 변경하기 ①
- 시작옵션 변경하기 ②
- 하이퍼링크 설정하기

23 숨은 그림 찾기 — 144
- Ctrl + D 키를 이용하여 복사하기
- 트리거 적용하기
- 애니메이션 효과 옵션 설정하기

24 내가 만드는 그림 퍼즐 — 152
- 도형 삽입하기
- 도형 병합하기 및 그림으로 저장하기
- 그림 퍼즐 완성하기

CHAPTER 01 맛있는 과일이 주렁주렁

오늘의 미션
- 배경 서식 지정하기
- 도형 서식 지정하기
- 그림 삽입하기

과일은 사람들이 식용으로 하는 열매로, 줄기에서 나는 토마토, 수박 등과 나무에서 나는 사과, 배, 귤 등으로 나눌 수 있습니다. 이번 시간에는 파워포인트 프로그램을 활용하여 도형과 그림을 삽입하여 맛있는 과일이 주렁주렁 열린 과일 나무를 만들어 봅시다.

작품 미리보기

예제파일 나무1~2.png, 사과.png, 오렌지.png   **완성파일** 과일나무(완성).pptx

01 배경 서식 지정하기

파란 하늘을 표현하기 위해 배경 서식을 그라데이션으로 지정합니다.

1 PowerPoint 2021 프로그램을 실행하고 [새로 만들기]-[새 프레젠테이션]을 클릭합니다. [홈] 탭의 [슬라이드] 그룹에서 [레이아웃]을 클릭한 후 [빈 화면]을 클릭합니다.

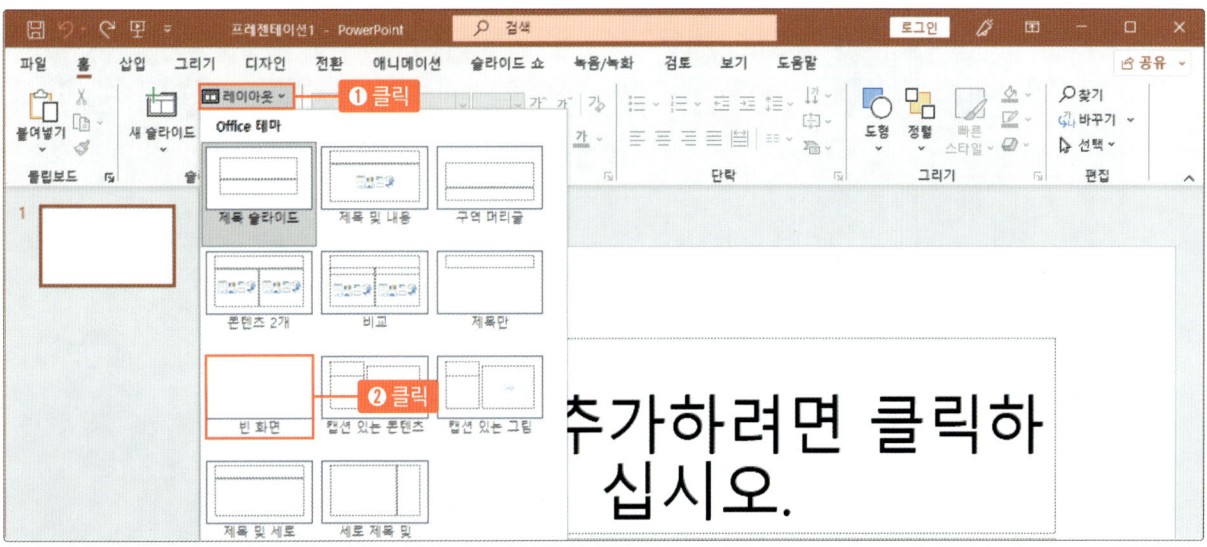

2 슬라이드 화면에서 마우스 오른쪽 버튼을 클릭하여 바로 가기 메뉴를 실행하고 [배경 서식]을 클릭한 다음 [배경 서식] 작업창에서 [그라데이션 채우기]를 클릭합니다.

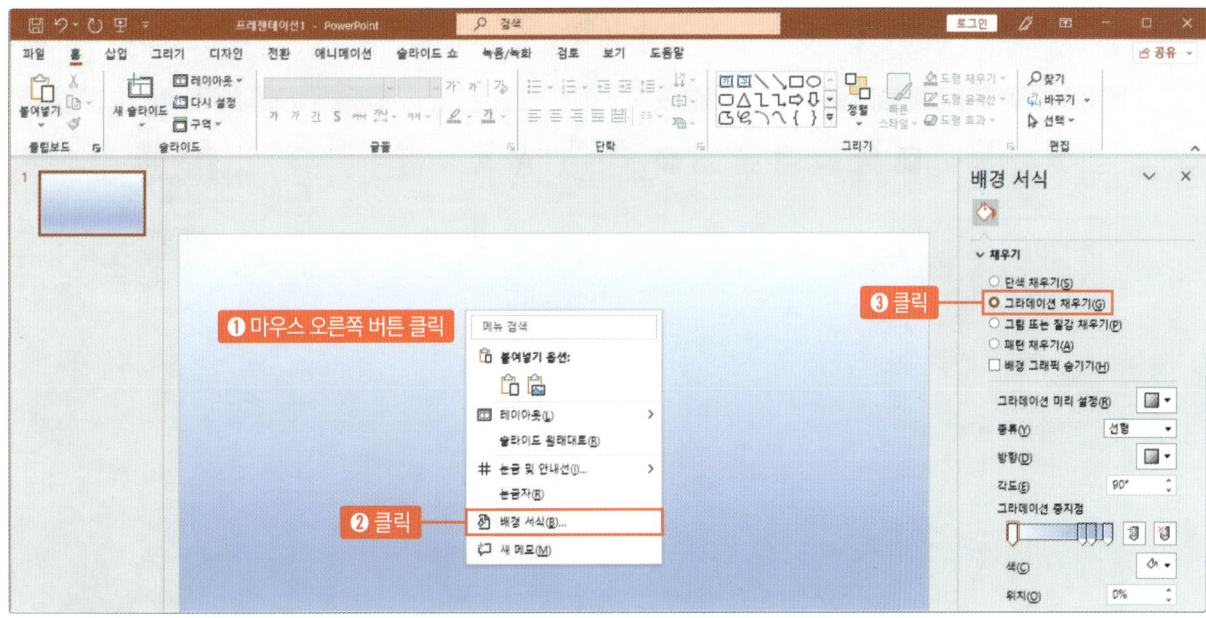

TIP

기본 그라데이션의 색 이외에도 그라데이션 중지점의 색을 변경하여 사용할 수 있어요.

02 도형 서식 지정하기

도형을 삽입한 후 도형 채우기와 도형 윤곽선을 변경합니다.

① [삽입] 탭의 [일러스트레이션]-[도형]을 클릭한 후 '순서도: 문서'를 클릭하고 마우스로 클릭, 드래그하여 도형을 추가합니다.

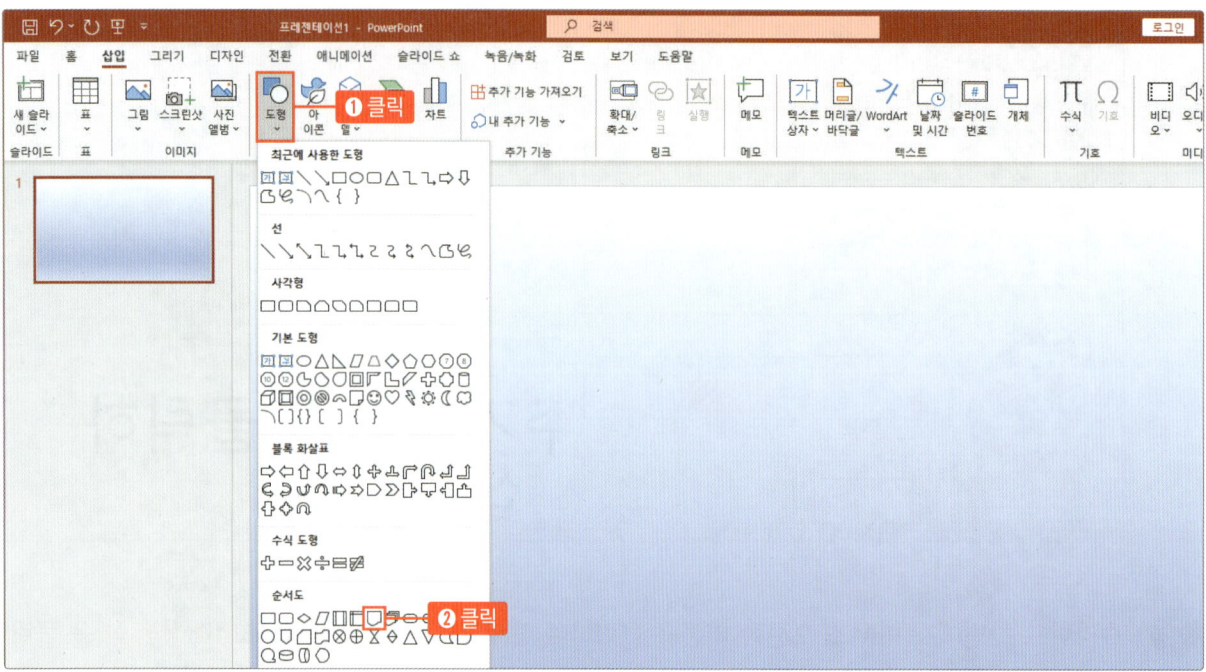

② 추가한 도형을 클릭하여 선택한 후 [도형 서식] 탭의 [정렬] 그룹에서 [회전]-[상하 대칭]을 클릭합니다.

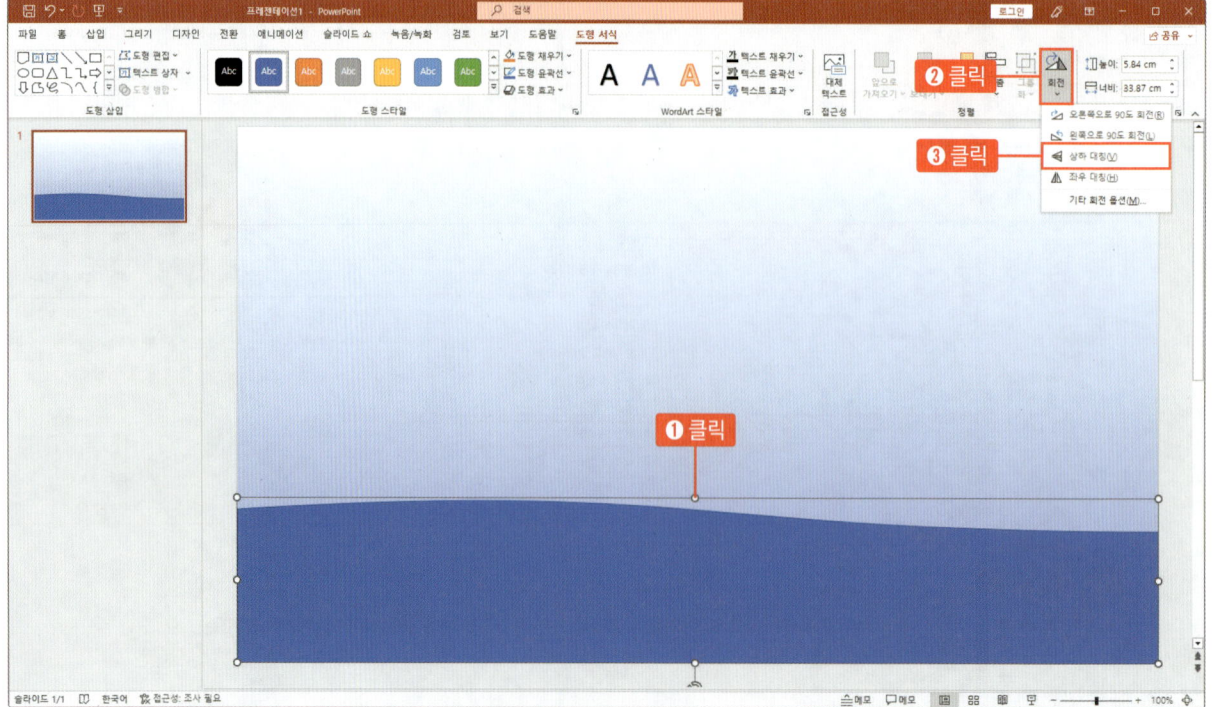

3 [도형 서식] 탭의 [도형 스타일] 그룹에서 [도형 채우기]를 클릭하고 '녹색, 강조 6, 25% 더 어둡게'를 클릭합니다. 그 다음 [도형 윤곽선]을 클릭하여 [윤곽선 없음]을 클릭합니다.

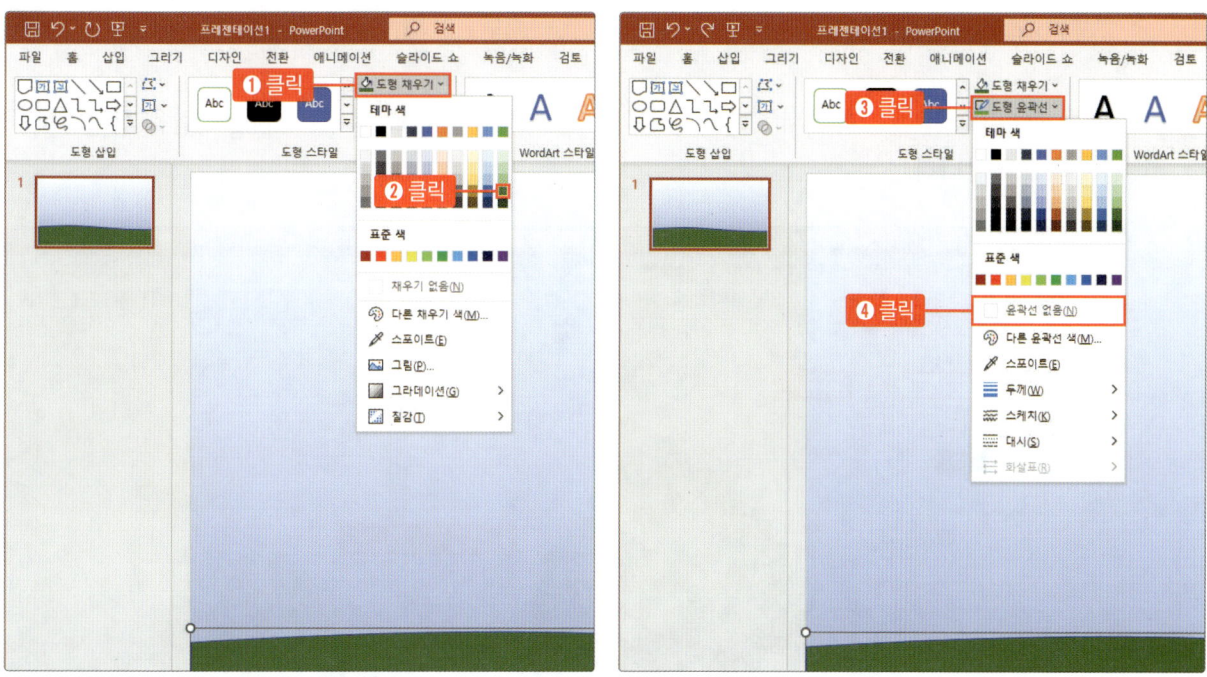

4 ①~③과 같은 방법으로 '구름'과 '해' 도형을 삽입한 후 도형 서식과 크기 및 위치를 변경합니다.

TIP

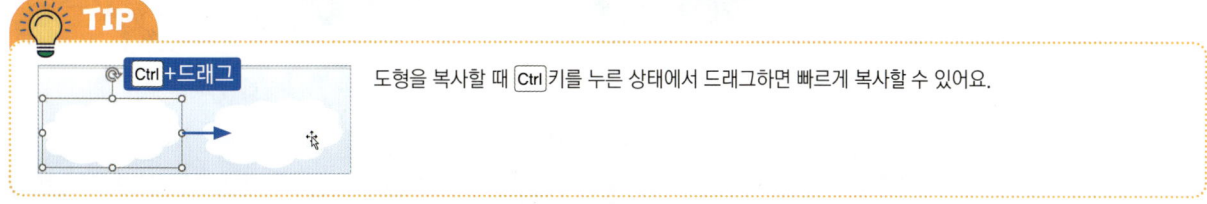

도형을 복사할 때 Ctrl 키를 누른 상태에서 드래그하면 빠르게 복사할 수 있어요.

03 그림 삽입하기

이미지를 불러와 나무 그림과 과일 그림을 삽입합니다.

① [삽입] 탭의 [이미지] 그룹에서 [그림]-[이 디바이스]를 클릭하고 '나무1~2.png' 그림을 삽입한 후 크기 및 위치를 조절합니다.

② '사과.png'와 '오렌지.png'를 삽입하고 복사하여 크기 및 위치를 조절합니다. 그 다음 회전 조절점을 이용하여 그림을 회전하고 같은 방법으로 과일나무를 꾸며봅니다.

실력 쑥쑥! 창의력 쑥쑥!

1 도형과 그림을 삽입하고 서식을 변경하여 다음과 같은 농장을 완성해 보세요.

> 예제파일 농장1~5.png   완성파일 농장꾸미기(완성).pptx

❶ 배경 서식
단색 채우기 – '파랑, 강조5, 80% 더 밝게'

❷ 도형 삽입
- '구름'
  도형 채우기 – '흰색, 배경 1'
  도형 윤곽선 – '윤곽선 없음'
- '순서도: 문서'
  도형 채우기 – '녹색, 강조 6, 25% 더 어둡게'
  도형 윤곽선 – '윤곽선 없음'
  회전 – '상하 대칭'
- '이등변 삼각형'
  도형 채우기 – '녹색, 강조 6, 25% 더 어둡게'
  도형 윤곽선 – '윤곽선 없음'

❸ 그림 삽입
'농장1~5.png'

2 도형과 그림을 삽입하고 서식을 변경하여 다음과 같은 나의 방을 완성해 보세요.

> 예제파일 방1~7.png   완성파일 방꾸미기(완성).pptx

❶ 배경 서식
패턴 채우기 – '점선: 5%', 전경색 – '자주'

❷ 도형 삽입
- '직사각형'
  도형 채우기 – '주황, 강조 2, 60% 더 밝게'
  도형 윤곽선 – '윤곽선 없음'
- '타원'
  도형 채우기 – '노랑'
  도형 윤곽선 – '윤곽선 없음'

❸ 그림 삽입
'방1~7.png'

영어가 쏙쏙 영어 단어 카드

CHAPTER 02

오늘의 미션
- 텍스트 상자 삽입하기
- 도형 서식 지정하기
- 도형 복사하기
- 그림 삽입하기

 영어를 능숙하게 사용하려면 영어 단어를 많이 알아야합니다. **영어 단어를 쉽게 외우기 위해 단어 카드**를 활용합니다. 이번 시간에는 파워포인트 프로그램을 활용하여 도형과 텍스트 삽입하여 영단어 카드를 만들어 봅시다.

작품 미리보기

예제파일 거북이.png, 사자.png, 코끼리.png, 펭귄.png   **완성파일** 영단어카드(완성).pptx

영어 단어 카드

텍스트 상자 삽입하기

텍스트 상자를 이용하여 영단어 카드 제목을 삽입합니다.

1 PowerPoint 2021 프로그램을 실행하고 [새로 만들기]-[새 프레젠테이션]을 클릭한 후 [홈] 탭의 [슬라이드] 그룹에서 [레이아웃]-[빈 화면]을 클릭합니다. 그 다음 [삽입] 탭의 [일러스트레이션] 그룹에서 [도형]-'텍스트 상자'를 삽입하고 그림과 같이 텍스트를 입력합니다.

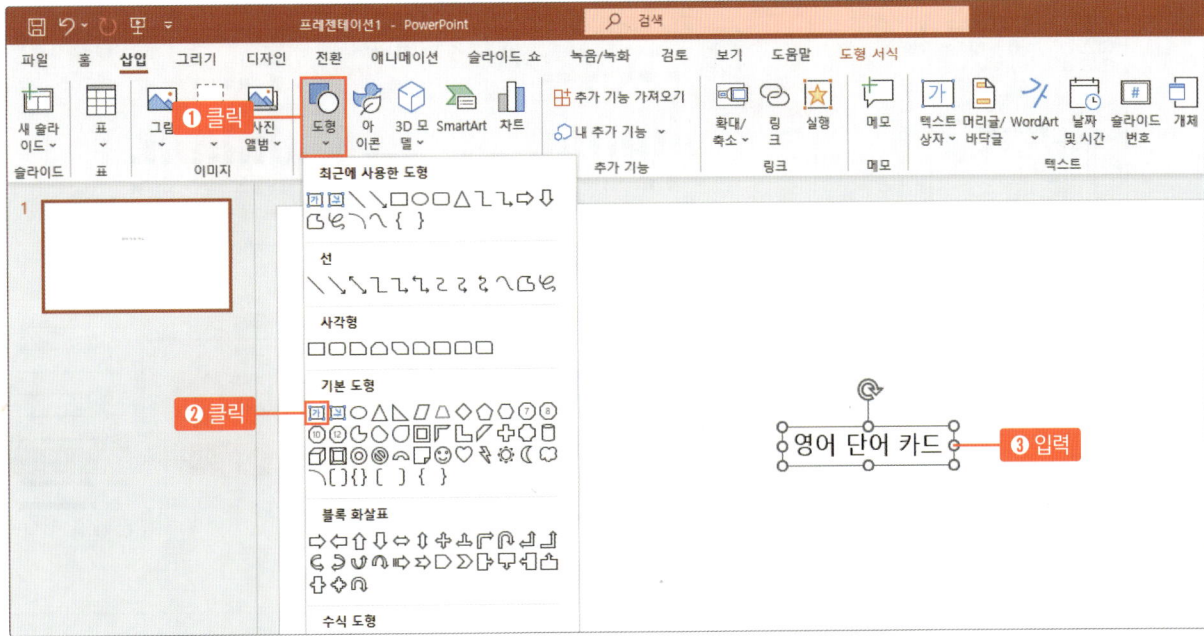

2 텍스트 상자의 외곽선을 클릭한 후 [홈] 탭의 [글꼴] 그룹에서 글꼴을 '휴먼둥근헤드라인', 글꼴 크기를 '60pt', 글꼴 색을 '검정, 텍스트1'로 지정하고, [단락]에서 '가운데 맞춤'을 설정한 다음 위치를 이동합니다.

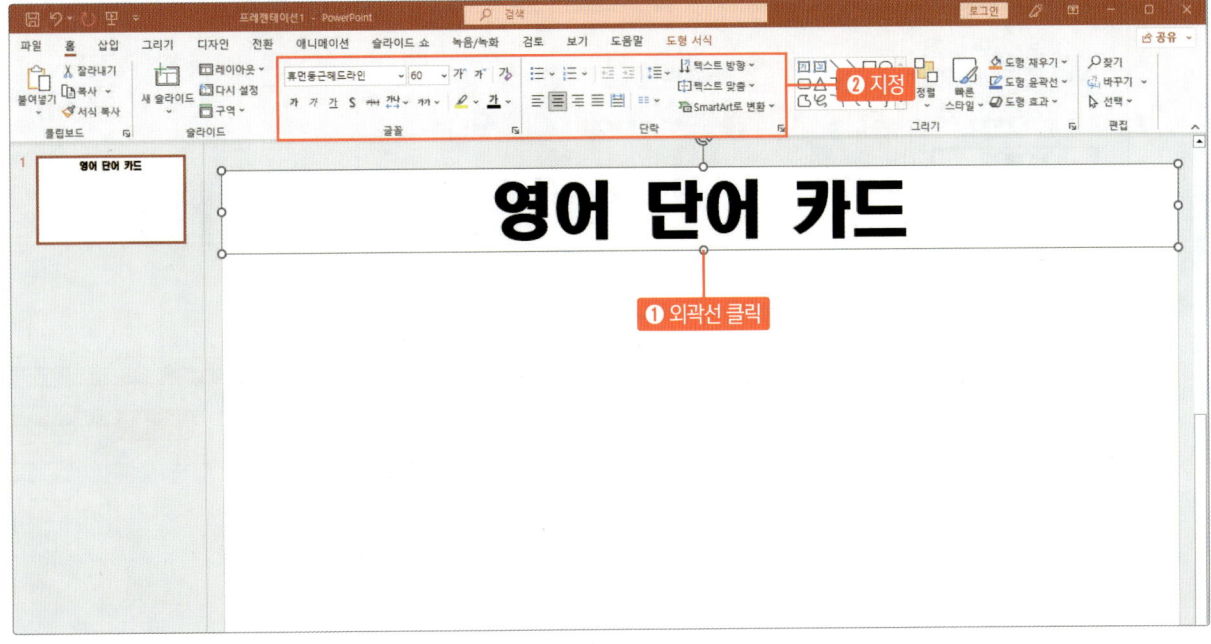

02 도형 서식 지정하기

도형 윤곽선의 색, 두께 및 대시를 변경합니다.

1. [삽입] 탭의 [일러스트레이션] 그룹에서 [도형]-'직사각형'을 삽입한 후 [도형 서식] 탭의 [도형 스타일] 그룹에서 도형 채우기-'흰색, 배경1, 5% 더 어둡게', 도형 윤곽선-'검정, 텍스트1', 두께-'3pt'로 지정합니다.

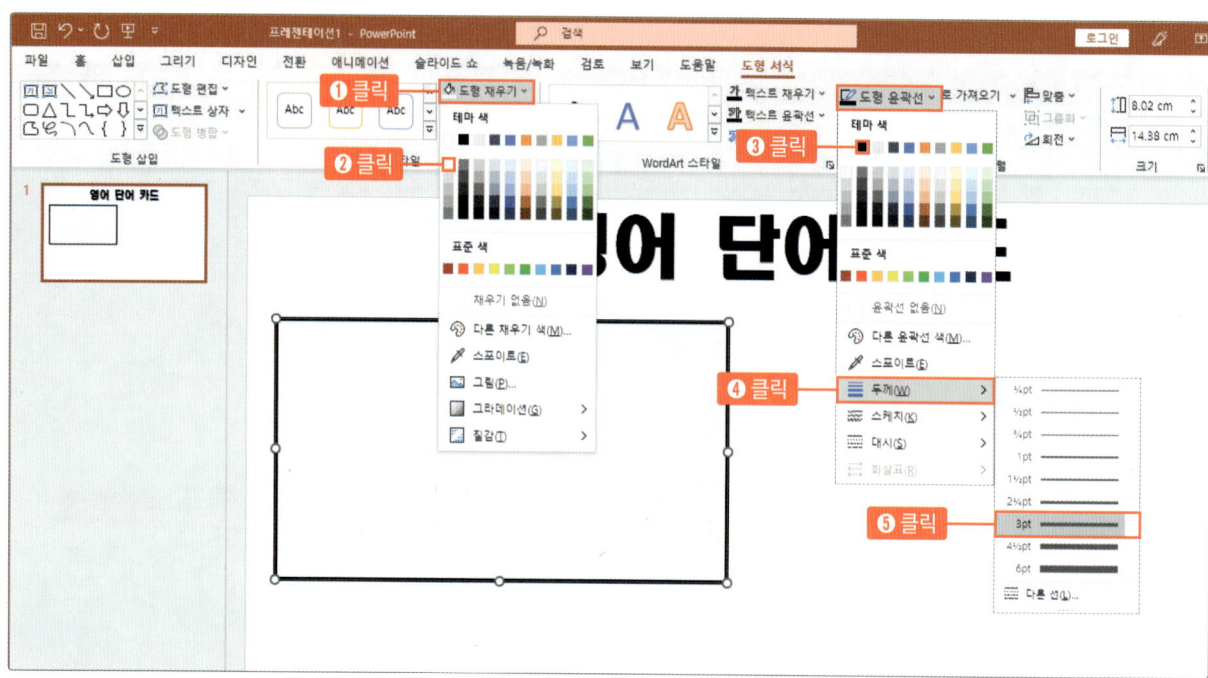

2. [삽입] 탭의 [일러스트레이션] 그룹에서 [도형]-'선'을 삽입한 후 [도형 서식] 탭의 [도형 스타일] 그룹에서 도형 윤곽선-'검정, 텍스트1', 두께-'3pt', 대시-'파선'을 지정합니다.

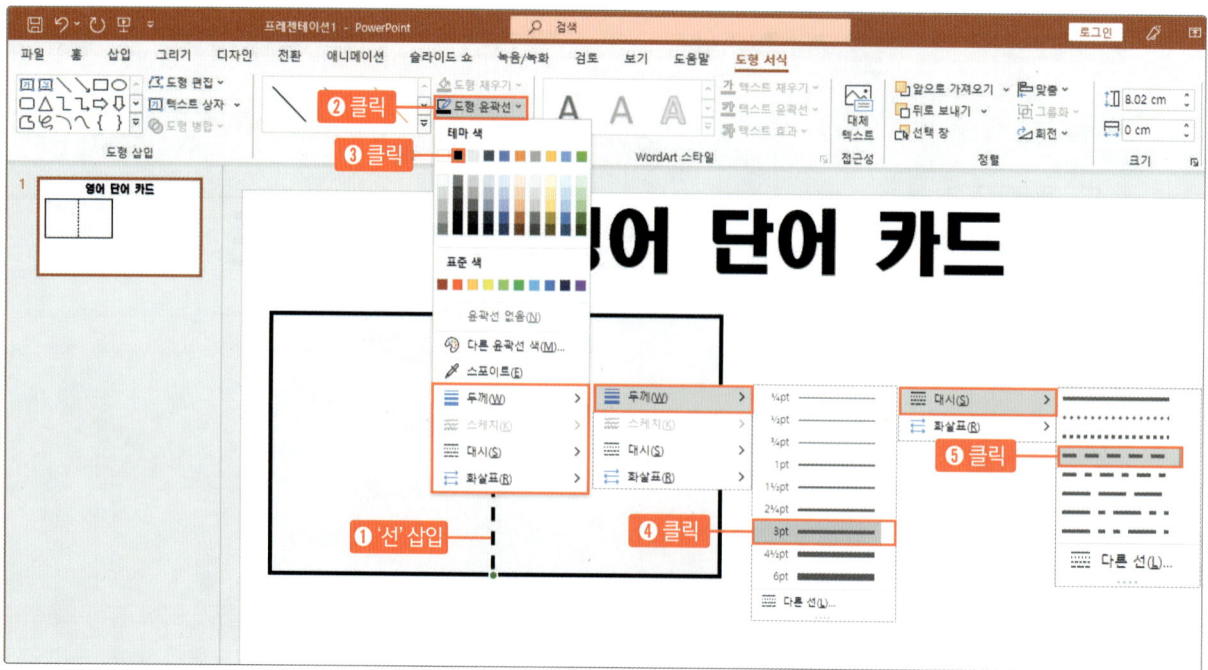

03 도형 복사하기

복사 기능을 이용하여 삽입한 도형을 복사합니다.

① 마우스를 드래그하여 삽입한 '직사각형'과 '선' 도형을 모두 선택합니다.

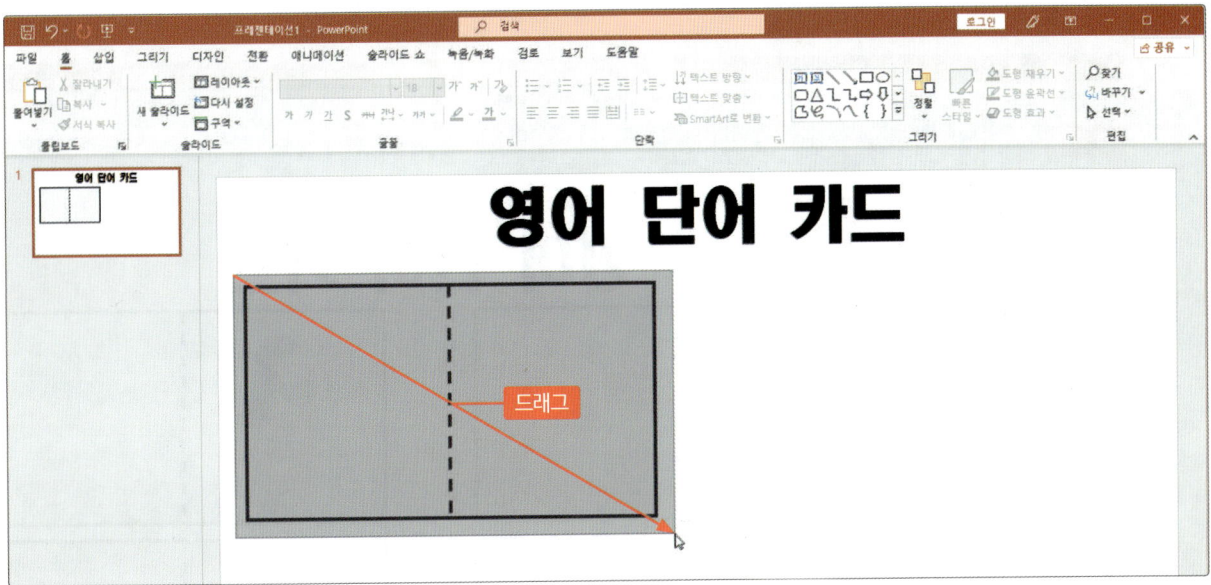

② Ctrl + Shift 키를 누른 상태에서 마우스를 드래그하여 도형을 복사합니다.

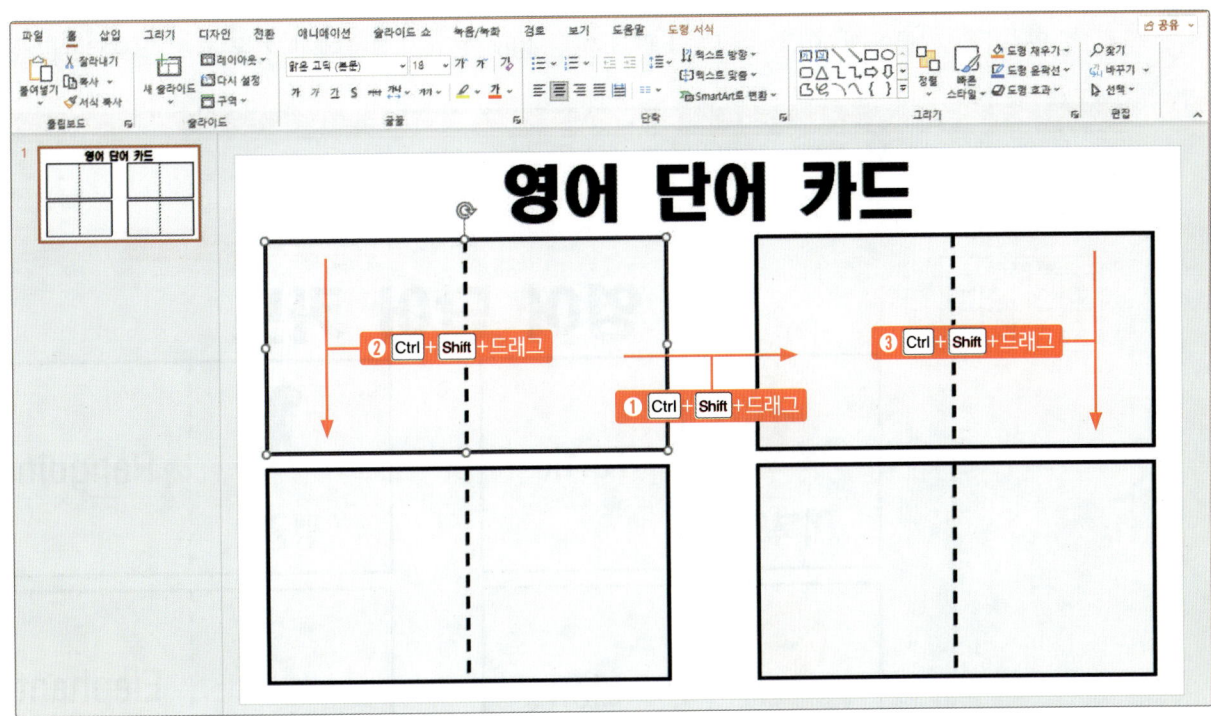

TIP
Ctrl 키를 누른 상태에서 드래그하면 빠르게 복사할 수 있어요. 이 때, Shift 키를 함께 누르면 수평과 수직을 유지하여 복사할 수 있어요.

04 그림 삽입하기

동물 그림을 삽입하고 텍스트를 입력하여 영단어 카드를 완성합니다.

1 [삽입] 탭의 [이미지] 그룹에서 [그림]-[이 디바이스]를 클릭해 '거북이.png', '사자.png', '코끼리.png', '펭귄.png' 그림을 삽입한 후 크기 및 위치를 조절합니다.

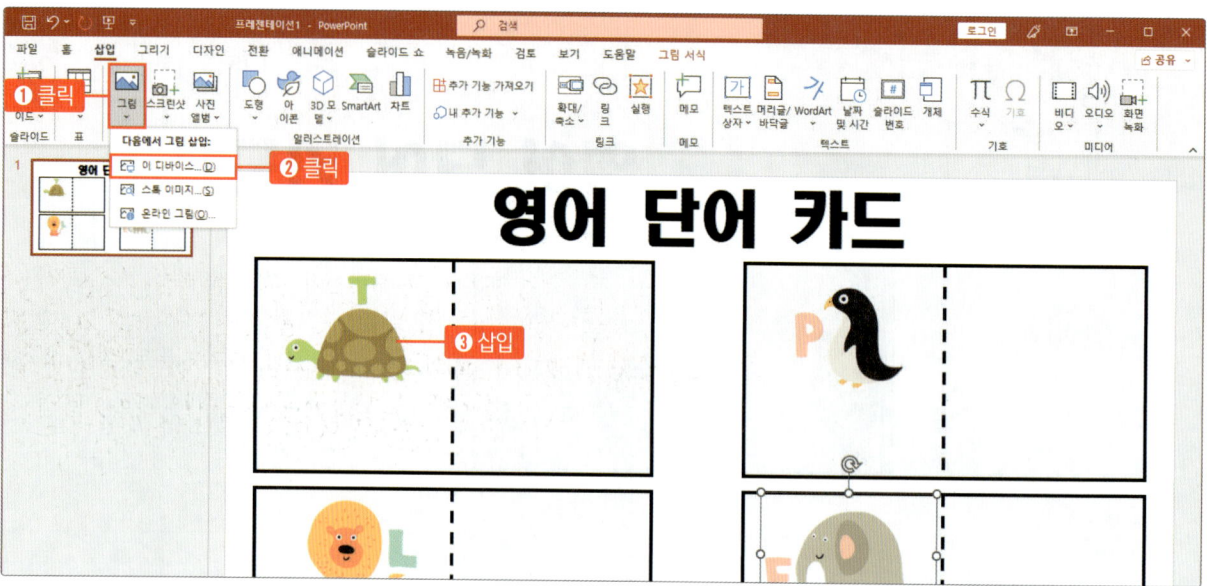

2 [삽입] 탭의 [텍스트] 그룹-'가로 텍스트 상자'를 클릭하여 삽입하고, 각각 그림과 같이 단어를 입력한 다음 [홈] 탭의 [글꼴] 그룹에서 '휴먼모음T', 글꼴 크기를 '40pt', [단락] 그룹에서 '가운데 정렬'으로 지정합니다.

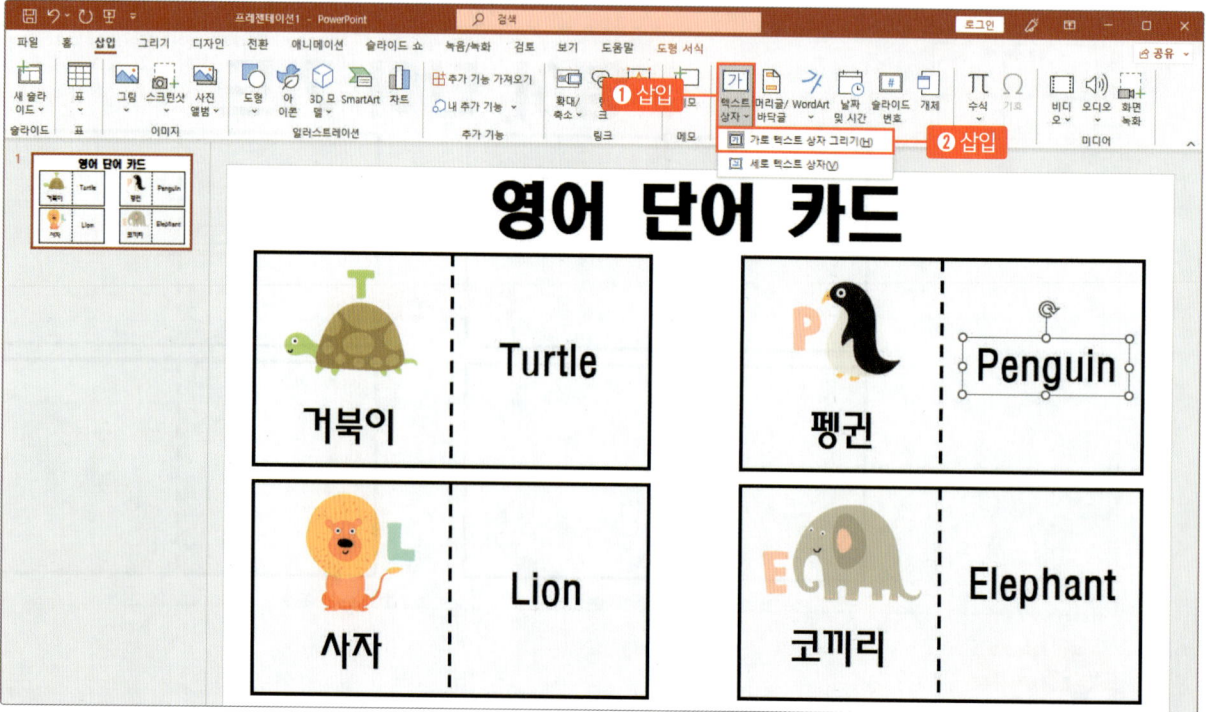

실력 쑥쑥! 창의력 쑥쑥!

1 도형과 그림을 삽입하고 서식을 변경하여 다음과 같은 이름표를 완성해 보세요.

예제파일 이름표1~4.png 완성파일 이름표(완성).pptx

❶ 도형 삽입
- '사각형: 둥근 모서리'
  도형 채우기 – '임의의 색'
  도형 윤곽선 – '윤곽선 없음'
- '가로 텍스트 상자'
  텍스트 – 'HY얕은샘물M', '28pt'
  텍스트 – '휴먼둥근헤드라인', '54pt'

❷ 그림 삽입
'이름표1~4.png'

2 도형과 그림을 삽입하고 서식을 변경하여 다음과 같은 우리 동네 지도를 완성해 보세요.

예제파일 지도1~7.png 완성파일 지도(완성).pptx

❶ 배경 서식
단색 채우기 – '밝은 회색, 배경 2, 25% 더 어둡게'

❷ 도형 삽입
- '사각형: 둥근 모서리'
  도형 채우기 – '연한 녹색'
  도형 윤곽선 – '윤곽선 없음'
- '선'
  도형 윤곽선 – '흰색, 배경1',
  두께 – '3pt'
  대시 – '긴 파선'

❸ 텍스트 상자 삽입
글꼴 – '휴먼엑스포', '28pt', '흰색, 배경 1', '검정, 텍스트 1'

CHAPTER 02 - 영어가 쑥쑥 영어 단어 카드 017

CHAPTER 03 새콤 달콤 오렌지 주스

오늘의 미션
- 배경 서식 지정하기
- 도형 효과 지정하기
- 개체 순서 변경하기

과일을 갈거나 눌러 짜서 얻은 즙을 주스라고 합니다. 이번 시간에는 파워포인트 프로그램을 활용하여 도형 효과를 이용하여 새콤 달콤 오렌지 주스를 만들어 봅시다.

작품 미리보기

예제파일 빨대.png, 오렌지1~3.png **완성파일** 오렌지주스(완성).pptx

01 배경 서식 지정하기

오렌지주스와 어울리는 배경을 만들기 위해 그라데이션 중지점 색을 변경합니다.

1 PowerPoint 2021 프로그램을 실행하고 [새로 만들기]-[새 프레젠테이션]을 클릭합니다. [홈] 탭의 [슬라이드] 그룹에서 [레이아웃]-[빈 화면]을 클릭하고 슬라이드 화면에서 마우스 오른쪽 버튼을 클릭하여 바로 가기 메뉴 중 [배경 서식]을 클릭한 다음 [배경 서식] 작업창에서 [그라데이션 채우기]를 클릭합니다.

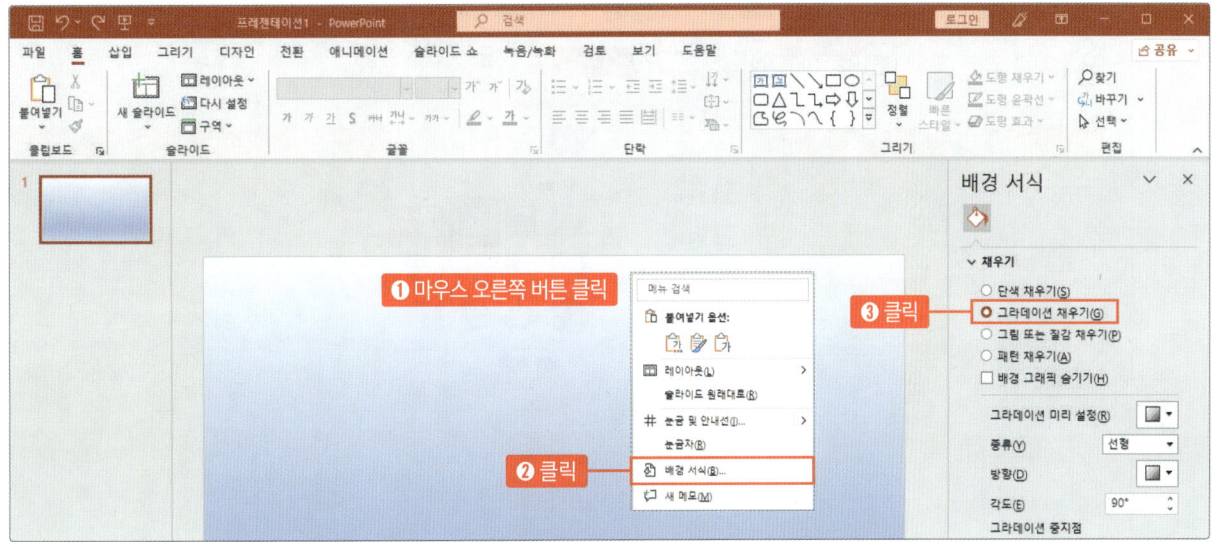

2 '그라데이션 중지점'에서 하나의 중지점을 클릭하고 그라데이션 중지점 제거를 클릭합니다. 남은 세 개의 중지점을 하나씩 클릭한 후 각각 색과 위치를 변경합니다.

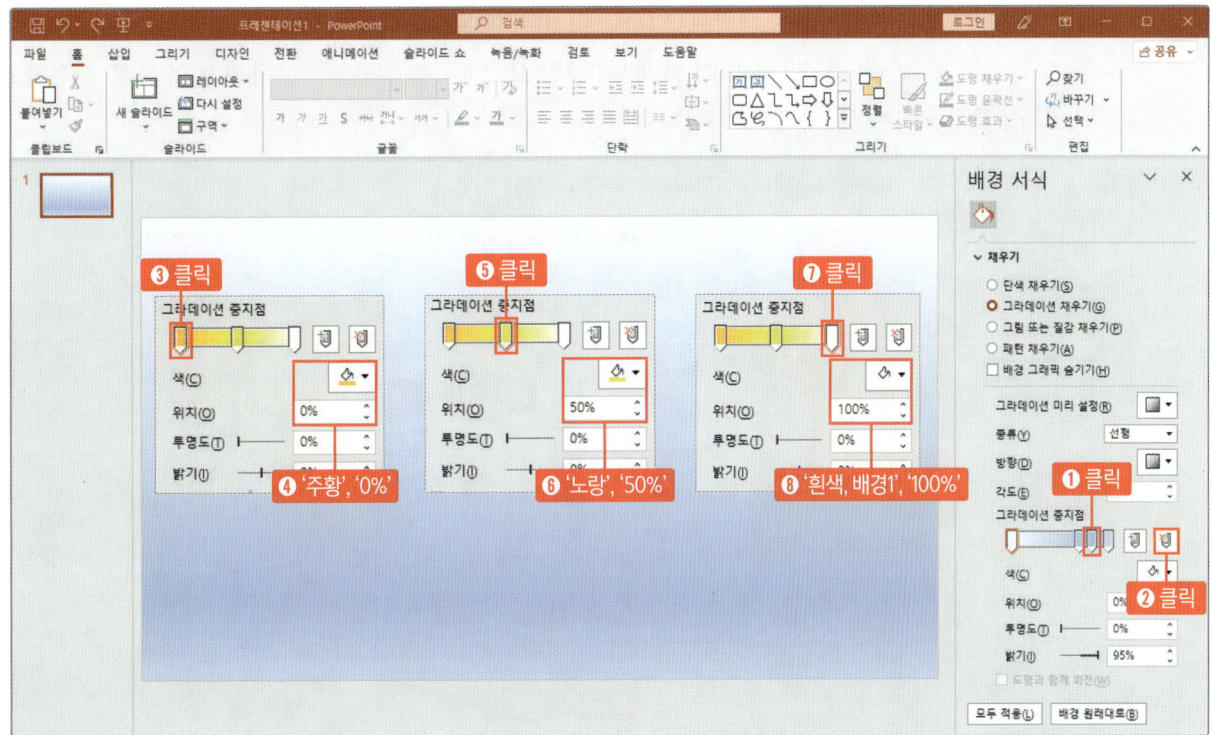

CHAPTER 03 - 새콤 달콤 오렌지 주스 019

02 도형 효과 지정하기

주스 잔과 오렌지주스를 만들기 위해 도형을 삽입하고 효과를 지정합니다.

① [삽입] 탭에서 [도형]-'타원', '사각형: 둥근 모서리'를 그림과 같이 삽입합니다. 두 도형 모두 선택하고 [도형 서식] 탭에서 [도형 채우기]-'파랑, 강조1, 80% 더 밝게', [도형 윤곽선]-'윤곽선 없음'으로 지정합니다. 그 다음 [도형 효과]-[미리 설정]-'기본 설정 3'을 클릭합니다.

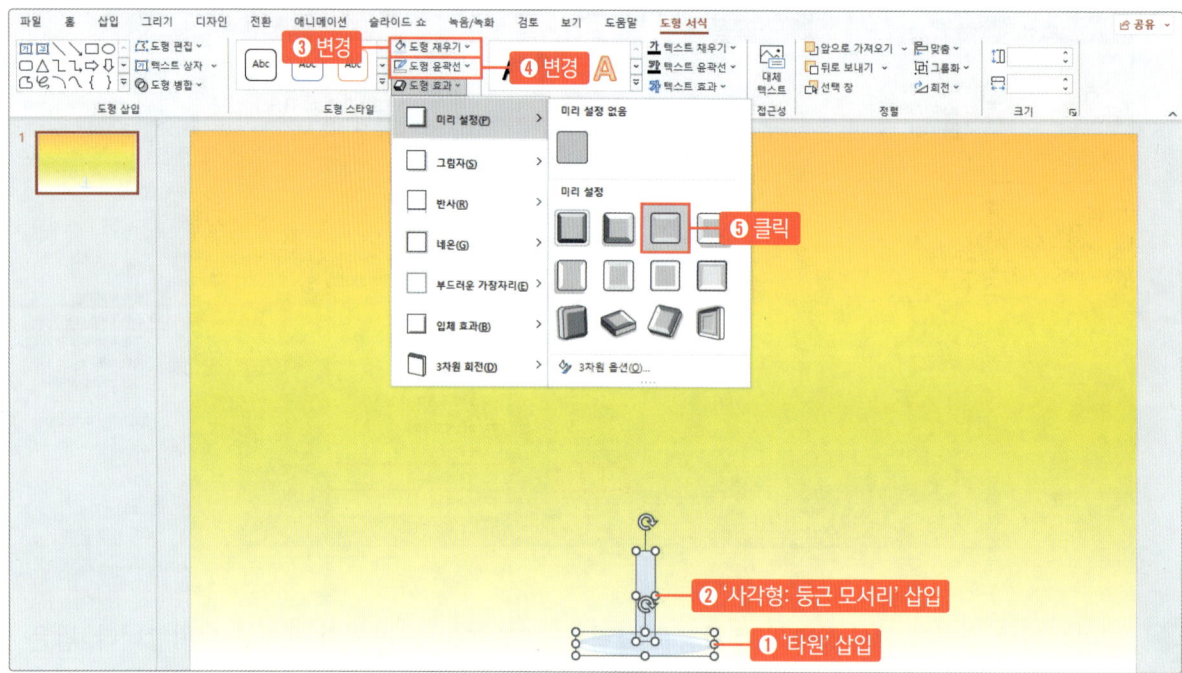

② '순서도: 지연' 도형을 삽입하고 오른쪽으로 90도 회전한 후 복사합니다. 복사한 도형의 위치와 크기를 조절한 후 [도형 채우기]를 '파랑, 강조1, 80% 더 밝게'와 '주황'으로, [도형 윤곽선]-'윤곽선 없음'으로 지정하고 [도형 효과]-[미리 설정]-'기본 설정 3'을 클릭합니다.

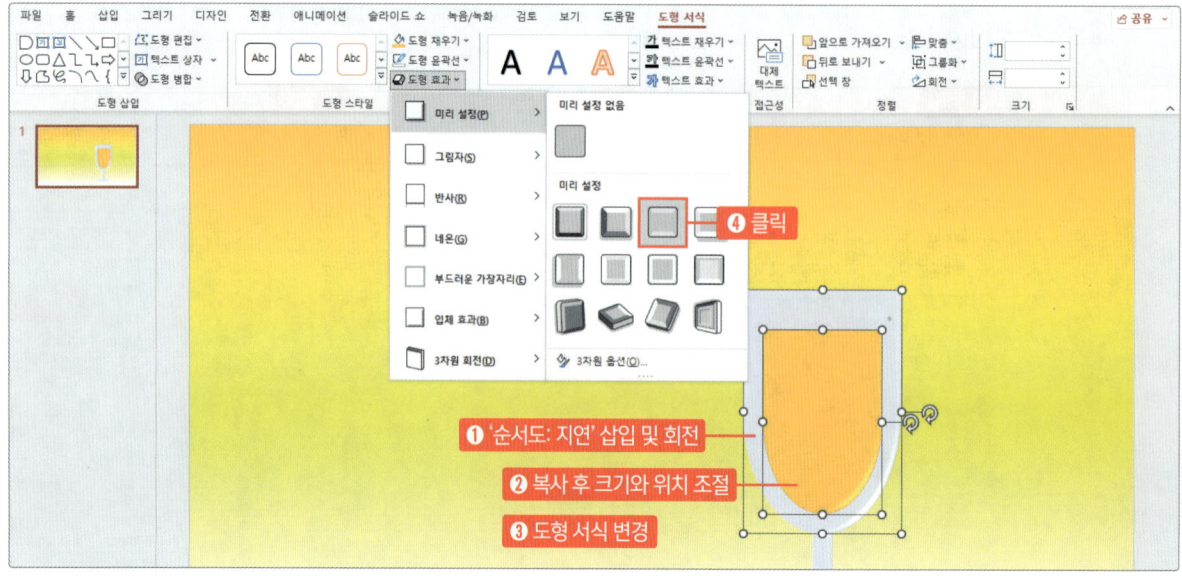

03 개체 순서 변경하기

삽입한 그림 및 도형의 순서를 변경합니다.

① [삽입] 탭의 [이미지] 그룹에서 [그림]-'이 디바이스' 클릭 후 '빨대.png' 그림을 삽입한 후, 크기 및 위치, 회전 조절점을 드래그하여 조절합니다.

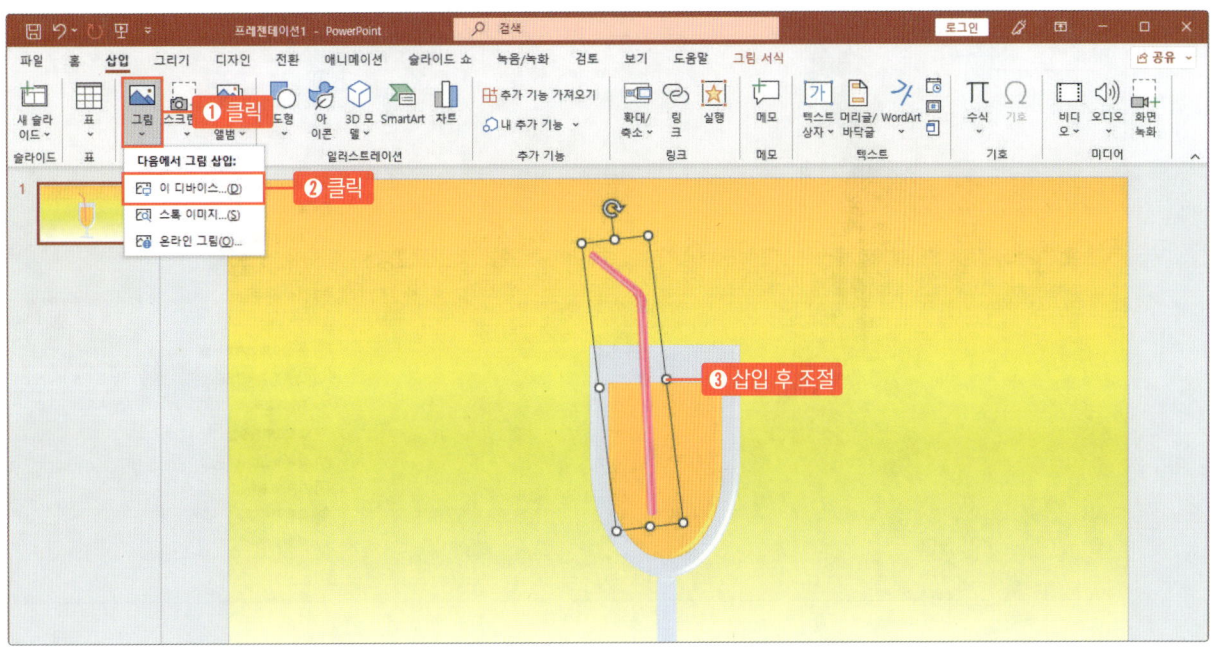

② '빨대' 그림을 클릭한 후 [그림 서식] 탭의 [정렬] 그룹에서 '뒤로 보내기'를 클릭하여 '빨대' 그림을 주황색의 '순서도: 지연' 도형 뒤로 보냅니다.

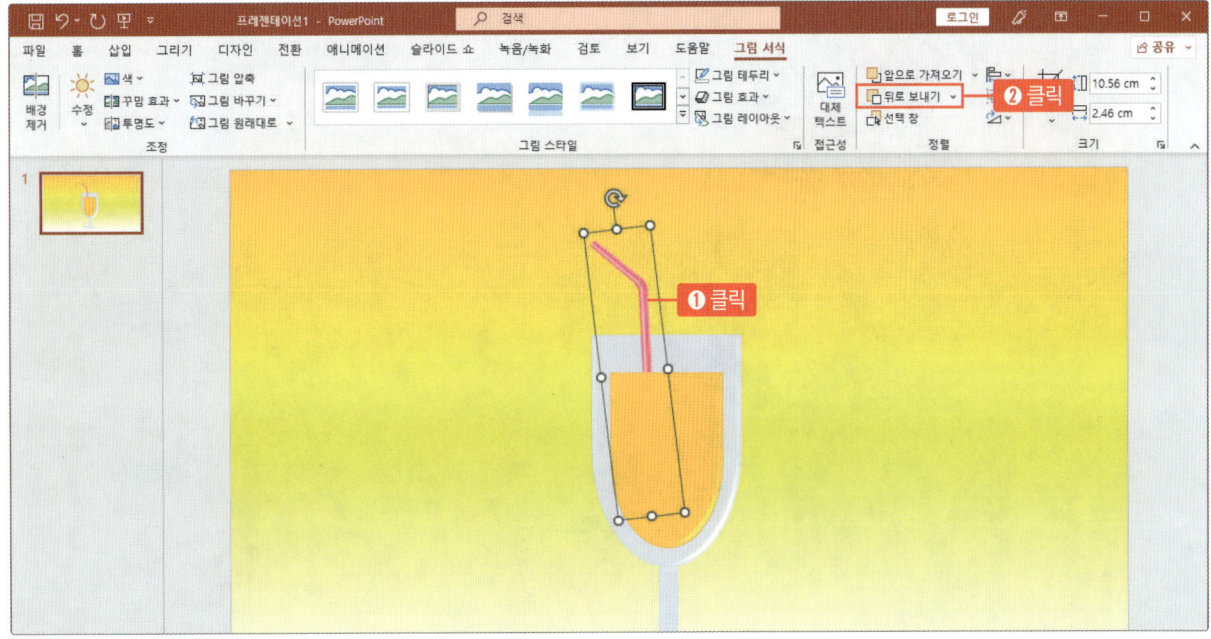

3 [삽입] 탭의 [이미지] 그룹에서 [그림]-'이 디바이스'를 클릭하여 '오렌지1.png' 그림을 삽입하고 크기 및 위치를 조절합니다. 그림을 마우스 오른쪽 버튼으로 클릭하여 바로 가기 메뉴가 실행되면 [맨 뒤로 보내기]의 [맨 뒤로 보내기]를 클릭합니다.

4 이어서 '오렌지2~3.png' 그림을 삽입한 후 크기 및 위치를 조절하고, 방향 회전 및 회전 조절점을 드래그하여 회전합니다.

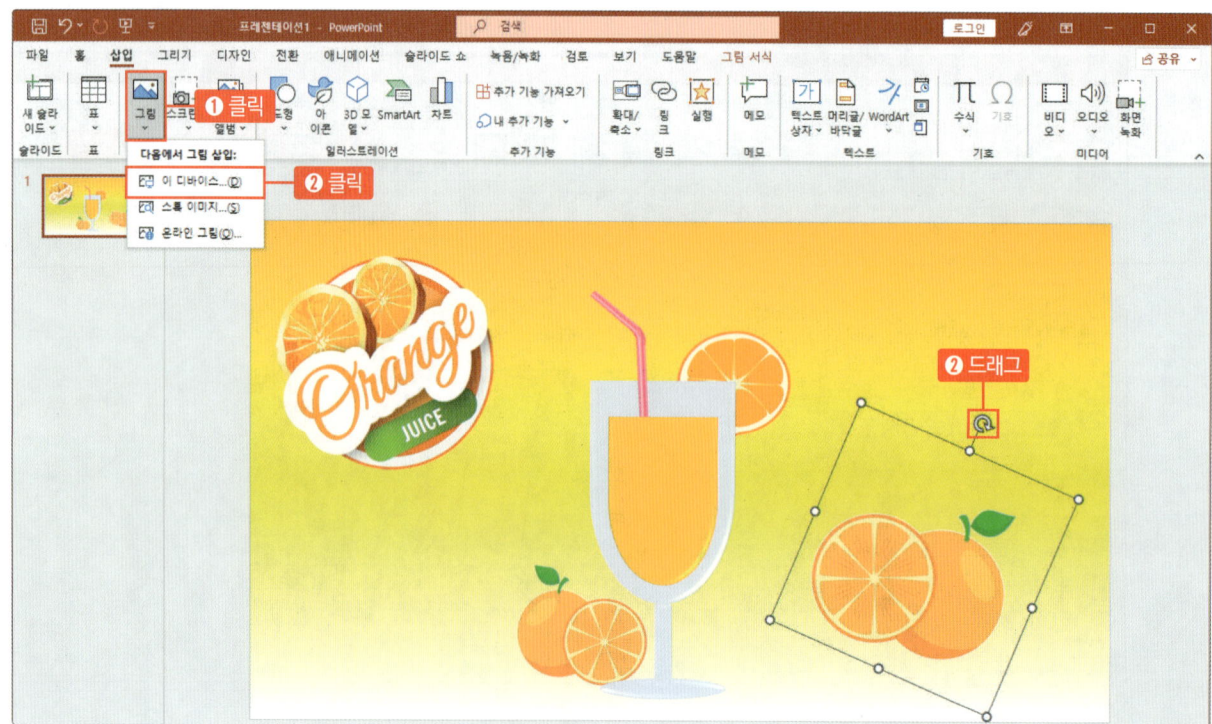

실력 쑥쑥! 창의력 쑥쑥!

1 도형과 그림을 삽입하고 서식을 변경하여 다음과 같은 도서관 예절을 완성해 보세요.

예제파일 도서관예절.png **완성파일** 도서관예절(완성).pptx

❶ 그림 삽입
  '도서관예절.png'
❷ 도형 삽입
  • "허용 안 됨" 기호
    도형 채우기 – '빨강'
    도형 윤곽선 – '윤곽선 없음'
    도형 효과 – '기본 설정1'
❸ 텍스트 상자 삽입
  글꼴 – '휴먼매직체', '40pt', '궁서체', '18pt'

2 도형을 삽입하고 서식을 변경하여 다음과 같은 스마트폰을 완성해 보세요.

예제파일 없음 **완성파일** 스마트폰(완성).pptx

❶ 배경 서식
  • 그라데이션 채우기
    첫 번째 중지점 – '녹색', '0%'
    두 번째 중지점 – '연한 녹색', '50%'
    세 번째 중지점 – '흰색, 배경 1', '100%'
❷ 도형 삽입
  • '사각형: 둥근 모서리'
    도형 채우기 – '회색, 강조 3'
    도형 윤곽선 – '윤곽선 없음'
  • '사각형: 둥근 모서리'
    도형 채우기 – '검정, 텍스트 1'
    도형 윤곽선 – '윤곽선 없음'
  • '타원'
    도형 채우기 – '흰색, 배경1'
    도형 윤곽선 – '윤곽선 없음'
❸ 텍스트 상자 삽입
  글꼴 – 'HY얕은샘물M', '50pt'

CHAPTER 04 학교 폭력 반대 포스터

오늘의 미션
- ✓ 정렬 기능으로 맞추기
- ✓ 투명한 색 설정하기
- ✓ 자르기 도구 이용하기
- ✓ WordArt 삽입하기

 학교 폭력 근절 캠페인을 열려고 합니다. 이번 시간에는 파워포인트 프로그램의 이미지 자르기 도구와 WordArt를 이용하여 학교 폭력 반대 포스터를 만들어 봅시다.

작품 미리보기

예제파일 학교폭력1~4.jpg **완성파일** 학교폭력예방(완성).pptx

 정렬 기능으로 맞추기

삽입한 도형을 슬라이드 중앙에 위치하도록 정렬합니다.

1 PowerPoint 2021 프로그램을 실행하고 [새로 만들기]-[새 프레젠테이션]을 클릭하고 [홈] 탭의 [슬라이드] 그룹에서 [레이아웃]-[빈 화면]을 클릭합니다. [삽입] 탭의 [일러스트레이션] 그룹에서 [도형]-'액자'를 삽입한 후 노란색 조절점을 드래그하여 도형 모양을 변경하고 [도형 채우기]-'파랑, 강조 1, 40% 더 밝게', [도형 윤곽선]-'윤곽선 없음'으로 지정합니다.

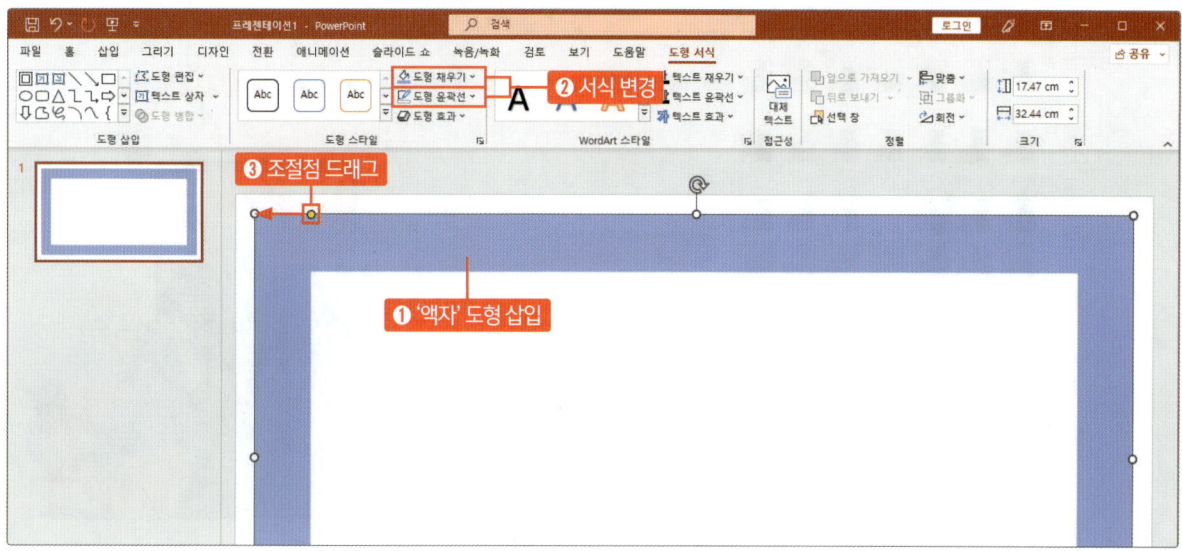

2 '액자' 도형을 클릭한 후 [도형 서식] 탭의 [정렬] 그룹에서 [맞춤]-[가운데 맞춤]과 [중간 맞춤]을 차례로 클릭하여 슬라이드의 중앙으로 정렬합니다.

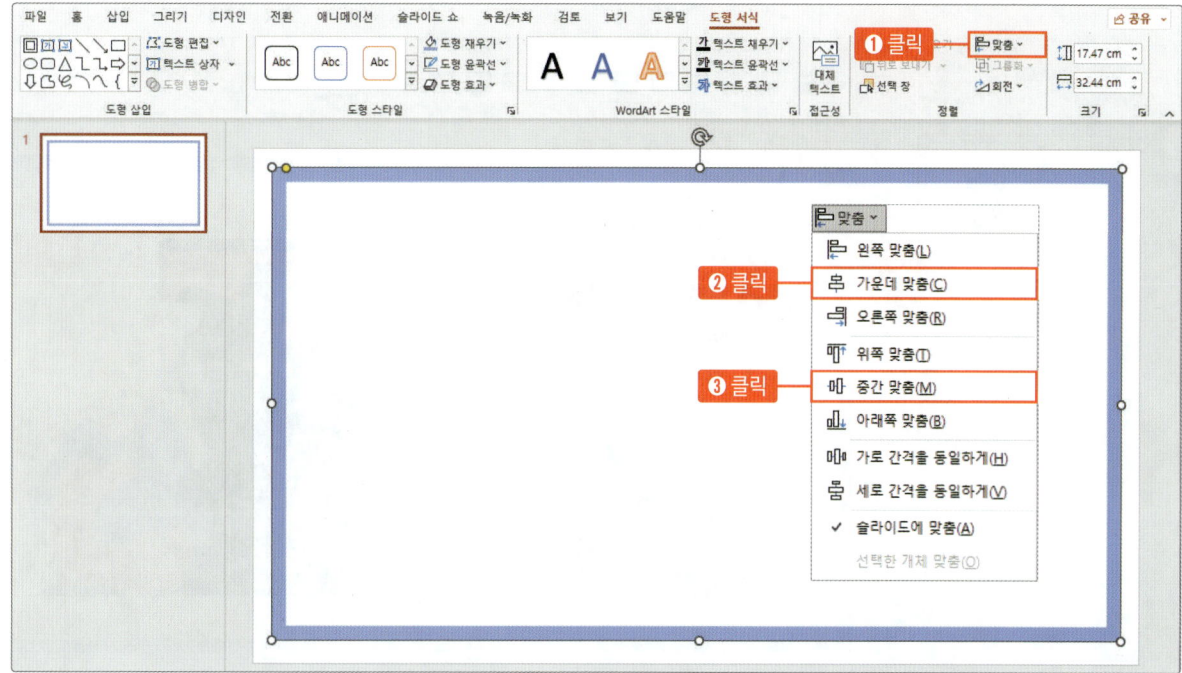

CHAPTER 04 - 학교 폭력 반대 포스터

02 투명한 색 설정하기

삽입한 그림의 배경을 투명한 색으로 설정합니다.

1 [삽입] 탭의 [이미지] 그룹에서 [그림]-'이 디바이스'를 클릭하여 '학교폭력1~2.jpg' 그림을 삽입한 후 '학교폭력1.jpg' 그림의 크기 및 위치를 조절합니다. 그 다음 '학교폭력2.jpg' 그림을 클릭하고 [그림 서식] 탭의 [조정] 그룹에서 [색]-'투명한 색 설정'을 클릭합니다.

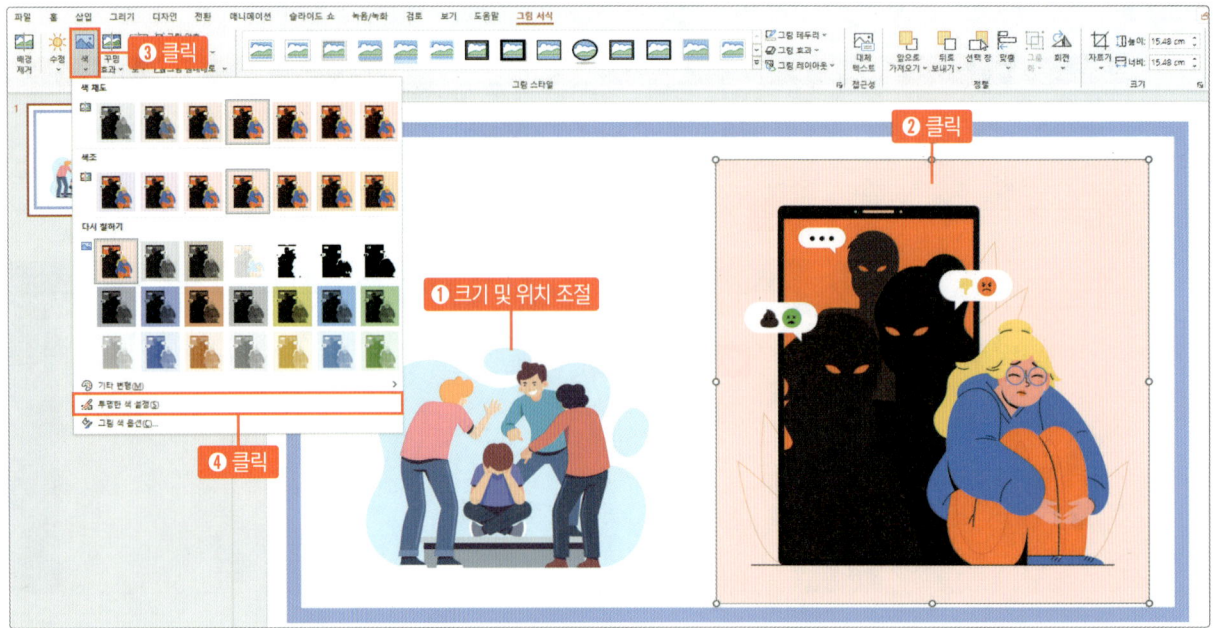

2 마우스 포인터가 '🖉'로 변경되면 '학교폭력2.jpg' 그림에서 배경색을 클릭하여 배경을 투명하게 설정합니다. 같은 방법으로 '학교폭력3.jpg' 그림을 삽입하고 배경을 투명하게 설정합니다.

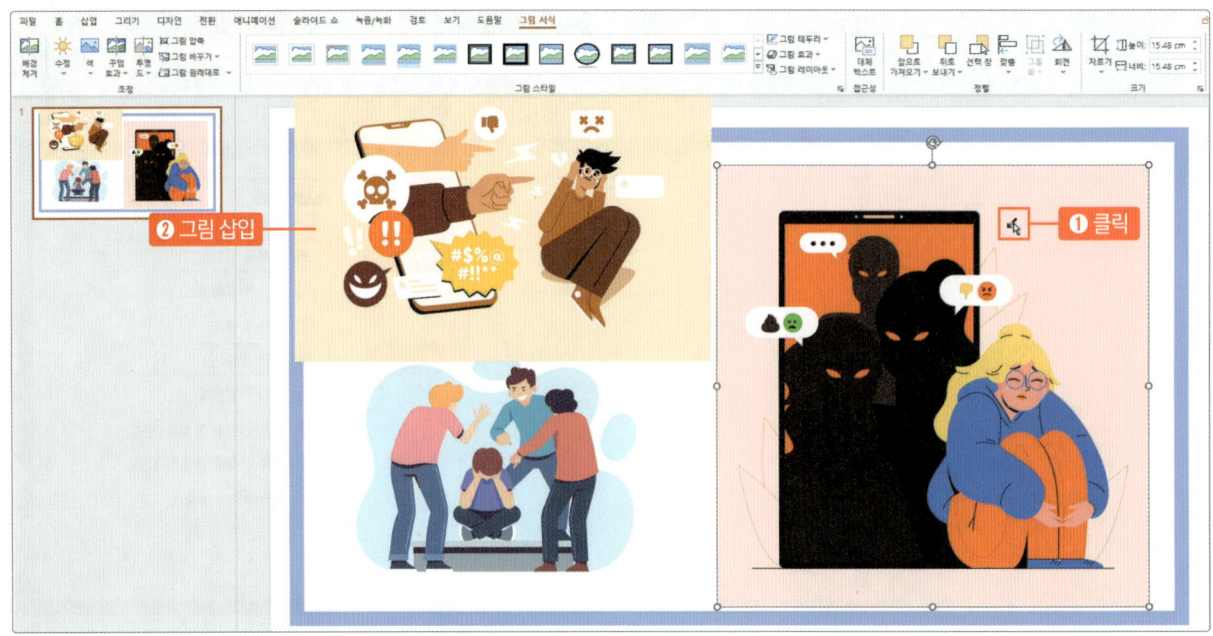

03 자르기 도구 이용하기

자르기 도구를 이용하여 큰 이미지에서 원하는 이미지만 잘라서 사용합니다.

① [삽입] 탭의 [이미지] 그룹에서 [그림]-[이 디바이스]를 클릭하여 '학교폭력4.jpg' 그림을 삽입합니다. [그림 서식] 탭의 [정렬] 그룹에서 [자르기]-'자르기'를 클릭한 후 생긴 굵은 선을 마우스로 드래그하여 원하는 이미지만 선택하고 그림 바깥 부분을 클릭하면 이미지가 잘라집니다. 잘라낸 그림의 크기와 위치를 변경합니다.

② [삽입] 탭의 [일러스트레이션] 그룹에서 [도형]-'곱하기 기호'를 클릭하여 삽입한 후 노란색 조절점을 드래그하여 도형 모양을 변경합니다. 그 다음 [도형 채우기]-'빨강', [도형 윤곽선]-'윤곽선 없음'으로 지정합니다.

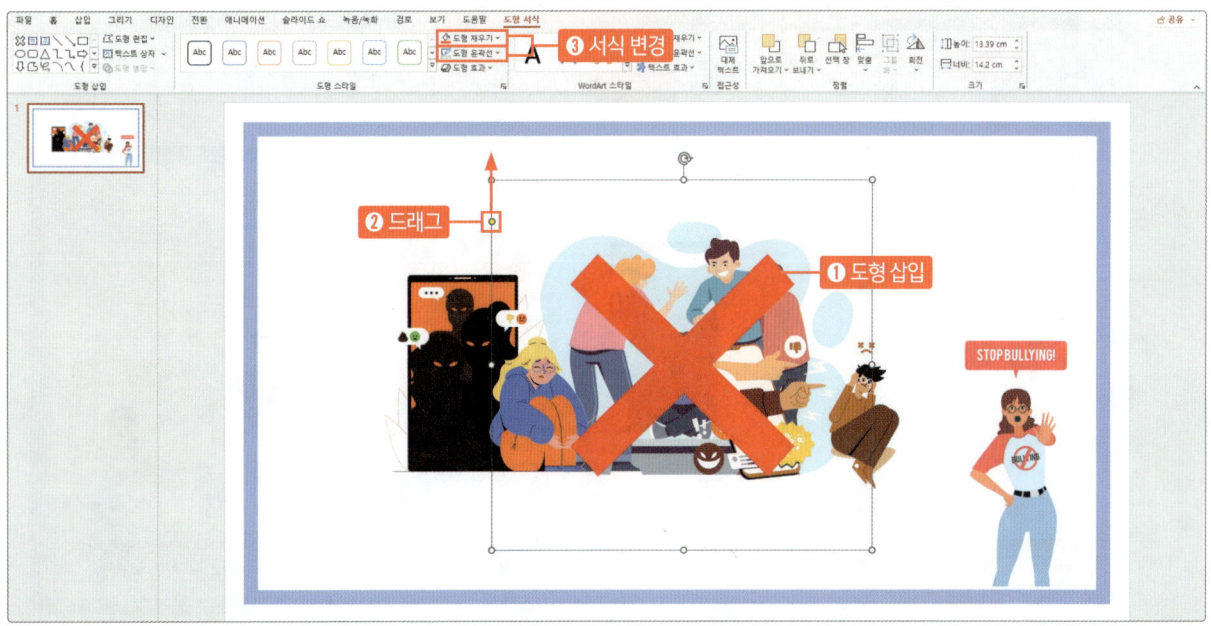

04 WordArt 삽입하기

WordArt를 사용하여 텍스트를 꾸며봅니다.

① [삽입] 탭의 [텍스트] 그룹에서 [WordArt]를 클릭하고 '무늬 채우기: 파랑, 강조색 1, 50% 진한 그림자: 파랑, 강조색 1'를 클릭하여 삽입합니다. '학교 폭력, 이젠 안녕'을 입력하고 글꼴을 '휴먼엑스포', 글꼴 크기를 '66pt'로 지정하고 원하는 위치로 이동합니다.

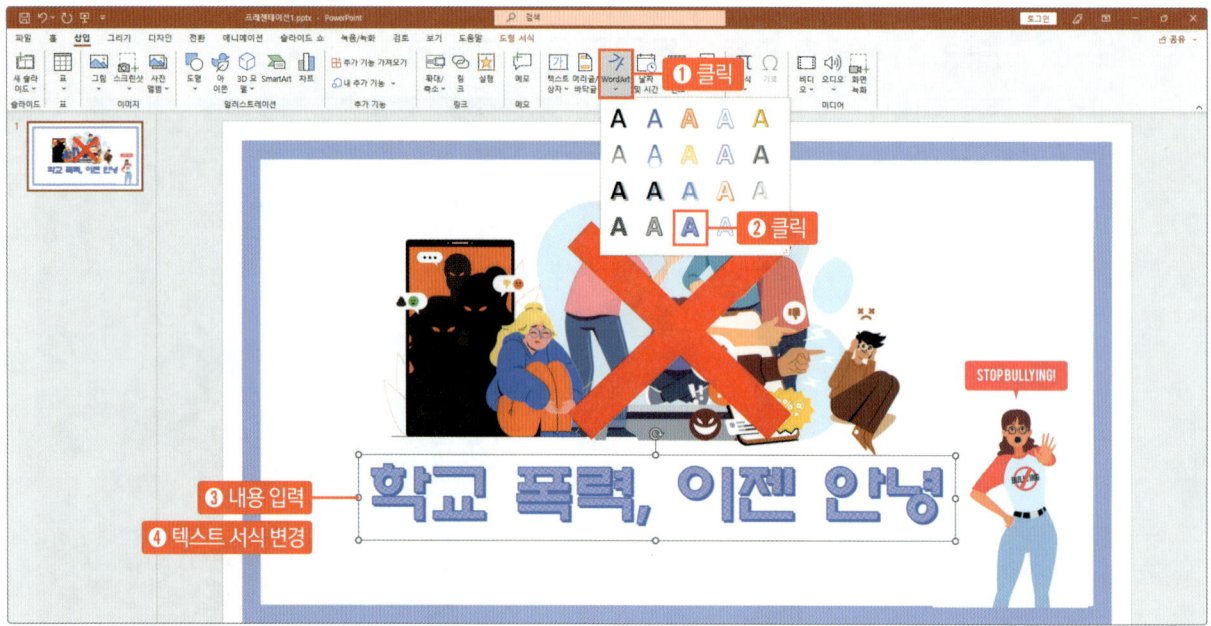

② [삽입] 탭의 [일러스트레이션] 그룹에서 [도형]-'텍스트 상자'를 클릭하여 삽입하고 아래 그림과 같이 텍스트를 입력한 후 글꼴을 'HY엽서L', 글꼴 크기를 '18pt', [단락] 그룹에서 '가운데 정렬'로 지정합니다.

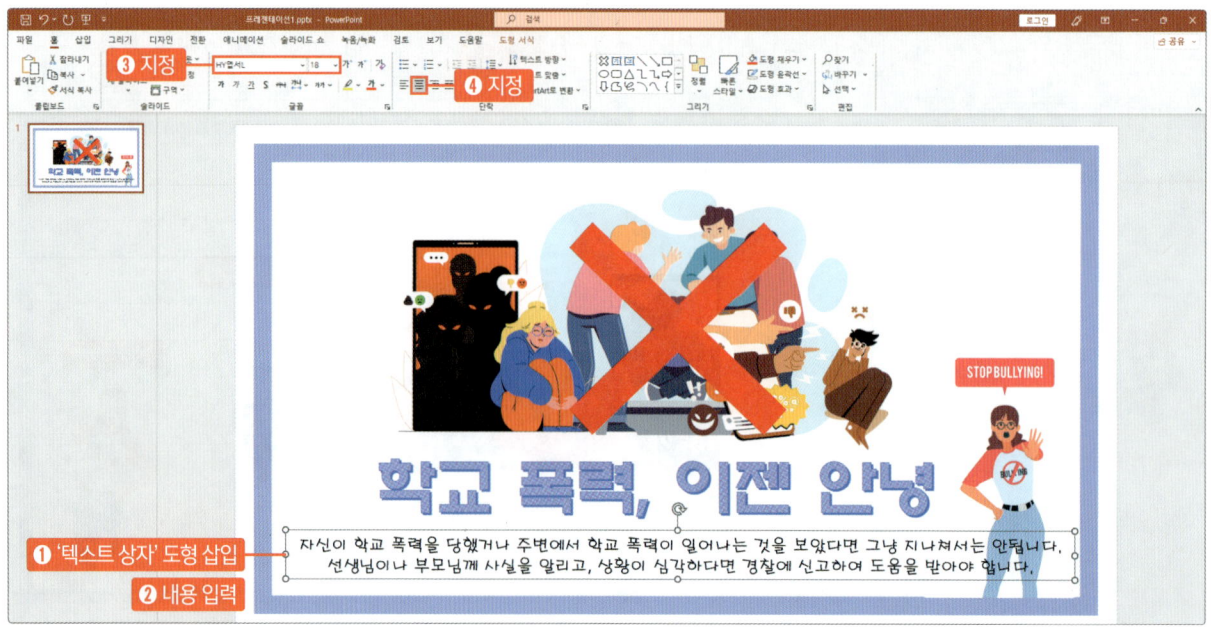

실력 쑥쑥! 창의력 쑥쑥!

1 도형과 그림을 삽입하고 서식을 변경하여 다음과 같은 나의 목표를 완성해 보세요.

> 예제파일 목표1~3.jpg   완성파일 나의목표(완성).pptx

❶ **도형 삽입**
- '액자'
  도형 채우기 – '녹색, 강조 6'
  도형 윤곽선 – '윤곽선 없음'
- '텍스트 상자'
  글꼴 – 'HY엽서L', '32pt'

❷ **WordArt 삽입**
'채우기: 주황, 강조색 2, 윤곽선: 주황, 강조색 2'
글꼴 – '휴먼모음T', '60pt'

❸ **그림 삽입**
'목표1~3.jpg'

2 도형과 그림을 삽입하고 서식을 변경하여 다음과 같은 금연 홍보 피켓을 완성해 보세요.

> 예제파일 금연.jpg   완성파일 금연(완성).pptx

❶ **도형 삽입**
- '직사각형'
  도형 채우기 – '파랑, 강조 5, 80% 더 밝게'
  도형 윤곽선 – '검정, 텍스트 1', 1pt
- '허용 안 됨' 기호
  도형 채우기 – '빨강'
  도형 윤곽선 – '윤곽선 없음'
- '텍스트 상자'
  글꼴 – 'HY헤드라인M', '48pt', '빨강', '검정, 텍스트 1'

❷ **그림 삽입**
'금연.jpg'

반짝 반짝 무도회 가면

오늘의 미션
- 배경 서식 지정하기
- 투명한 색 지정하기
- 그림 자르기 및 색 다시 칠하기

 가면을 쓰고 가장 무도회에 가려고 합니다. 이번 시간에는 파워포인트 프로그램의 투명한 색 설정과 색 다시 칠하기 기능을 이용하여 멋있는 무도회 가면을 만들어 봅시다.

예제파일 가면.png, 가면배경.jpg, 깃털.jpg, 보석1~3.png   **완성파일** 가면(완성).pptx

01 배경 서식 지정하기

채우기 기능을 통해 배경 서식을 그림으로 지정합니다.

① PowerPoint 2021 프로그램을 실행하고 [새로 만들기]-[새 프레젠테이션]을 클릭하고 [홈] 탭의 [슬라이드] 그룹에서 [레이아웃]-[빈 화면]을 클릭합니다. 슬라이드에서 마우스 오른쪽 버튼을 클릭하여 바로가기 메뉴 중 [배경 서식]을 클릭하고 작업창에서 [그림 또는 질감 채우기]를 클릭합니다.

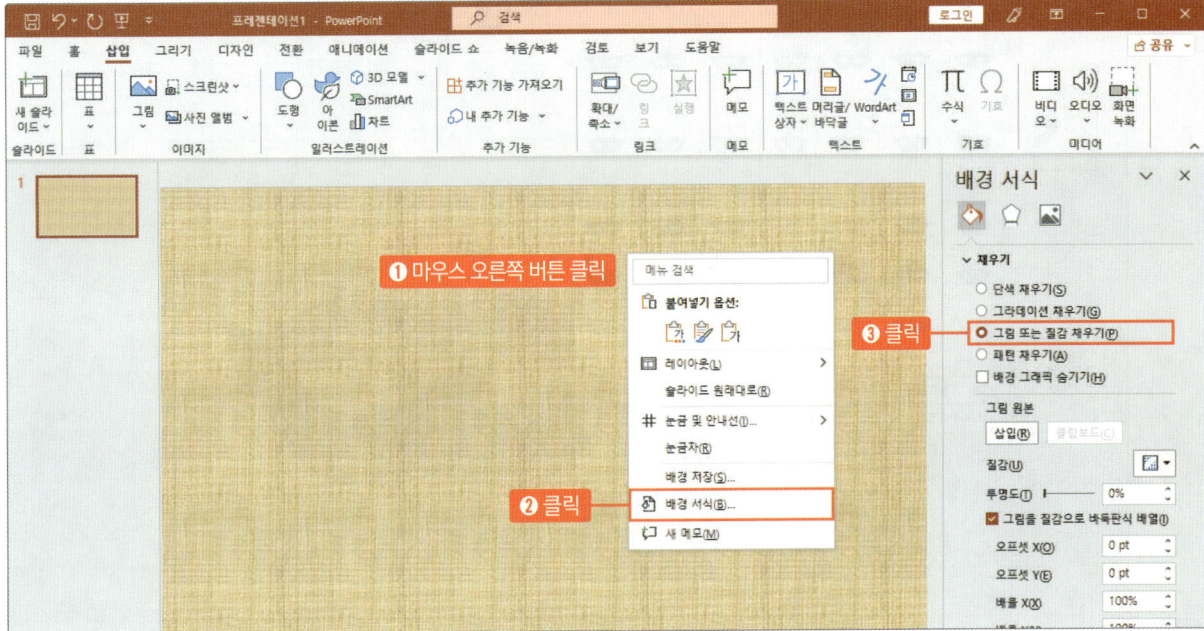

② [그림 원본]-[삽입]을 클릭하고 [그림 삽입] 창에서 [파일에서]를 클릭하여 '가면배경.jpg' 그림을 삽입한 후 [투명도]를 '50%'로 변경합니다.

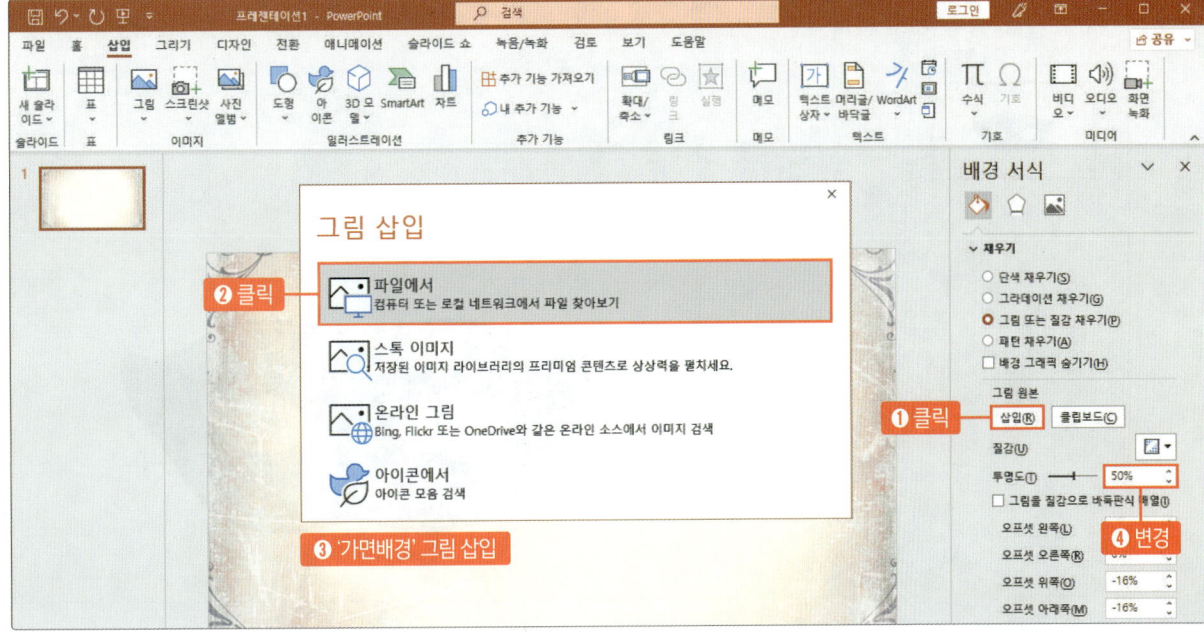

CHAPTER 05 - 반짝 반짝 무도회 가면   031

02 투명한 색 설정하기

삽입한 가면 그림 중 원하는 부분을 투명한 색으로 설정합니다.

① [삽입] 탭의 [이미지] 그룹에서 [그림]-'이 디바이스'를 클릭하여 '가면.png' 그림을 삽입한 후 [그림 서식] 탭의 [조정] 그룹에서 [색]을 클릭하고 [투명한 색 설정]을 클릭합니다.

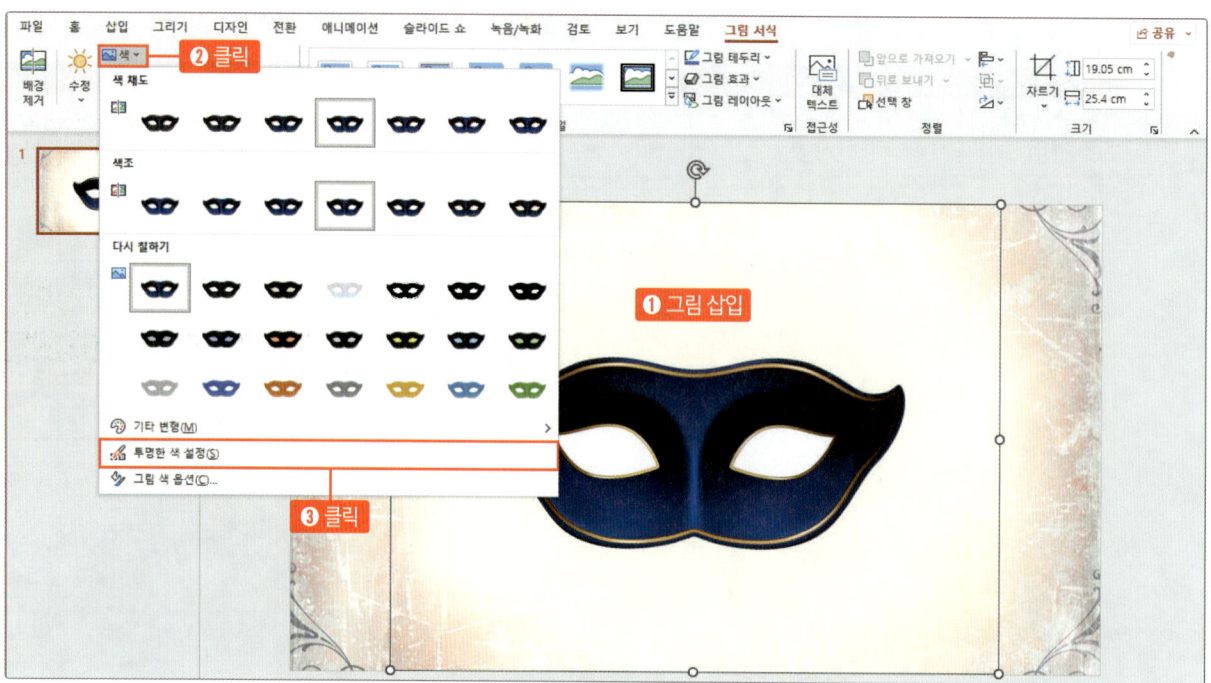

② 마우스 포인터가 바뀌면 '가면.png' 그림 중 눈 부분의 흰색을 클릭하여 투명한 색으로 설정합니다.

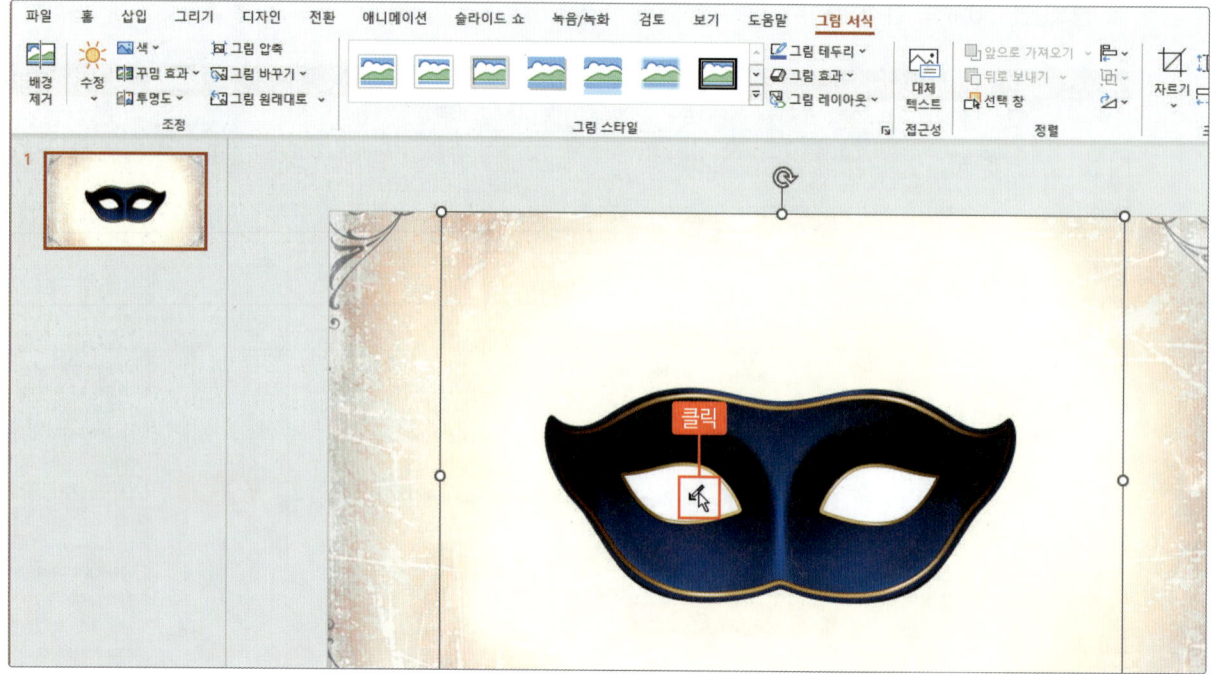

03 그림 자르기 및 다시 칠하기

자르기 도구로 그림의 필요한 부분만 드래그하여 자르고 색 다시 칠하기를 적용합니다.

1 [삽입] 탭의 [이미지] 그룹에서 [그림]-'이 디바이스'를 클릭하여 '깃털.jpg' 그림을 삽입한 후 [그림 서식] 탭의 [크기] 그룹에서 [자르기]를 클릭하고 짙은 선을 드래그하여 원하는 그림을 선택하고 그림 바깥부분을 클릭하여 그림을 자릅니다.

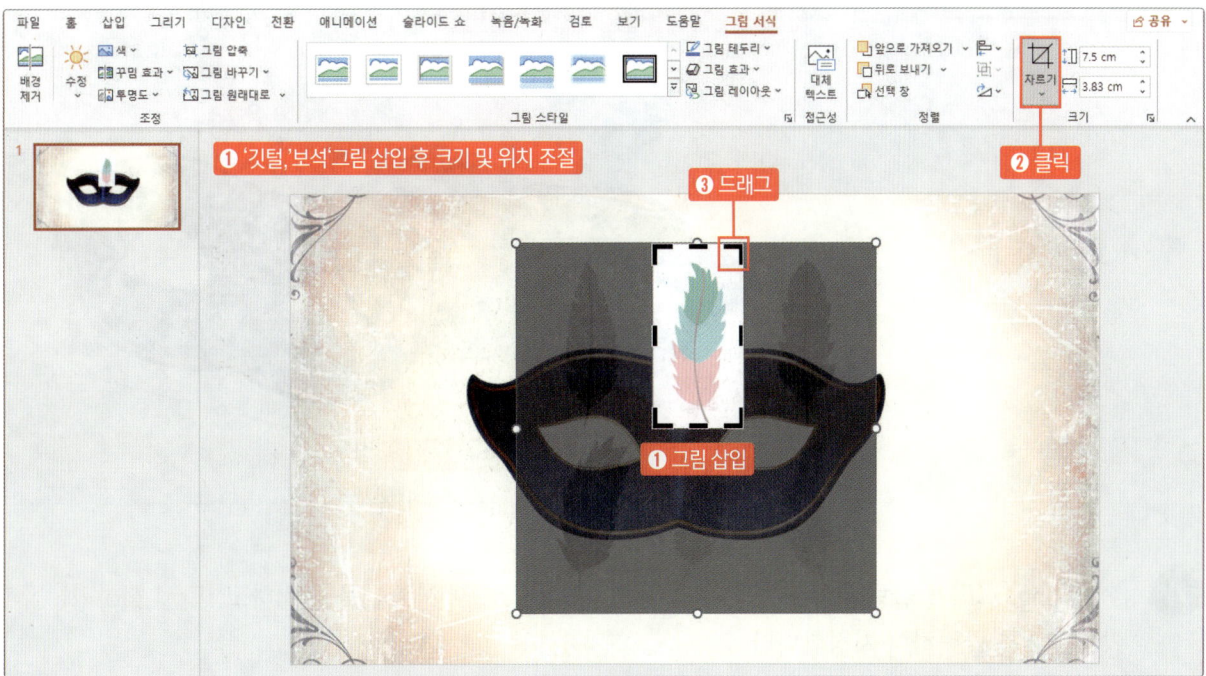

2 잘라낸 '깃털.jpg' 그림의 흰 배경 부분을 투명하게 지정한 후 [그림 서식] 탭의 [정렬]그룹에서 [뒤로 보내기]-[맨 뒤로 보내기]를 클릭합니다.

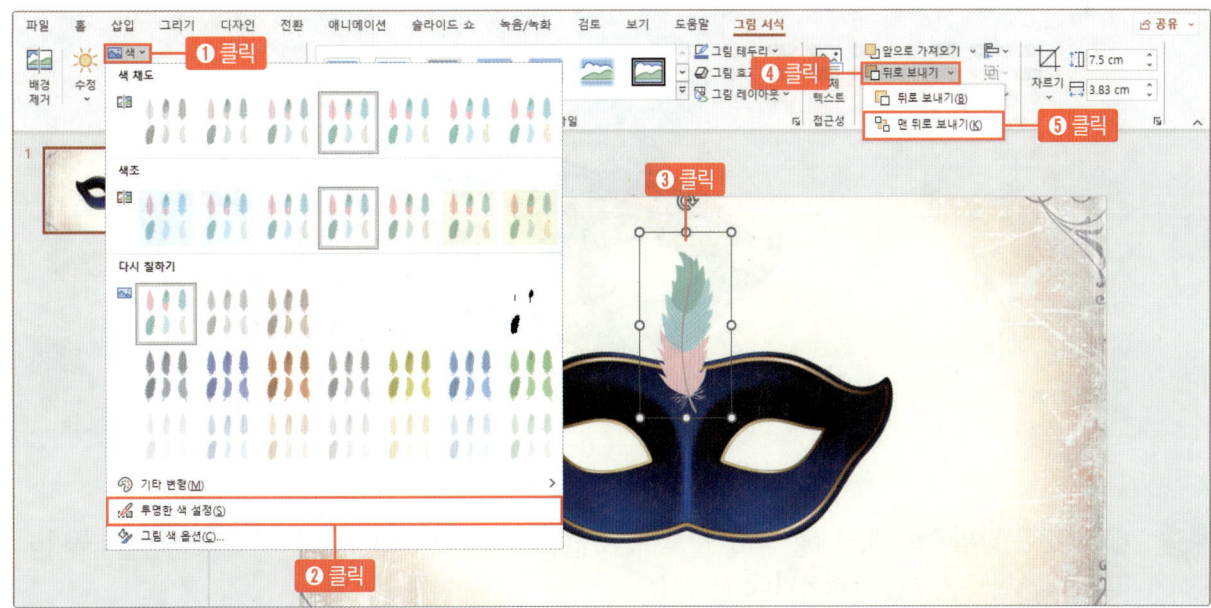

③ '깃털.jpg', '보석1~3.png'를 추가로 삽입한 후 아래 그림과 같이 크기 및 회전, 위치를 조절합니다. 그 다음 그림 전체 선택하고 Ctrl + Shift 키를 누른 상태에서 마우스로 드래그하여 복사합니다.

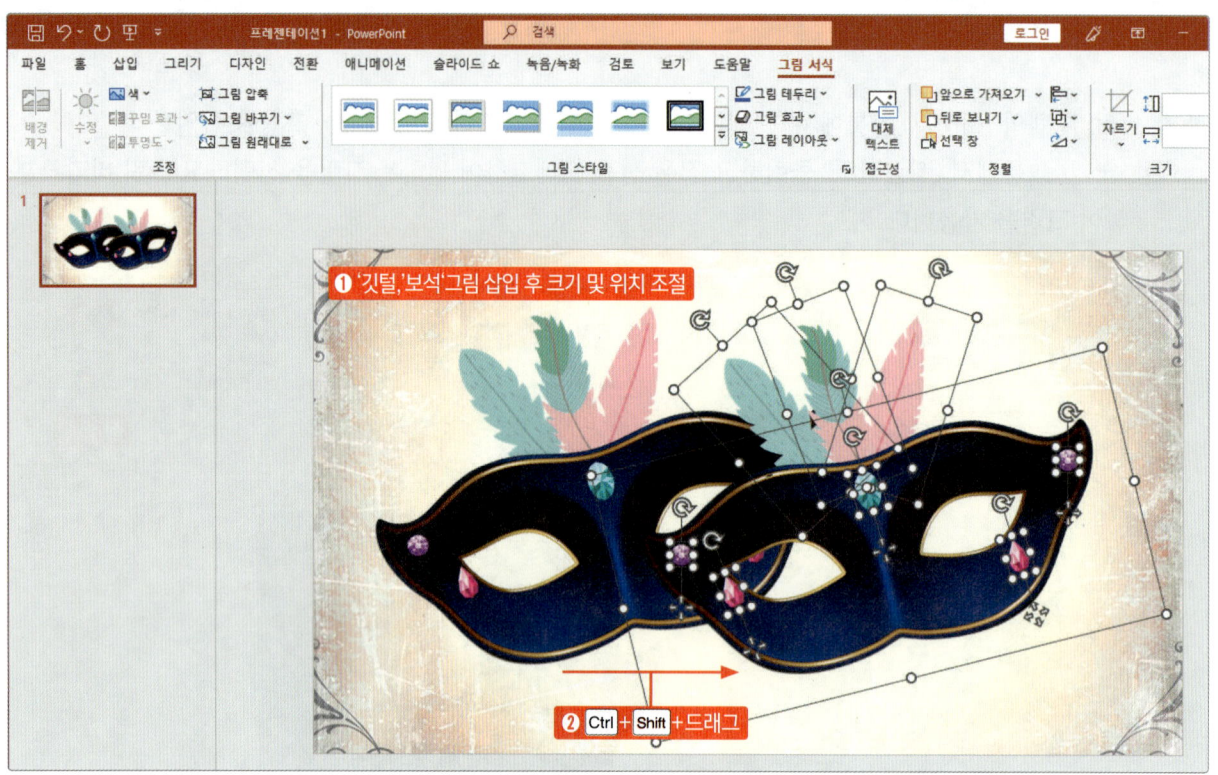

④ '가면.png' 그림을 클릭한 후 [그림 서식] 탭의 [조정] 그룹에서 [색]을 클릭하고 [다시 칠하기]-'주황, 밝은 강조색 2'를 클릭하여 지정합니다.

⑤ ④와 같은 방법으로 '깃털.jpg' 그림과 '보석1~3.jpg' 그림의 색을 [다시 칠하기] 기능으로 바꾸어보고 회전 및 위치 조절로 가면을 꾸며봅니다.

실력 쑥쑥! 창의력 쑥쑥!

1 도형과 그림을 삽입하고 서식을 변경하여 다음과 같은 동물농장을 완성해 보세요.

〔예제파일〕 동물농장1~3.jpg   〔완성파일〕 동물농장(완성).pptx

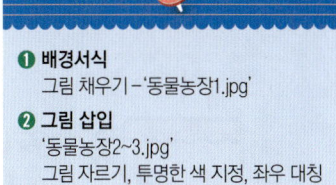

❶ 배경서식
  그림 채우기 – '동물농장1.jpg'
❷ 그림 삽입
  '동물농장2~3.jpg'
  그림 자르기, 투명한 색 지정, 좌우 대칭

2 도형과 그림을 삽입하고 서식을 변경하여 다음과 같은 안경점을 완성해 보세요.

〔예제파일〕 색안경.jpg, 진열대.jpg, 세일.jpg   〔완성파일〕 안경점(완성).pptx

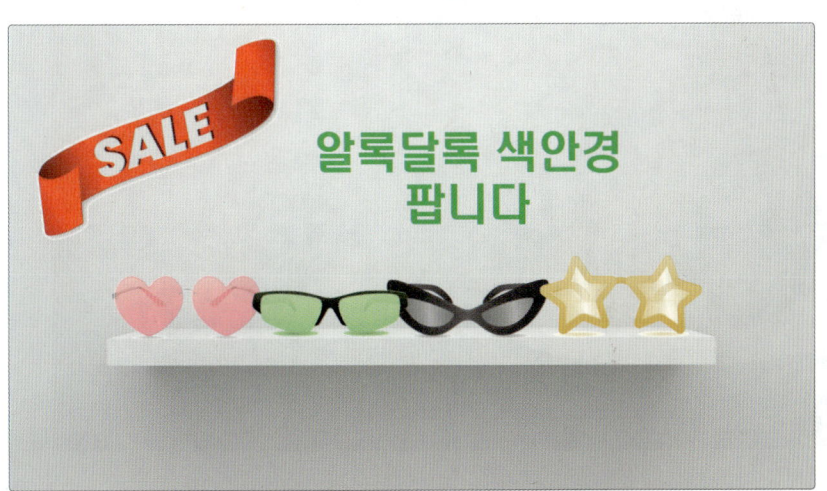

❶ 배경서식
  그림 채우기 – '진열대.jpg'
❷ 그림 삽입
  '색안경.jpg'
  그림 자르기, 투명한 색 지정, 좌우 대칭

우리집 카페 메뉴판

CHAPTER 06

오늘의 미션
- 그림으로 저장하기
- 배경 서식 및 도형 서식 지정하기
- WordArt 삽입하기
- 스포이트로 색 추출하기

우리집 카페를 오픈하려고 합니다. 이번 시간에는 파워포인트 프로그램의 WordArt와 스포이트 기능을 이용하여 우리집 카페에서 사용할 메뉴판을 만들어 봅시다.

 작품 미리보기

예제파일 카페1~13.png **완성파일** 카페배경.png, 메뉴판(완성).pptx

01 그림으로 저장하기

도형을 삽입하여 원하는 배경을 만든 후 그림으로 저장합니다.

1 PowerPoint 2021 프로그램을 실행하고 [새로 만들기]-[새 프레젠테이션]을 클릭하고 [홈] 탭의 [슬라이드] 그룹에서 [레이아웃]-[빈 화면]을 클릭합니다. 그 다음 [삽입] 탭의 [일러스트레이션] 그룹에서 [도형]-'직사각형'을 클릭하여 삽입하고 크기와 위치를 조절합니다. 도형 위에서 마우스 오른쪽 버튼을 클릭하여 [채우기]-[다른 채우기 색]을 클릭합니다.

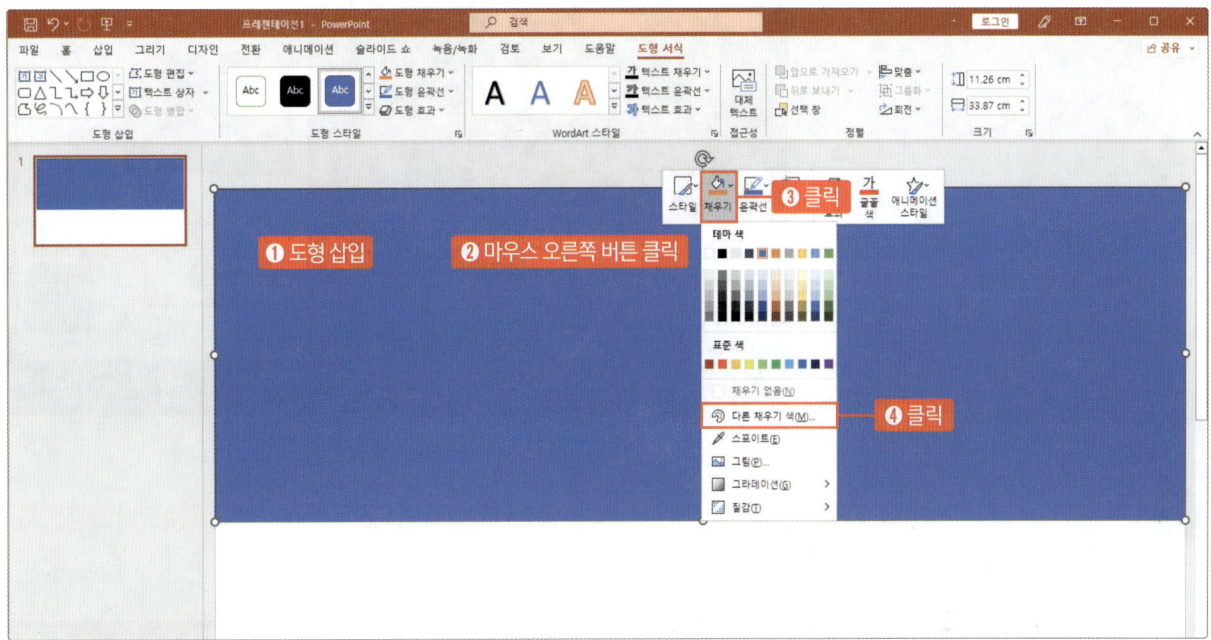

2 [색] 대화상자의 [사용자 지정] 탭을 클릭한 후 빨강의 입력칸에 '145', 녹색의 입력칸에 '111', 파랑의 입력칸에 '68'을 입력한 후 [확인]을 클릭한 다음 [도형 서식]에서 [도형 윤곽선]-'윤곽선 없음'으로 지정합니다.

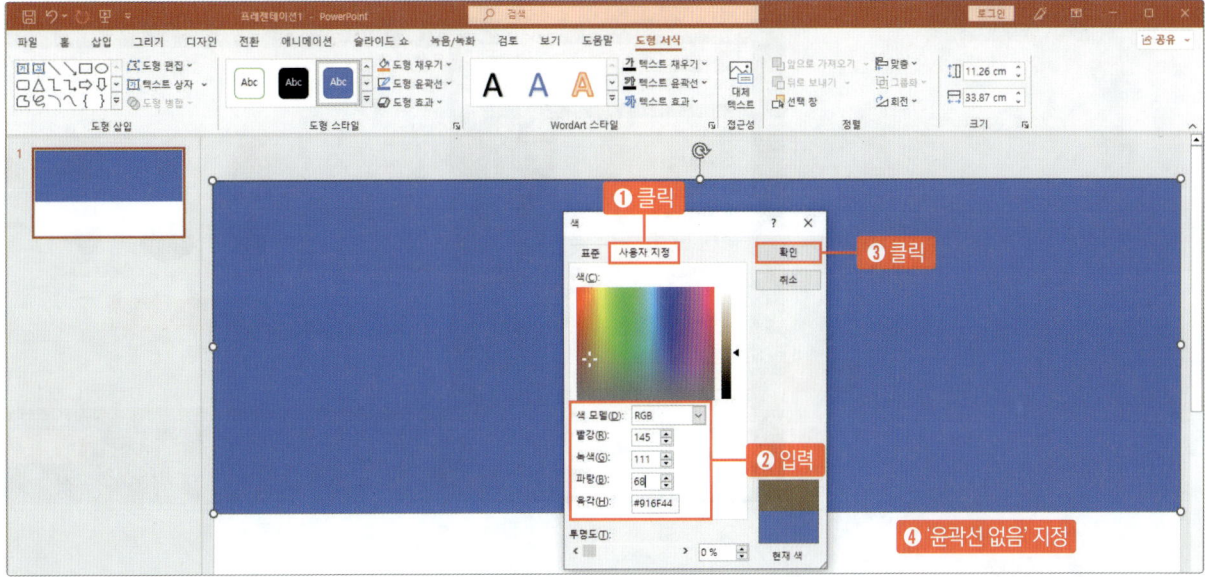

CHAPTER 06 - 우리집 카페 메뉴판

③ '직사각형' 도형을 추가하여 ①~②와 같은 방법으로 빨강의 입력칸에 '104', 녹색의 입력칸에 '80', 파랑의 입력칸에 '49'를 입력하여 다른 채우기 색으로 지정합니다.

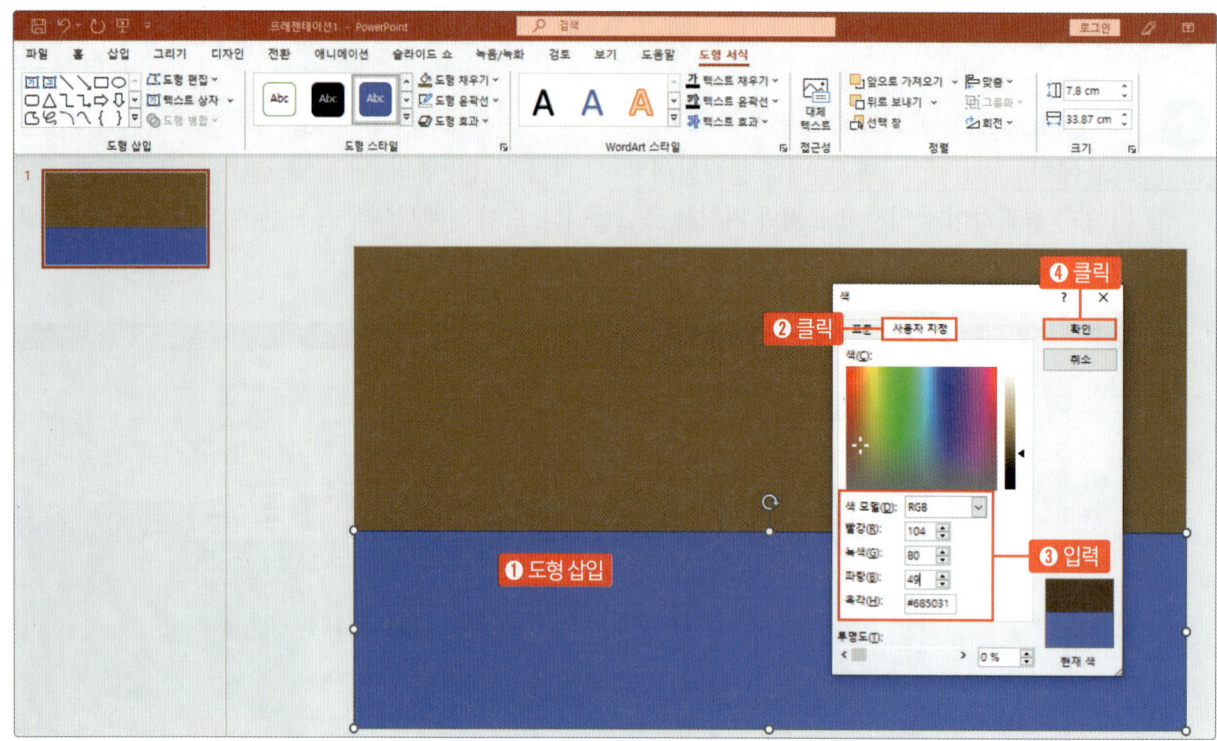

④ 삽입한 두 개의 도형을 모두 선택한 후 마우스 오른쪽 버튼을 클릭하여 [바로 가기 메뉴]의 [그림으로 저장]을 클릭하고 파일 이름을 '카페배경'으로 입력한 후 [저장]을 클릭합니다.

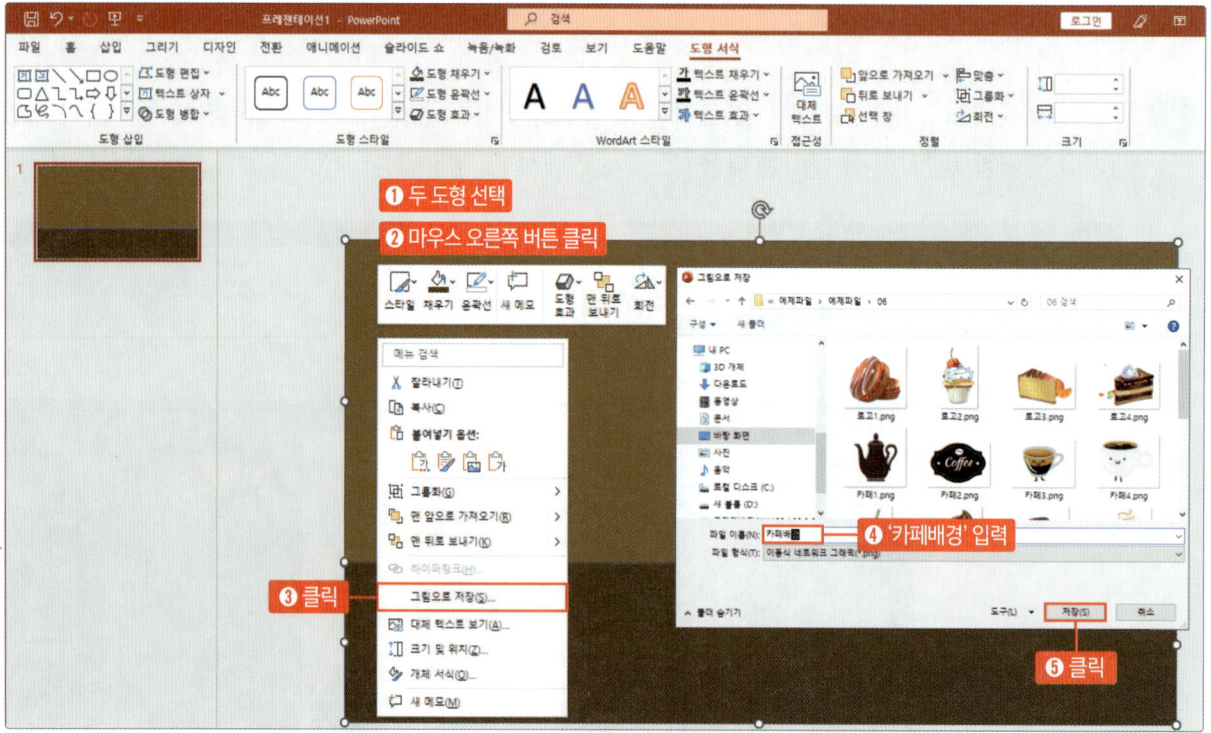

02 배경 서식 지정 및 도형과 그림 삽입하기

그림으로 저장한 파일로 배경을 지정하고 도형과 그림을 삽입합니다.

1 삽입한 도형을 모두 삭제한 후 슬라이드 화면에서 마우스 오른쪽 버튼을 클릭하여 [바로가기 메뉴]를 실행하고 [배경 서식]을 클릭한 다음 [배경 서식] 작업창에서 [그림 또는 질감 채우기]를 클릭합니다.

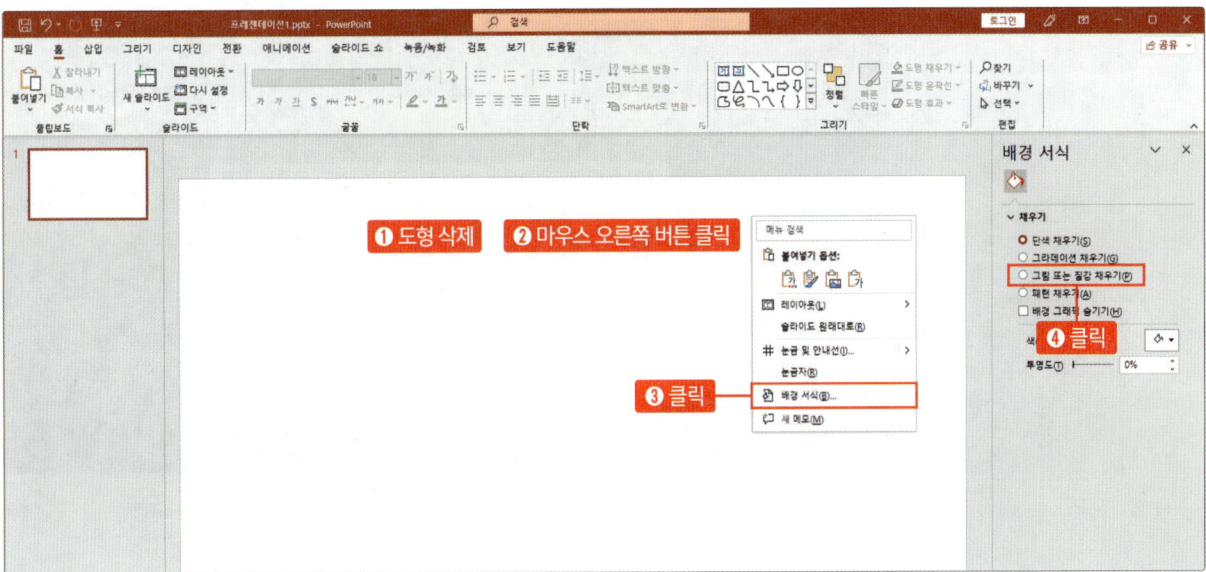

2 [삽입]-'파일에서'를 클릭하여 앞에서 저장한 '카페배경.png' 그림을 삽입합니다.

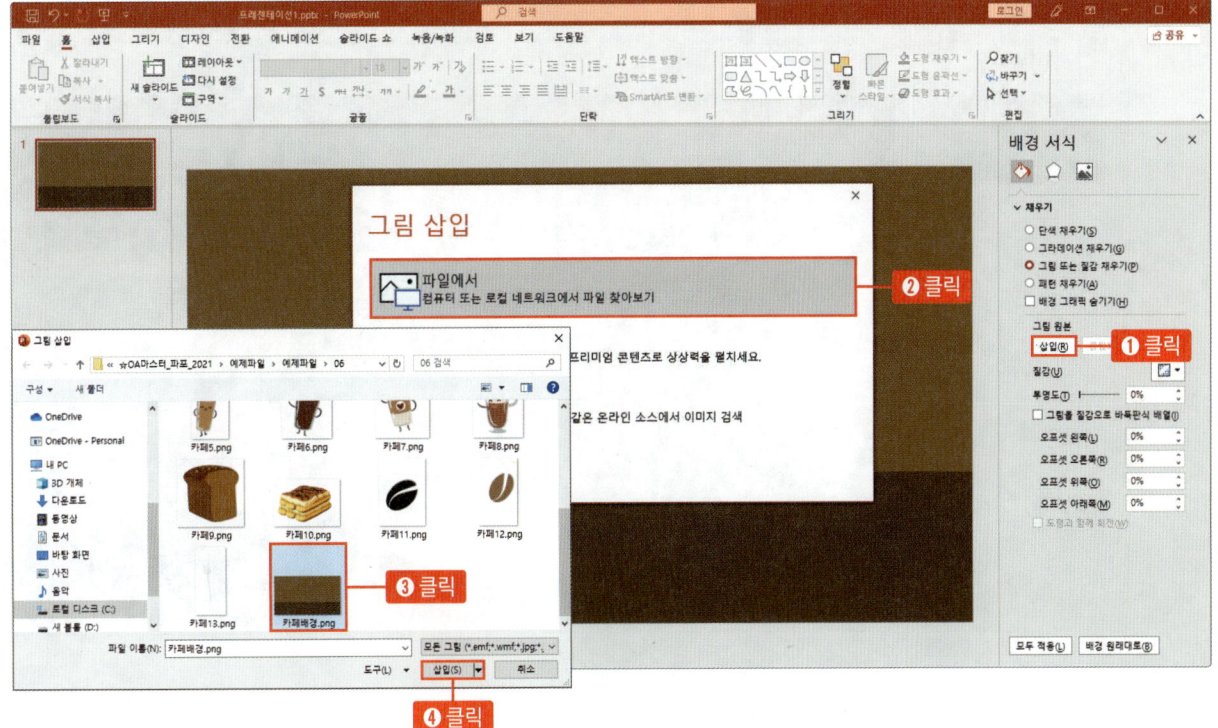

3 [삽입] 탭의 [일러스트레이션] 그룹에서 [도형]을 클릭한 후 '직사각형', '평행 사변형', '타원'을 클릭하여 삽입하고 아래 그림과 같이 도형 서식을 지정합니다.

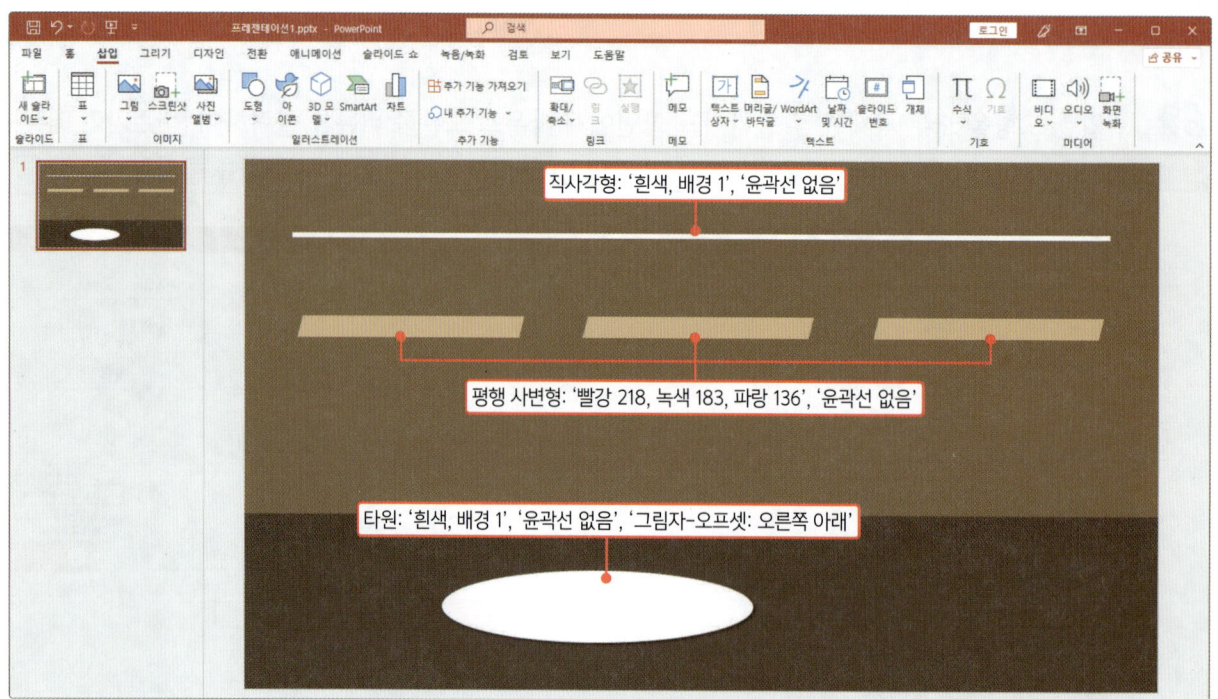

4 '카페1~13.png' 그림을 삽입한 후 크기와 위치를 조절합니다.

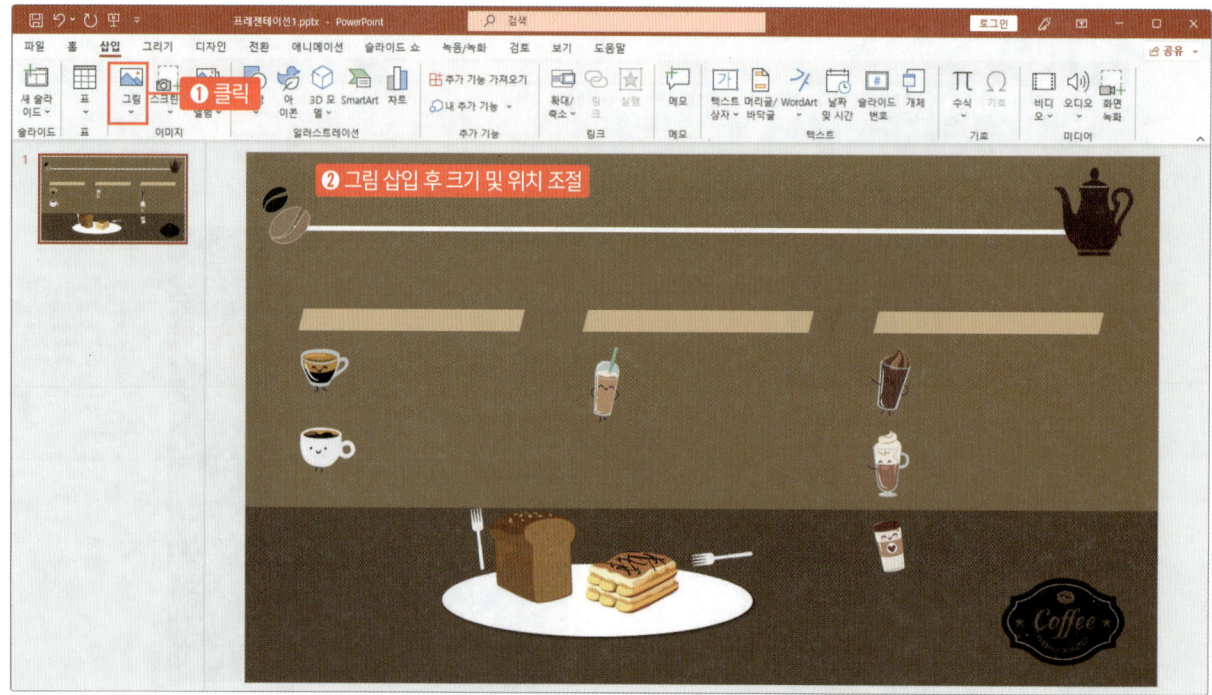

03 WordArt 삽입하기

WordArt를 삽입하고 효과를 적용하여 텍스트를 입체적으로 만듭니다.

① [삽입] 탭의 [텍스트] 그룹에서 [WordArt]를 클릭하여 '채우기: 흰색, 윤곽선: 주황, 강조색 2, 진한 그림자: 주황, 강조색 2'를 클릭한 후 'MENU'를 입력하고 글꼴을 'Britannic Bold', 글꼴 크기를 '48pt'로 지정하고 원하는 위치로 이동합니다.

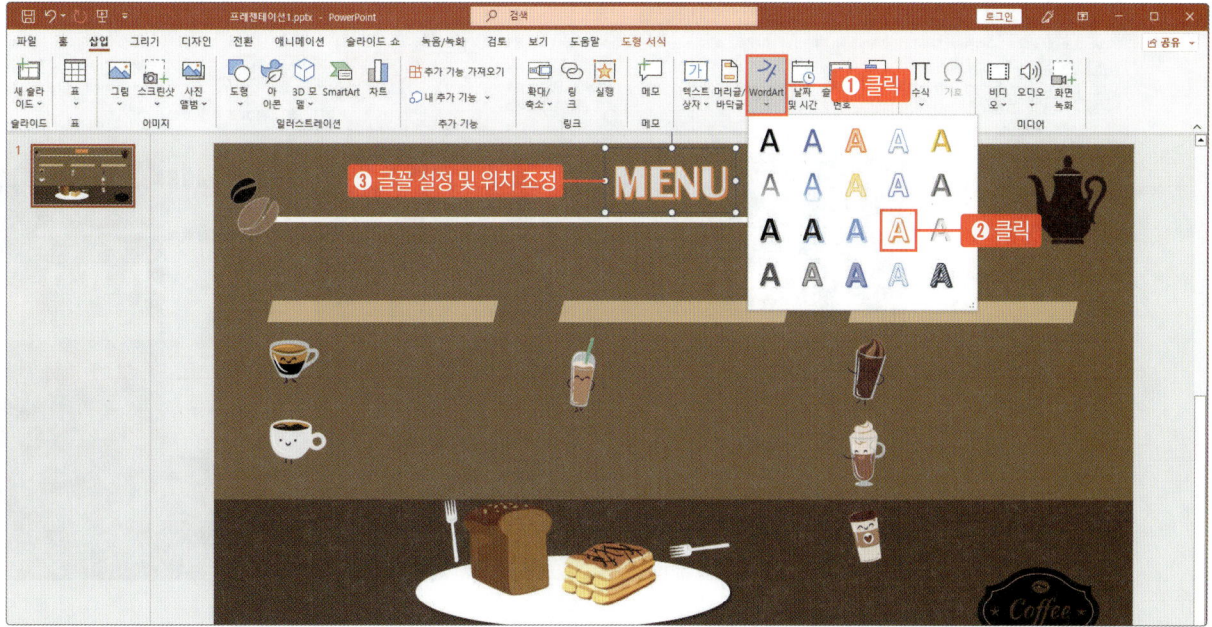

② ①과 같은 방법으로 [WordArt]를 3개 삽입하고 각각 'Coffee', 'Tea', 'Choco'를 입력한 후 글꼴을 '휴먼둥근헤드라인', 글꼴 크기를 '36pt'로 지정하고 원하는 위치로 이동합니다.

스포이트로 색 추출하기

스포이트로 색을 추출하여 텍스트 채우기의 색을 지정합니다.

1 'MENU'를 클릭하여 선택한 후 [도형 서식] 탭의 [WordArt 스타일] 그룹에서 [텍스트 채우기]-'스포이트'를 클릭합니다. 그 다음 마우스 포인터가 스포이트 모양으로 바뀌면 '카페1.png' 그림을 클릭하여 추출한 색으로 지정합니다.

2 [삽입] 탭의 [텍스트] 그룹에서 [텍스트상자]-'가로 텍스트 상자'를 클릭하여 삽입하고 아래 그림과 같이 텍스트를 입력한 후 글꼴을 '휴먼모음T', 글꼴 색은 '흰색, 배경 1', 글꼴 크기를 '24pt', '18pt', '굵게', '오른쪽 맞춤'을 지정합니다.

실력 쑥쑥! 창의력 쑥쑥!

1 도형과 그림을 삽입하고 WordArt를 추가하여 다음과 같은 카페 로고를 완성한 후 그림으로 저장해 보세요.

예제파일 로고1~4.png   완성파일 로고(완성).pptx

❶ 도형 삽입
- '타원'
  도형 채우기 – '주황, 강조 2, 40% 더 밝게'
  도형 윤곽선 – '윤곽선 없음'

❷ 그림 삽입
  '로고1~4.png'

❸ WordArt 삽입
  '채우기: 흰색, 윤곽선: 주황, 강조색 2, 진한 그림자: 주황, 강조색 2'

❹ 모든 개체 선택 후 그림으로 저장

2 도형과 WordArt를 삽입하여 다음과 같은 행운 카드를 완성한 후 그림으로 저장해 보세요.

예제파일 없음   완성파일 행운카드(완성).pptx

❶ 도형 삽입
- '사각형: 둥근 모서리'
  도형 채우기 – '파랑, 강조 5, 80% 더 밝게'
  도형 윤곽선 – '파랑', '3pt'
- '하트'
  도형 채우기 – '연한 녹색', 그라데이션
  도형 윤곽선 – '연한 녹색', '1pt'
- '막힌 원호'
  도형 채우기 – '연한 녹색'
  도형 윤곽선 – '연한 녹색', '1pt'

❷ 텍스트 상자 삽입
  글꼴 – '휴먼매직체', '28pt', '24pt'
  글꼴 색 – '보라', '황금색, 강조 4'

❸ WordArt 삽입
  '채우기: 황금색, 강조 4, 부드러운 입체'

CHAPTER 06 - 우리집 카페 메뉴판

달콤한 탕후루 가게

오늘의 미션
- 배경 서식 지정하기
- 도형 빼기
- 자르기와 투명한 색 설정하기

 탕후루는 겨울에 자주 먹는 간식에서 유래되어 현재는 열매나 과일에 설탕 및 물엿을 입혀 만드는 음식이에요. 이번 시간에는 파워포인트 프로그램의 도형 빼기 기능을 이용하여 한입 베어 먹은 탕후루를 만들어 봅시다.

예제파일 과일1~3.jpg   **완성파일** 탕후루(완성).pptx

01 배경 서식 지정하기

그라데이션 채우기를 이용하여 배경 서식을 지정합니다.

1 PowerPoint 2021 프로그램을 실행하고 [새로 만들기]-[새 프레젠테이션]을 클릭하고 [홈] 탭의 [슬라이드] 그룹에서 [레이아웃]-[빈 화면]을 클릭합니다. 그 다음 슬라이드에서 마우스 오른쪽 버튼을 클릭하여 바로 가기 메뉴를 실행하고 [배경 서식]을 클릭한 다음 [배경 서식] 작업창에서 [그라데이션 채우기]를 선택합니다.

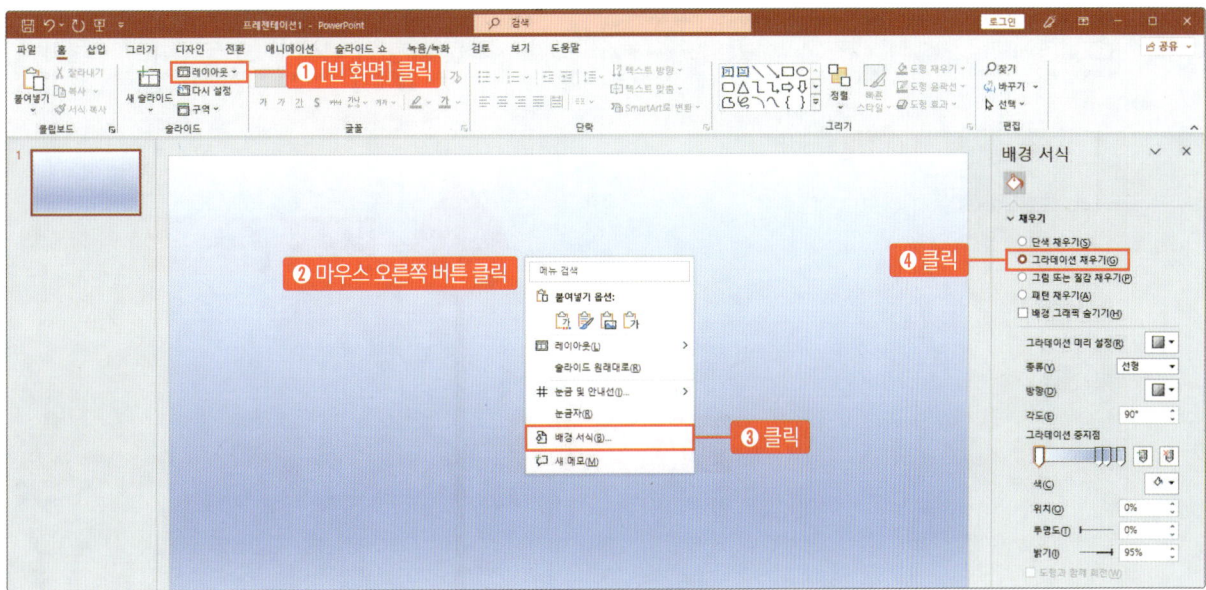

2 [배경 서식] 작업창에서 [그라데이션 미리 설정]-'위쪽 스프라이트 강조 5'를 클릭하고 [종류]-'선형'으로 변경하여 지정합니다.

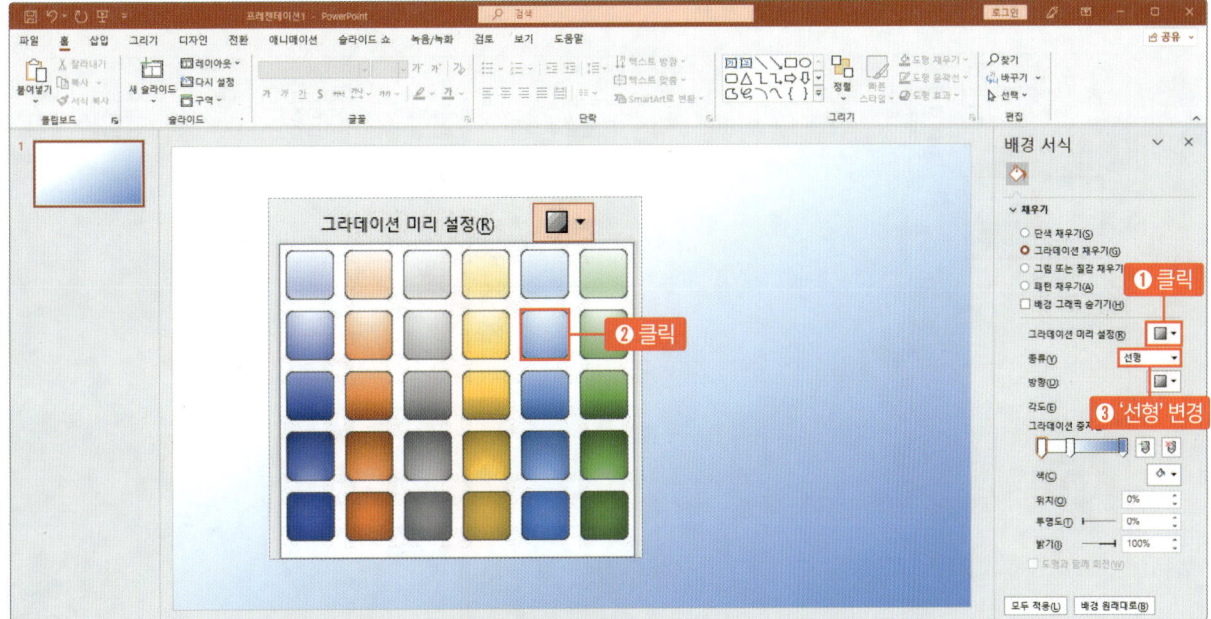

CHAPTER 07 - 달콤한 탕후루 가게 045

02 도형 빼기

도형 병합의 빼기 기능을 이용하여 도형끼리 겹쳐있는 부분을 사라지게 합니다.

1. '직사각형' 도형을 삽입한 후 [도형 채우기]-'황금색, 강조 4, 50% 더 어둡게'를 지정하고 [도형 윤곽선]-'윤곽선 없음'으로 지정합니다. 그 다음 '눈물 방울' 도형을 삽입하고 회전 조절점을 이용하여 회전시킨 후 [도형 채우기]-'빨강'을 지정하고 [도형 윤곽선]-'윤곽선 없음'을 지정합니다.

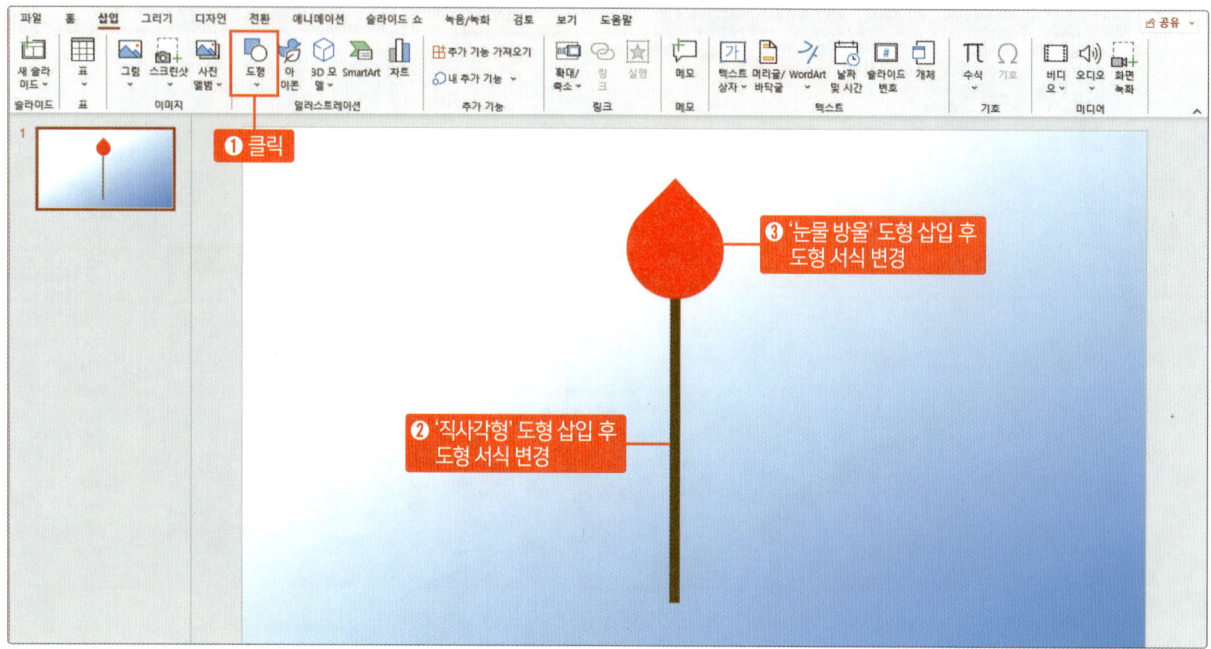

2. '눈물 방울' 도형의 노란색 조절점을 드래그하여 뾰족한 모양을 둥근 모양으로 변경한 다음 Ctrl + Shift 를 누른 상태에서 드래그하며 복사합니다.

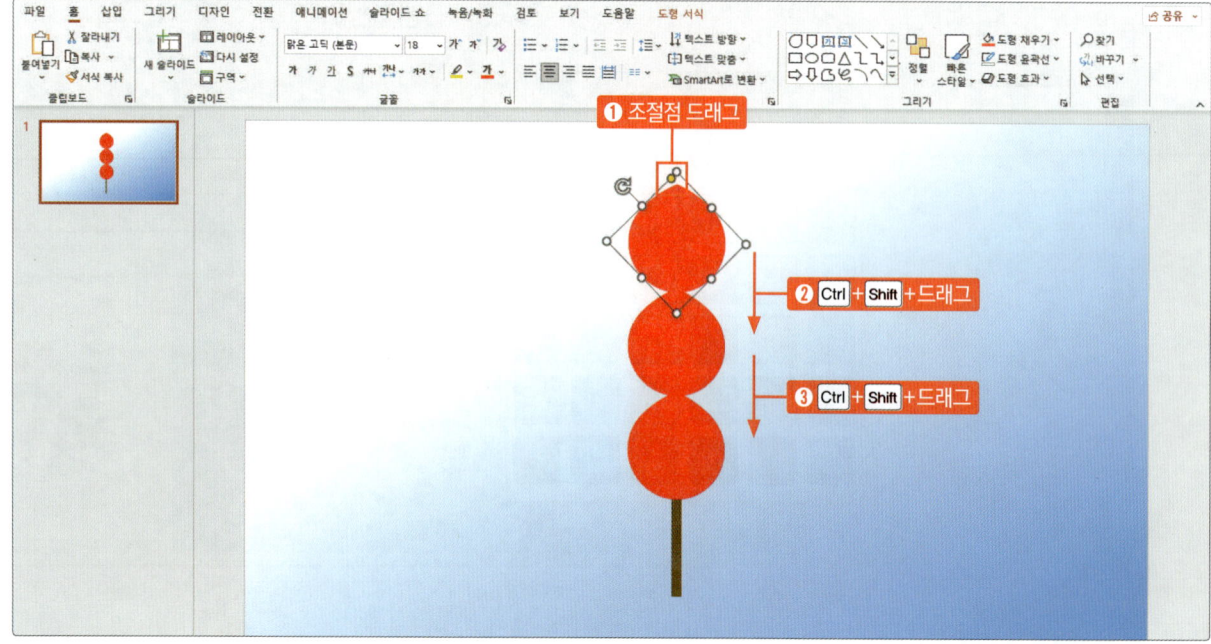

③ 한 입 베어 먹은 모양을 만들기 위해 Shift 키를 누른 채로 2개의 '타원' 도형을 삽입하고 그림과 같이 배치합니다.

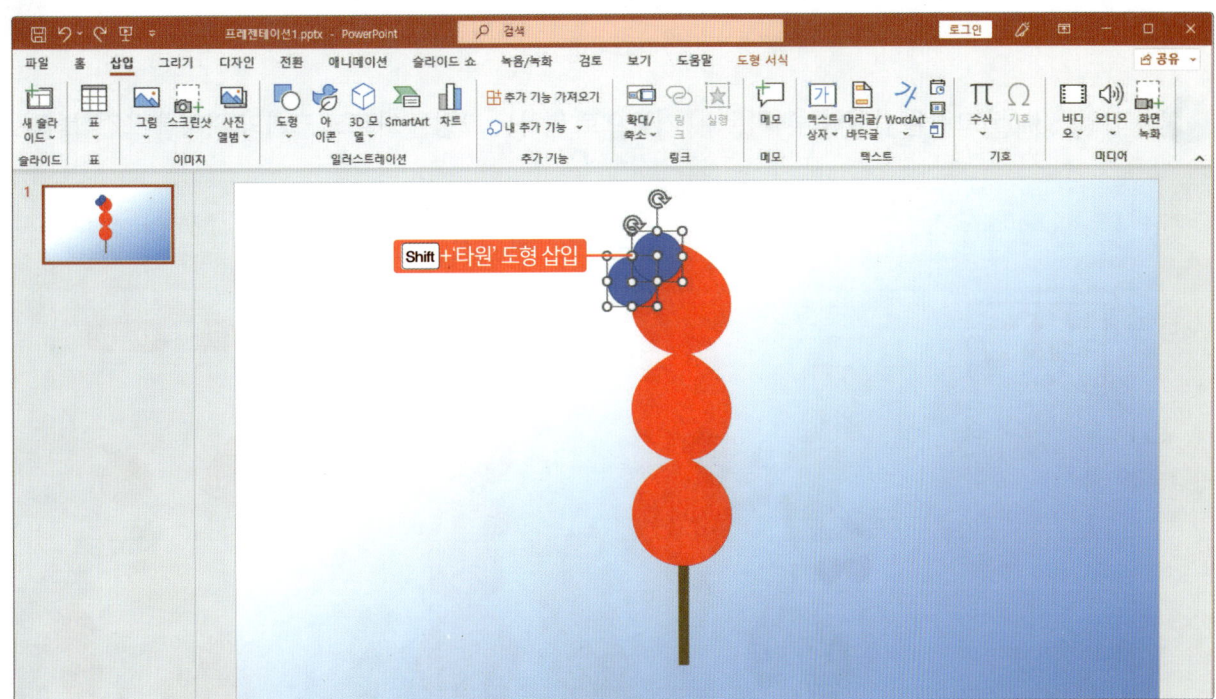

④ 첫 번째 '눈물 방울' 도형과 위에서 삽입한 '타원' 도형을 차례로 클릭하여 선택한 다음 [도형 서식] 탭의 [도형 삽입] 그룹에서 [도형 병합]-[빼기]를 클릭합니다.

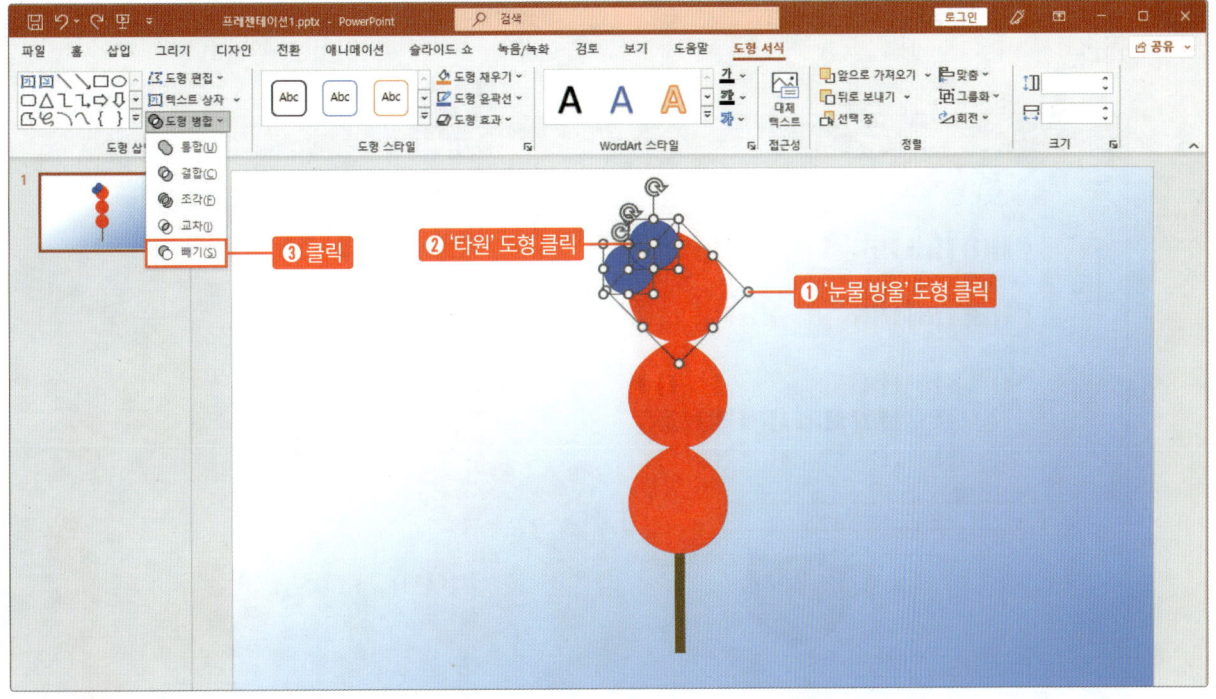

> **TIP**
> [도형 병합]의 [빼기] 기능은 기준이 되는 도형(처음 클릭하여 선택한 도형)에서 다른 도형들과 겹치는 부분을 빼줘요.

CHAPTER 07 - 달콤한 탕후루 가게 **047**

03 자르기와 투명한 색 설정하기

자르기 도구를 이용하여 필요한 이미지만 자르고 투명한 색 설정을 이용하여 꾸밉니다.

① '과일1~3.jpg' 그림을 삽입한 후 [자르기] 기능으로 원하는 그림을 자르고 크기와 위치를 조절합니다.

② 자른 그림의 배경인 흰색 부분을 [색]-[투명한 색 설정]으로 설정하고 동일한 방법으로 슬라이드를 꾸며봅니다.

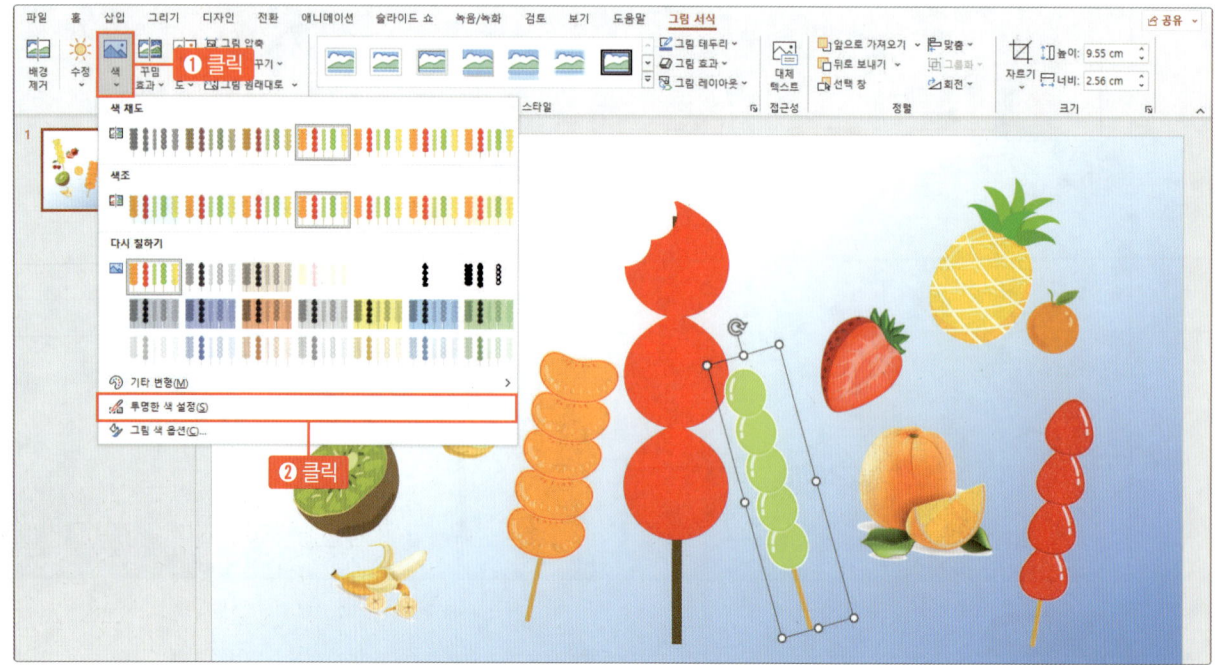

실력 쑥쑥! 창의력 쑥쑥!

1 도형과 그림을 삽입하고 도형 병합의 빼기 기능을 이용하여 다음과 같은 풍선 터트리기를 완성해 보세요.

예제파일 하늘.jpg   완성파일 풍선 터트리기(완성).pptx

❶ 배경 서식
그림 채우기 – '하늘.jpg'
❷ 도형 삽입
• '타원', '이등변 삼각형'
 도형 채우기 – '빨강', '주황'
 도형 윤곽선 – '윤곽선 없음'
• 도형 '자유형: 자유 곡선'
 도형 채우기 – '채우기 없음'
 도형 윤곽선 – '검정, 텍스트 1'
❸ 도형 삽입
'폭발, 8pt'
도형 빼기

2 도형과 그림을 삽입하고 도형 병합의 빼기 기능을 이용하여 다음과 같은 도넛들을 완성해 보세요.

예제파일 초코.jpg, 민트.jpg, 딸기.jpg, 쟁반.jpg   완성파일 도넛(완성).pptx

❶ 배경 서식
그림 채우기 – '쟁반.jpg'
❷ 도형 삽입
• '타원'
 도형 채우기 – 그림 '초코', '민트', '딸기'
 도형 윤곽선 – '황금색, 강조 4, 40% 더 밝게', '6pt'
 도형 효과 – 그림자 '오프셋: 오른쪽 위'

CHAPTER 08 우리 모두의 컴퓨터 교실

오늘의 미션
- ✓ SmartArt 삽입하기
- ✓ SmartArt 색 변경 및 그림 삽입하기
- ✓ SmartArt 도형 모양 변경하기
- ✓ 텍스트 상자와 그림 삽입 및 효과 지정하기

함께 사용하는 공간에서는 **서로를 위해 지켜야 할 약속**들이 있습니다. 이번에는 파워포인트 프로그램의 SmartArt 기능을 이용하여 **컴퓨터 교실 규칙 안내문**을 만들어 봅시다.

작품 미리보기

예제파일 규칙1~4.jpg   **완성파일** 컴퓨터교실(완성).pptx

해람초 컴퓨터교실 약속

 1. 배려하는 컴퓨터실
- 작은 목소리로 이야기하기

 2. 건강한 컴퓨터실
- 바른 자세로 앉기

 3. 깨끗한 컴퓨터실
- 쓰레기는 쓰레기통에 버리기

SmartArt 삽입하기

세로 그림 목록형 SmartArt를 삽입합니다.

① PowerPoint 2021 프로그램을 실행한 후 [새로 만들기]-[새 프레젠테이션]을 클릭하고 [홈] 탭의 [슬라이드] 그룹에서 [레이아웃]-[빈 화면]을 클릭합니다. [삽입] 탭의 [일러스트레이션] 그룹에서 [SmartArt]를 클릭한 다음 [SmartArt 그래픽 선택] 대화상자가 실행되면 '목록형'-'세로 그림 목록형'을 선택하고 [확인]을 클릭합니다.

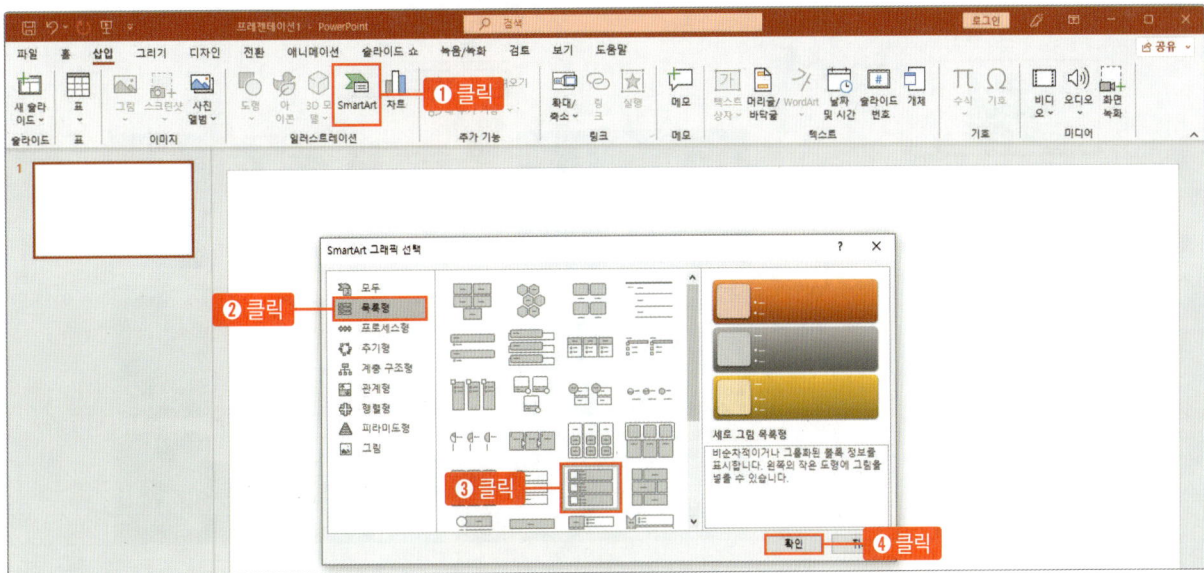

② SmartArt를 삽입한 후 아래 그림과 같이 텍스트를 입력하고 [홈] 탭의 [글꼴] 그룹에서 글꼴을 '휴먼매직체', 글꼴 크기를 '40pt', '32pt'로 지정합니다.

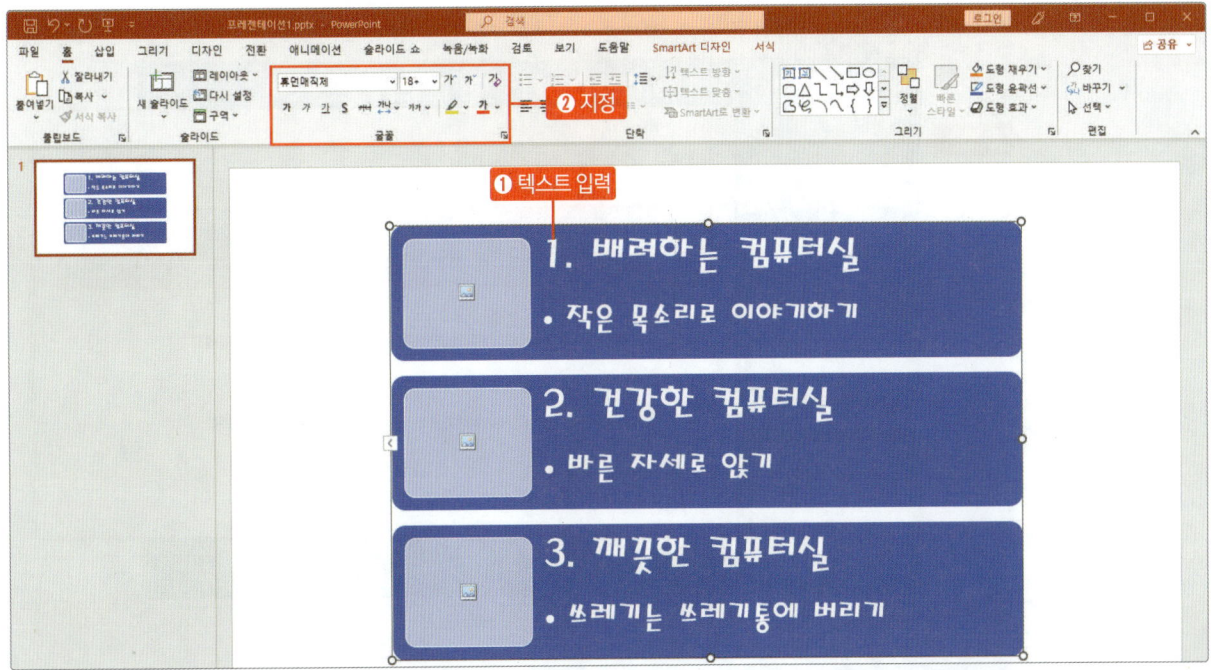

02 SmartArt 색 변경 및 그림 삽입하기

SmartArt 색 변경을 지정하고 그림 삽입을 합니다.

① [SmartArt 디자인] 탭의 [SmartArt 스타일] 그룹에서 [색 변경]을 클릭한 후 '색상형'의 '색상형 범위–강조색 5 또는 6'을 클릭하여 지정합니다.

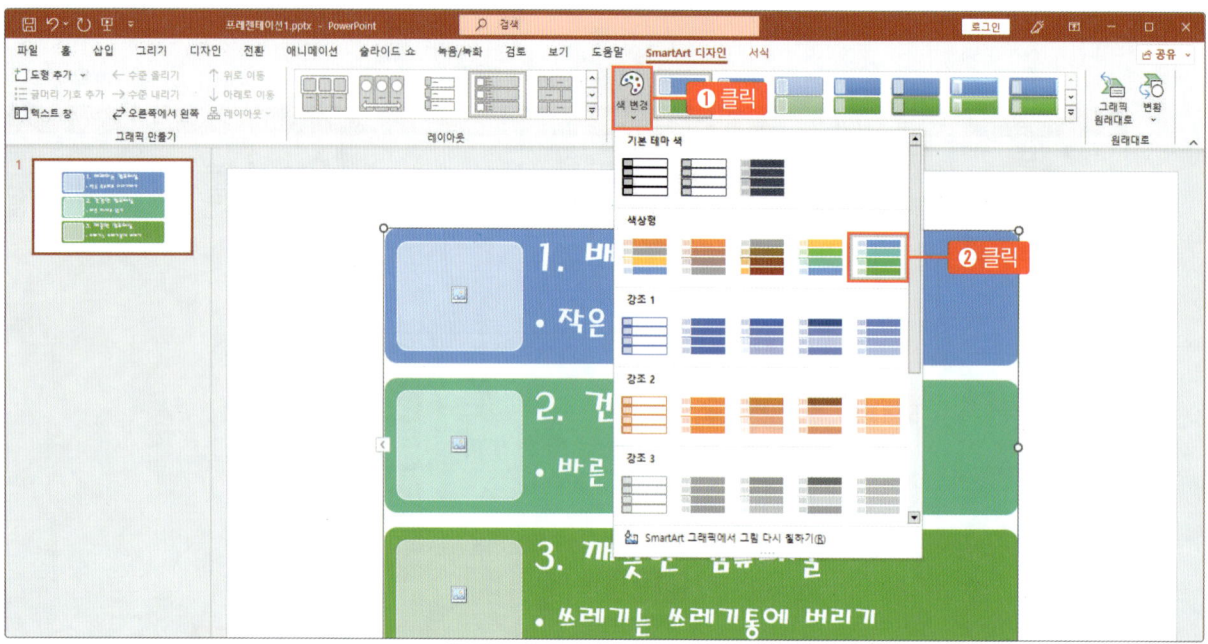

② SmartArt 속 그림 이미지가 있는 도형을 클릭한 후 [그림 삽입] 대화상자에서 [파일에서]를 누르고 '규칙1.png'를 삽입합니다. 같은 방법으로 다른 도형에도 '규칙2~3.png'를 삽입합니다.

03 SmartArt 도형 모양 변경 및 효과 지정하기

SmartArt의 도형 모양을 변경하고 입체적인 효과를 지정합니다.

① 삽입한 SmartArt 중 텍스트를 입력한 사각형 도형을 Shift 키를 누른 채 모두 선택한 후 [서식] 탭의 [도형] 그룹에서 [도형 모양 변경]을 클릭하고 '사각형: 둥근 대각선 방향 모서리'를 클릭하여 모양을 변경합니다.

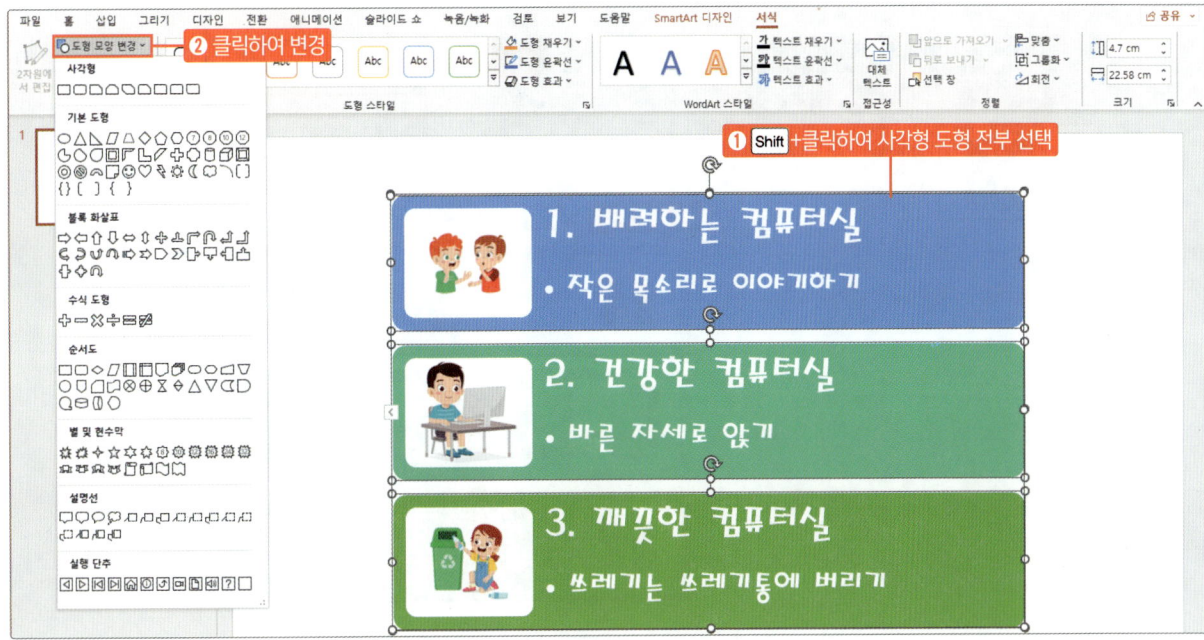

② ①과 같이 사각형 도형을 Shift 키를 누른 채 모두 선택한 후 [서식] 탭의 [도형 스타일] 그룹에서 [도형 효과]-[입체 효과]-'각지게'를 지정합니다.

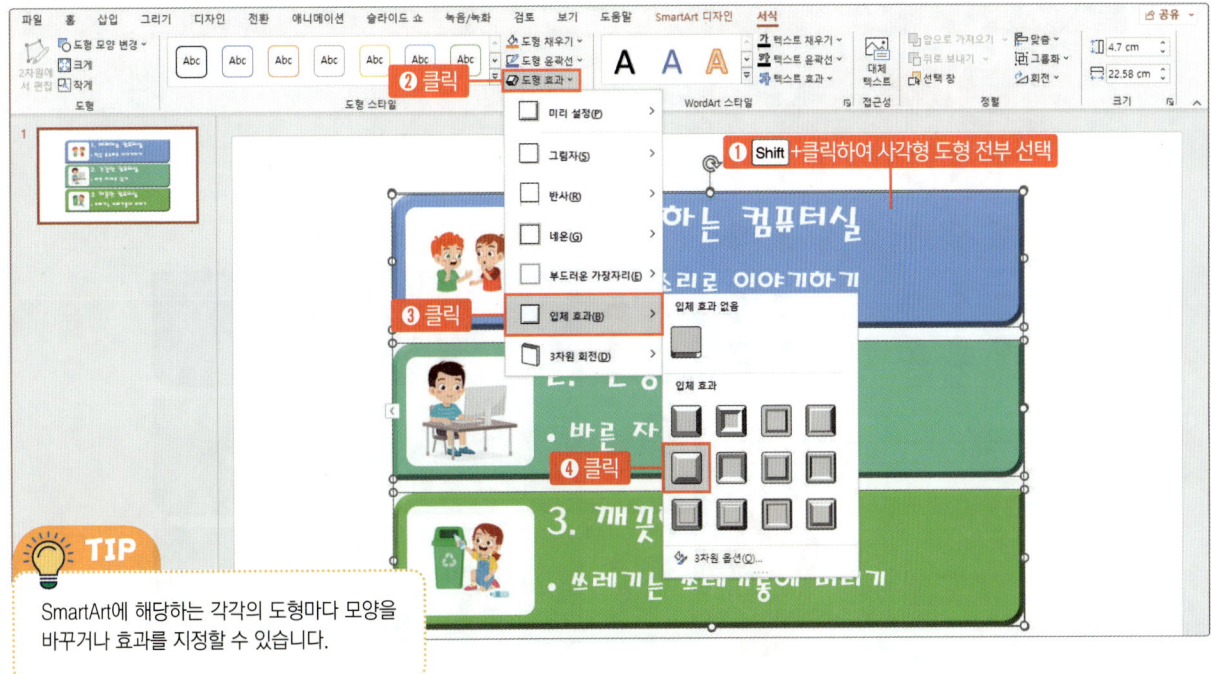

TIP SmartArt에 해당하는 각각의 도형마다 모양을 바꾸거나 효과를 지정할 수 있습니다.

CHAPTER 08 - 우리 모두의 컴퓨터 교실

04 텍스트와 그림 삽입 및 효과 지정하기

텍스트 상자와 그림을 삽입하고 다양한 효과를 지정합니다.

① [삽입] 탭의 [텍스트] 그룹에서 [텍스트 상자]-'가로 텍스트 상자 그리기'를 선택하고 이미지와 같이 텍스트를 입력한 후 글꼴은 '휴먼모음T', 글꼴 크기는 '36pt', 글꼴 색은 '파랑'으로 지정하여 원하는 위치에 배치합니다.

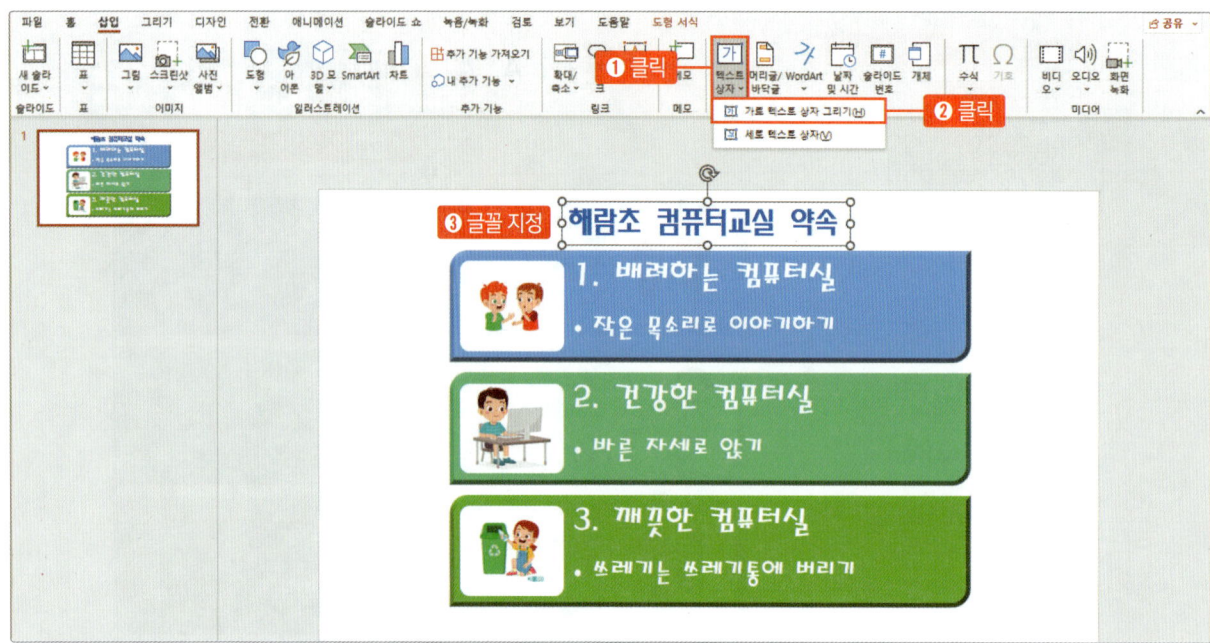

② [삽입] 탭의 [이미지] 그룹에서 [그림]-[이 디바이스]를 선택하고 '규칙4.jpg'를 삽입한 후 [그림 서식] 탭의 [조정] 그룹에서 [색]-'투명한 색 설정'을 통해 배경색을 투명하게 변경합니다.

실력 쑥쑥! 창의력 쑥쑥!

1 SmartArt를 삽입하고 서식을 변경하여 다음과 같이 달의 위상 변화를 완성해 보세요.

예제파일 밤하늘.jpg, 달.jpg   완성파일 달(완성).pptx

❶ 배경 서식
  그림 채우기 – '밤하늘.jpg'
❷ SmartArt 삽입
  • 세로 곡선 목록형
    색 변경 – '기본 테마 색' – '어두운 색 2 채우기'
    글꼴 – '휴먼옛체', '20pt'
    도형 모양 변경 – '달', '현'
    도형 채우기 – '황금색, 강조 4, 40% 더 밝게'
❸ 그림 삽입
  '달.jpg'
❹ 텍스트 상자 삽입
  글꼴 – '휴먼매직체'
  글꼴 크기 – '48pt'
  글꼴 색 – '흰색, 배경 1'

2 SmartArt를 삽입하고 SmartArt 서식을 변경하여 다음과 같이 지구 내부 구조도를 완성해 보세요.

예제파일 지구.jpg, 돋보기.jpg   완성파일 지구(완성).pptx

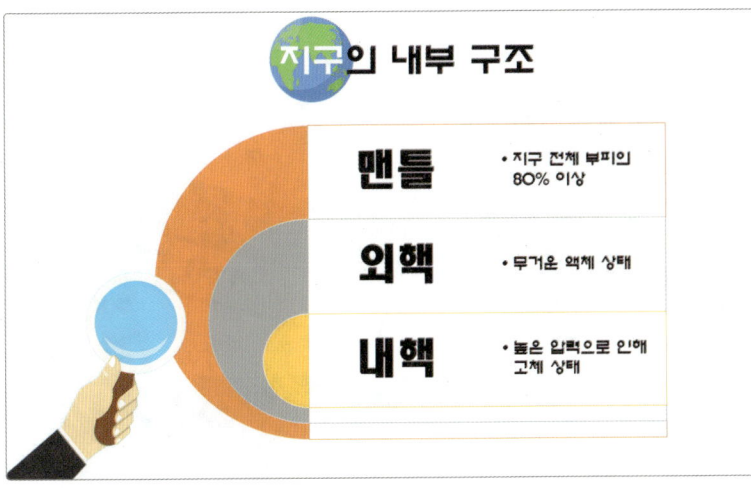

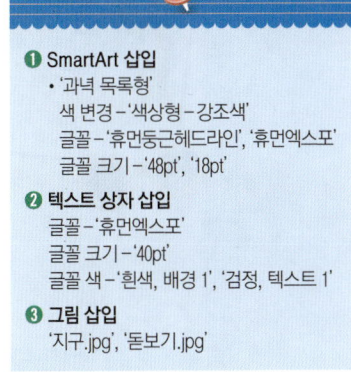

❶ SmartArt 삽입
  • '과녁 목록형'
    색 변경 – '색상형 – 강조색'
    글꼴 – '휴먼둥근헤드라인', '휴먼엑스포'
    글꼴 크기 – '48pt', '18pt'
❷ 텍스트 상자 삽입
  글꼴 – '휴먼엑스포'
  글꼴 크기 – '40pt'
  글꼴 색 – '흰색, 배경 1', '검정, 텍스트 1'
❸ 그림 삽입
  '지구.jpg', '돋보기.jpg'

내가 만드는 동영상 썸네일

오늘의 미션
- 도형 안에 글자 입력하기
- 도형 복사하기
- 그룹화하기

썸네일은 해당 콘텐츠의 내용을 요약한 이미지를 뜻합니다. 동영상을 업로드하기 위해 썸네일을 제작하려고 합니다. 이번 시간에는 파워포인트 프로그램의 도형 복사 기능을 이용하여 나만의 동영상 썸네일을 만들어 봅시다.

예제파일 여름방학1~4.jpg　　**완성파일** 썸네일(완성).pptx

도형 안에 글자 입력하기

도형 안에 글자를 입력합니다.

1 PowerPoint 2021 프로그램을 실행하고 [새로 만들기]-[새 프레젠테이션]을 클릭한 후 [홈] 탭의 [슬라이드] 그룹에서 [레이아웃]-[빈 화면]을 클릭합니다. 그 다음 '액자' 도형을 삽입하고 [도형 채우기]를 클릭하여 '파랑, 강조 5, 40% 더 밝게', [도형 윤곽선]을 '윤곽선 없음'으로 지정합니다.

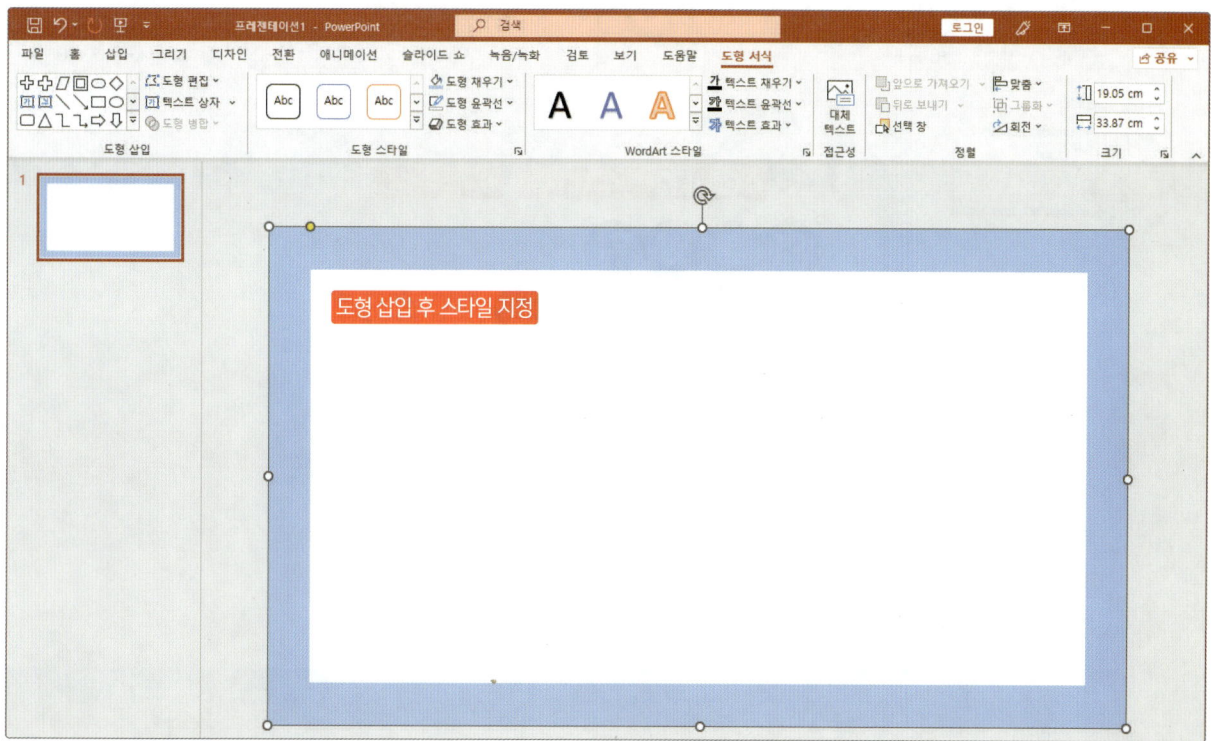

2 Shift 키를 누른 상태로 드래그하여 '타원' 도형을 삽입한 후 [도형 윤곽선]을 '검정, 텍스트 1'로 지정합니다. 그 다음 '여'를 입력하고 글꼴을 '휴먼엑스포체', '36pt'를 지정합니다.

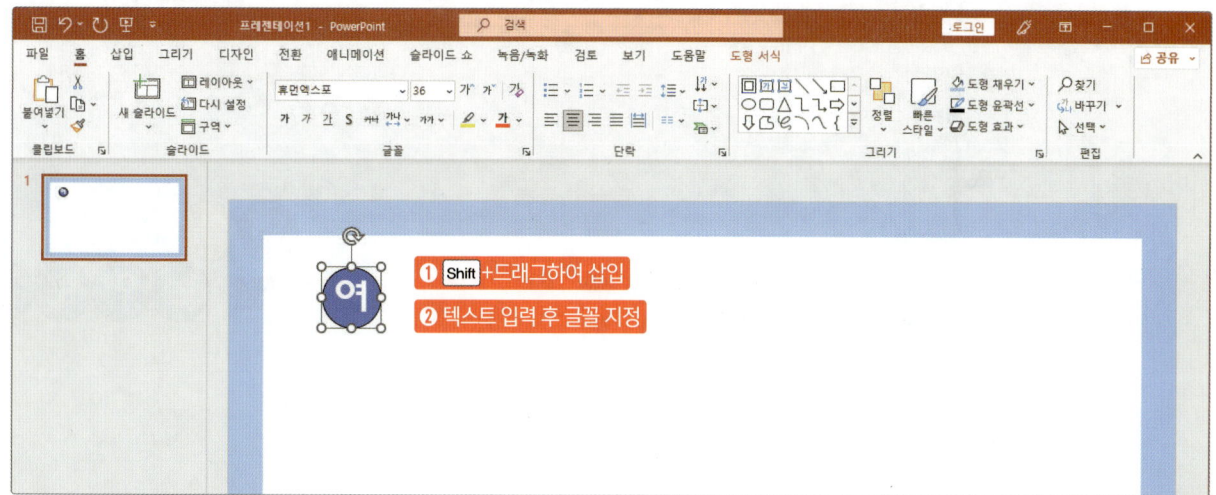

02 도형 복사하기

Ctrl + Shift 키를 누른 상태로 드래그하여 도형을 복사합니다.

① Ctrl + Shift 키를 누른 상태로 '타원' 도형을 드래그하여 도형을 복사한 후 아래 그림과 같이 텍스트를 변경합니다.

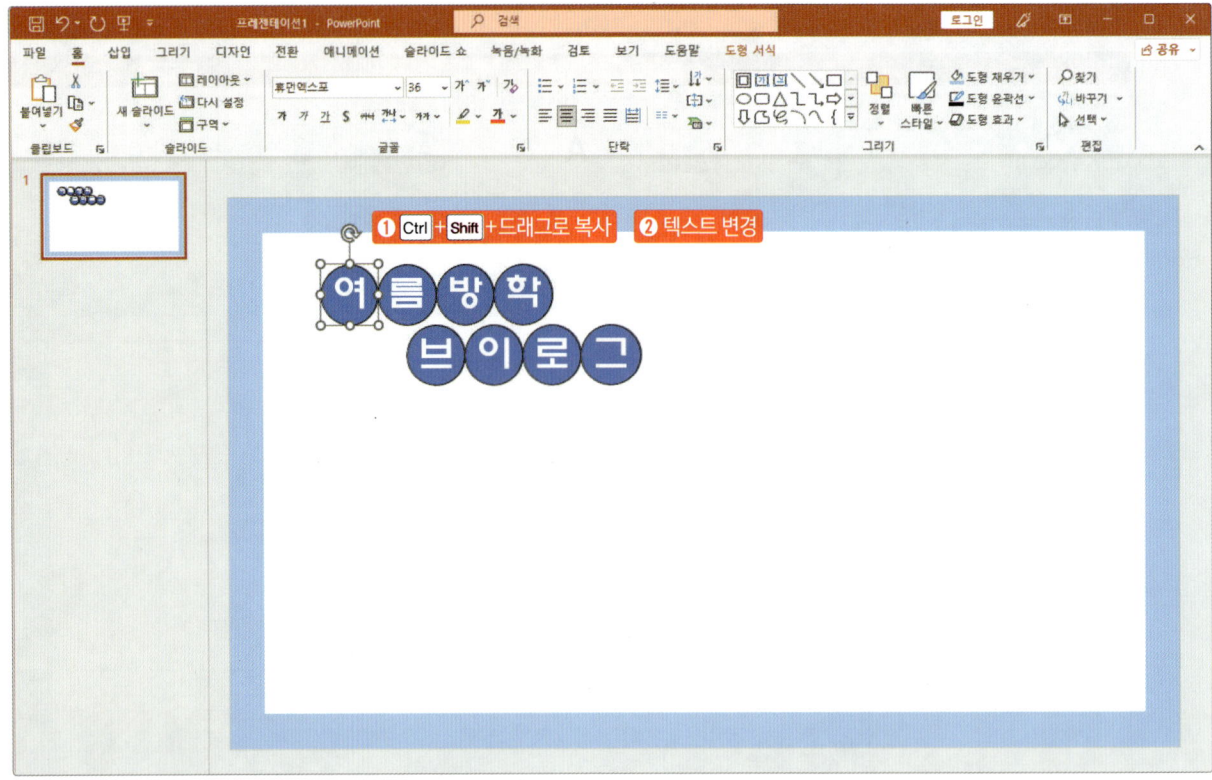

② 복사한 '타원' 도형을 선택하고 [도형 채우기]를 클릭한 후 각각 임의의 색을 지정한 후 원하는 위치를 지정합니다.

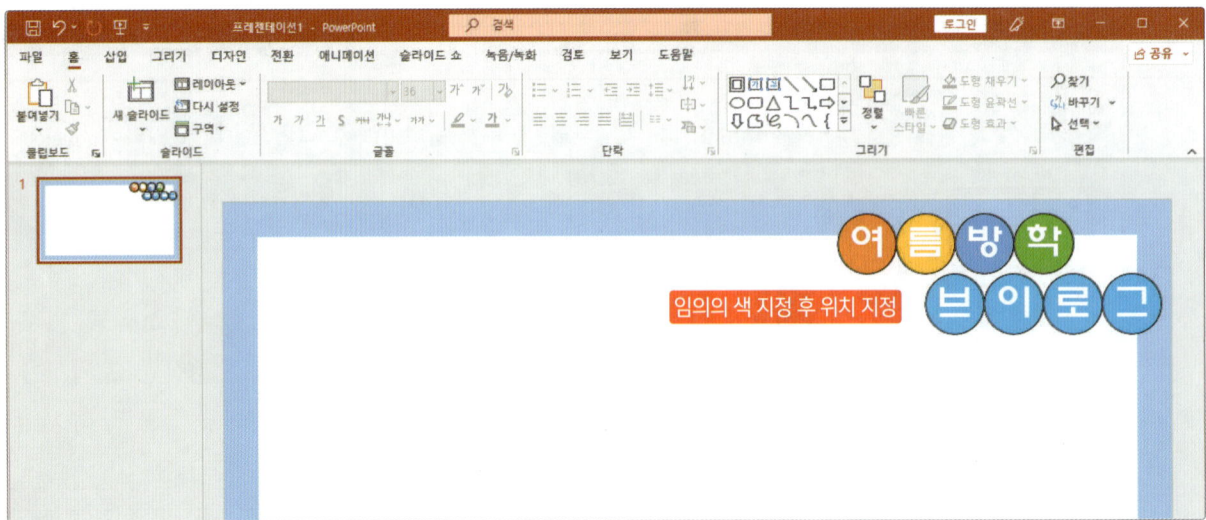

03 그룹화하기

삽입한 도형과 그림을 그룹화하여 하나의 개체로 만듭니다.

① [삽입] 탭의 [일러스트레이션] 그룹에서 [도형]을 클릭하여 '직사각형' 도형을 삽입한 후 [도형 채우기]-'흰색, 배경 1', [도형 윤곽선]-'검정, 텍스트 1', [도형 효과]-'그림자'-'오프셋: 가운데'를 지정합니다.

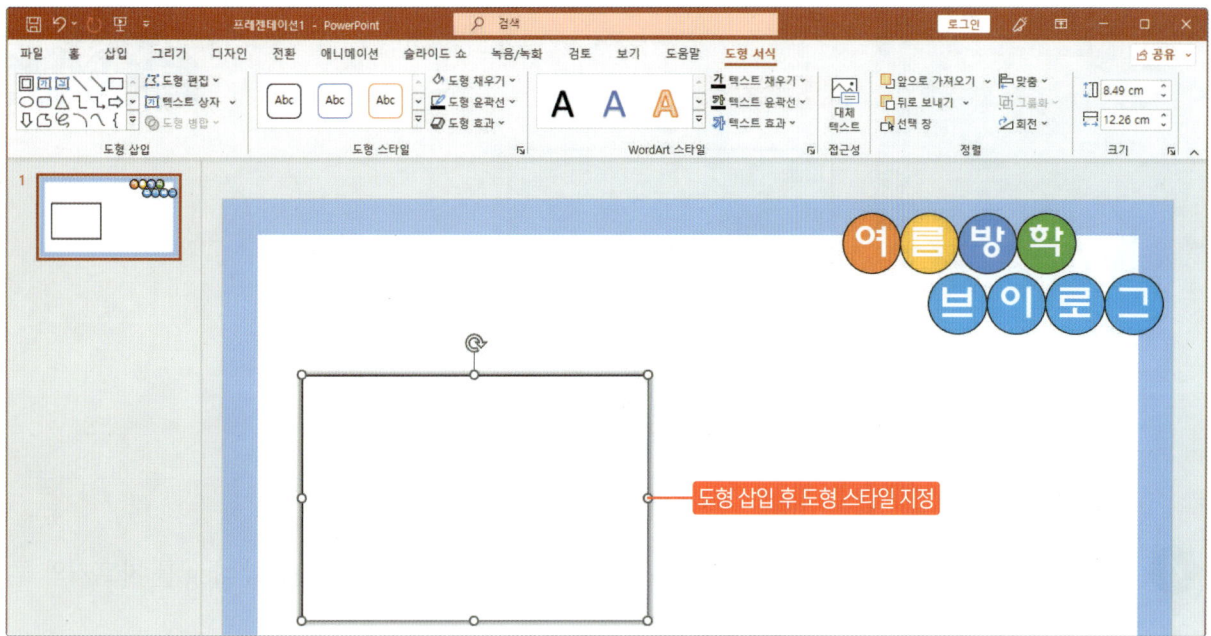

② '여름방학1.jpg' 그림을 삽입하여 크기를 변경합니다. 그 다음 '가로 텍스트 상자 그리기'를 삽입하여 텍스트를 입력하고 글꼴을 '휴먼매직체'로 지정합니다.

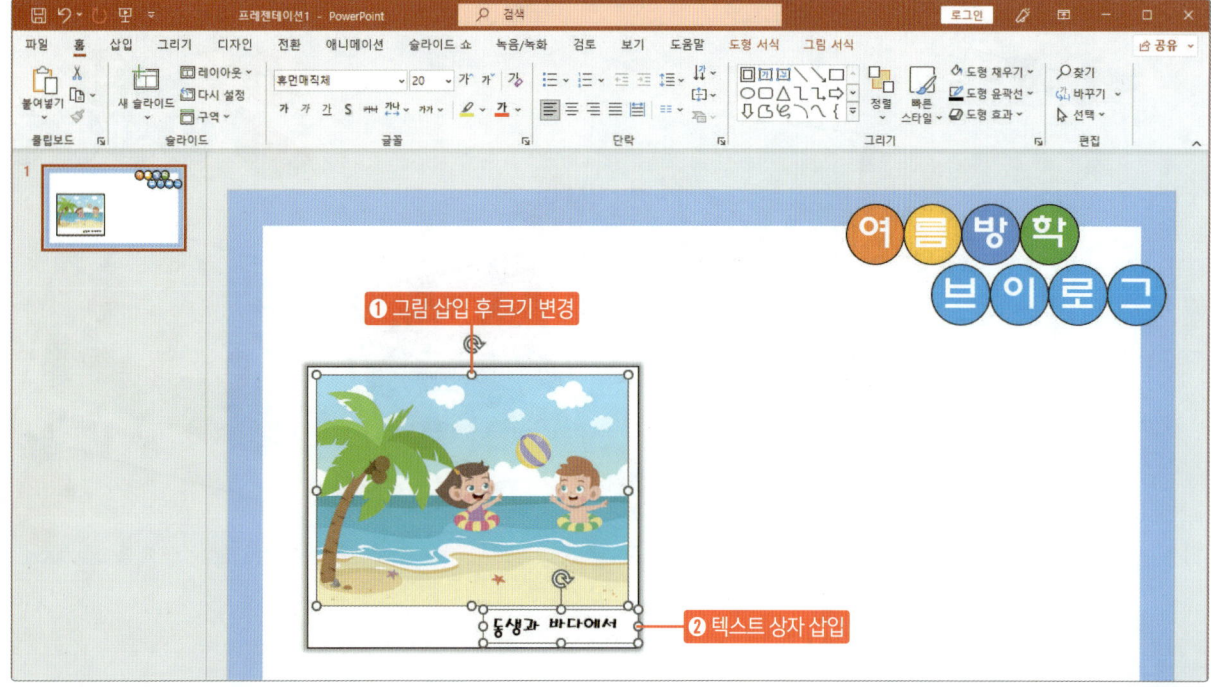

❸ '직사각형' 도형과 그림과 텍스트를 모두 선택한 후 [도형 서식] 탭의 [정렬] 그룹에서 [그룹화]-[그룹]을 클릭하여 하나의 개체로 만듭니다.

❹ '여름방학2~3.jpg' 그림들을 사용하여 ❶~❸을 반복한 후 회전하고 '여름방학4.jpg'를 자르기와 투명한 색 설정 기능을 통해 아래 그림과 같이 완성합니다.

실력 쑥쑥! 창의력 쑥쑥!

1 도형을 삽입하고 텍스트를 입력한 후 서식을 변경하여 다음과 같은 음료수 냉장고를 완성해 보세요.

> 예제파일 냉장고.jpg   완성파일 냉장고(완성).pptx

❶ 그림 삽입
'냉장고.jpg'
❷ 도형 삽입
- '사각형: 둥근 모서리'
  도형 채우기 – '임의의 색'
  도형 윤곽선 – '윤곽선 없음'
  도형 효과 – '오프셋: 오른쪽 위'
  글꼴 – '휴먼매직체', '16pt'
- '생각 풍선: 구름 모양'
  도형 채우기 – '파랑, 강조 5'
  도형 윤곽선 – '윤곽선 없음'
  글꼴 – '휴먼모음T'
  글꼴 크기 – '20pt'

2 도형을 삽입하고 텍스트를 입력한 후 서식을 변경하여 다음과 같은 나만의 메모보드를 완성해 보세요.

> 예제파일 보드.jpg, 스티커1~2.jpg   완성파일 메모보드(완성).pptx

❶ 배경 서식
그림 또는 질감 채우기 – '보드.jpg'
❷ 도형 삽입
- '사각형: 모서리가 접힌 도형' 삽입
  도형 채우기 – '임의의 색'
  도형 윤곽선 – '윤곽선 없음'
  글꼴 – '휴먼모음T', '휴먼편지체', '휴먼매직체'
  글꼴 크기 – '28pt'
- '타원' 삽입
  도형 채우기 – '임의의 색'
  도형 윤곽선 – '윤곽선 없음'
  글꼴 – '휴먼모음T', '36pt'
  글꼴 색 – '검정, 텍스트 1'
❸ 그림 삽입
'스티커1~2.jpg'

CHAPTER 10
별똥별이 떨어진다!!

오늘의 미션
- 배경 서식 지정하기
- 도형 효과 지정하기
- 곡선 그리기
- 이동 경로 애니메이션 설정하기

어두운 밤하늘을 가로질러 떨어지는 별똥별을 표현하려고 합니다. 이번 시간에는 파워포인트 프로그램의 이동 경로 애니메이션을 이용하여 하늘에서 떨어지는 별똥별을 만들어 봅시다.

 작품 미리보기

예제파일 없음 **완성파일** 별똥별(완성).pptx

01 배경 서식 지정하기

밤하늘을 표현하기 위해 배경 서식을 그라데이션으로 지정합니다.

1 PowerPoint 2021 프로그램을 실행하고 [새로 만들기]-[새 프레젠테이션]을 클릭한 후 [홈] 탭의 [슬라이드] 그룹에서 [레이아웃]-[빈 화면]을 클릭합니다. 그 다음 슬라이드에서 마우스 오른쪽 버튼을 클릭하여 바로 가기 메뉴를 실행하고 [배경 서식]을 클릭한 다음 [배경 서식] 작업창에서 [그라데이션 채우기]를 클릭합니다.

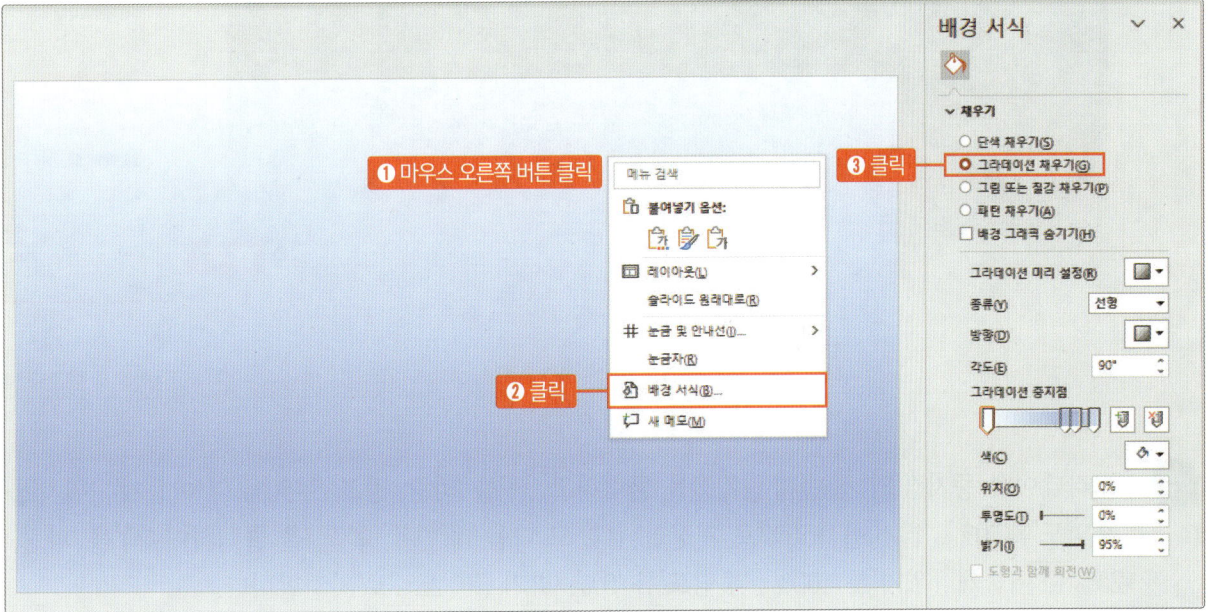

2 [배경 서식] 작업창에서 '그라데이션 중지점'의 첫 번째 중지점을 클릭하고 '색'을 '검정, 텍스트 1'로 지정한 후 '위치'를 '0%', '투명도'를 '0%', '밝기'를 '0%'로 지정합니다.

③ [배경 서식] 작업창에서 '그라데이션 중지점'의 두 번째 중지점을 클릭하고 '색'을 '파랑, 강조 1, 50% 더 어둡게'로 지정한 후 '위치'를 '55%', '투명도'를 '0%', '밝기'를 '-50%'로 지정합니다.

④ '그라데이션 중지점'의 세 번째 중지점을 클릭하고 '색'을 '파랑, 강조 5, 50% 더 어둡게', '위치'를 '78%', '투명도'를 '0%', '밝기'를 '-50%'로 지정합니다. 그 다음 네 번째 중지점을 클릭하여 '색'을 '파랑, 강조 1, 25% 더 어둡게', '위치'를 '100%', '투명도'를 '0%', '밝기'를 '-25%'로 지정합니다.

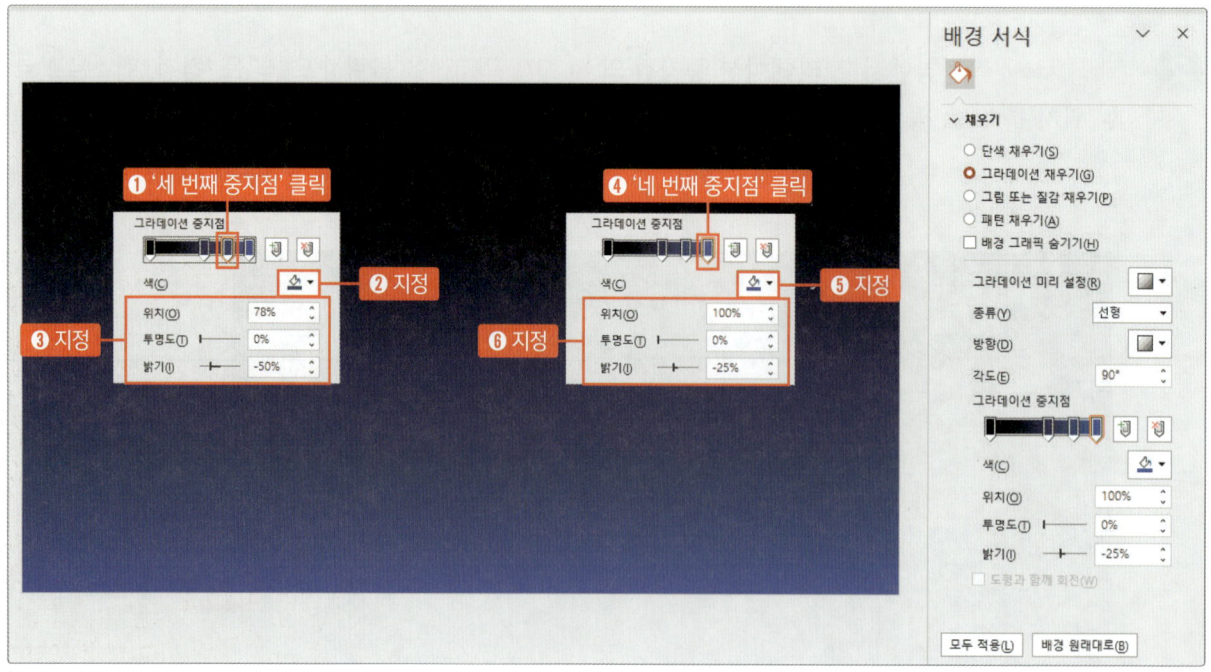

02 도형 효과 지정하기

반짝이는 별을 표현하기 위해 도형에 네온 효과를 지정합니다.

① '별: 꼭짓점 5개' 도형을 삽입한 후 [도형 채우기]-'노랑', [도형 윤곽선]-'윤곽선 없음'으로 지정한 다음 [도형 효과]의 [네온]을 클릭하여 '황금색, 8pt, 네온, 강조색 4'로 지정합니다.

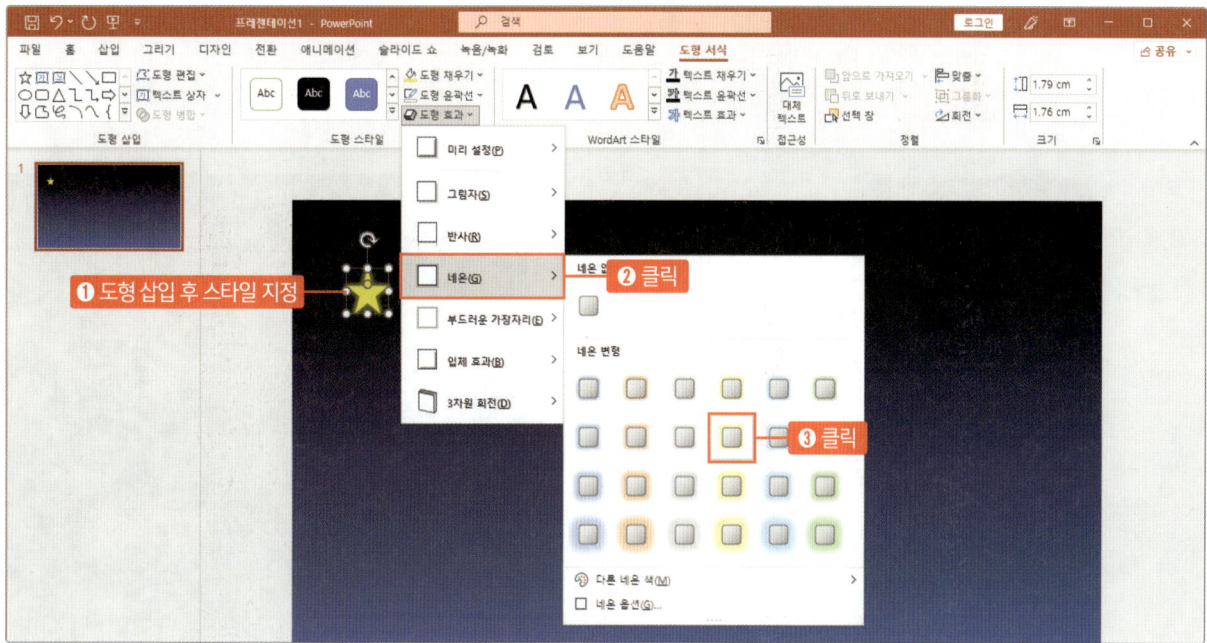

② ①과 같은 방법으로 도형을 삽입한 후 [도형 스타일] 그룹에서 효과를 지정하고 아래 그림과 같이 꾸밉니다.

03 곡선 그리기

곡선 도형을 이용하여 별똥별의 꼬리를 그립니다.

1. [삽입] 탭의 [일러스트레이션] 그룹에서 [도형]의 '곡선'을 클릭합니다. 그 다음 원하는 위치에서 클릭하며 곡선 모양을 그리고 더블 클릭하여 곡선 도형을 완성합니다.

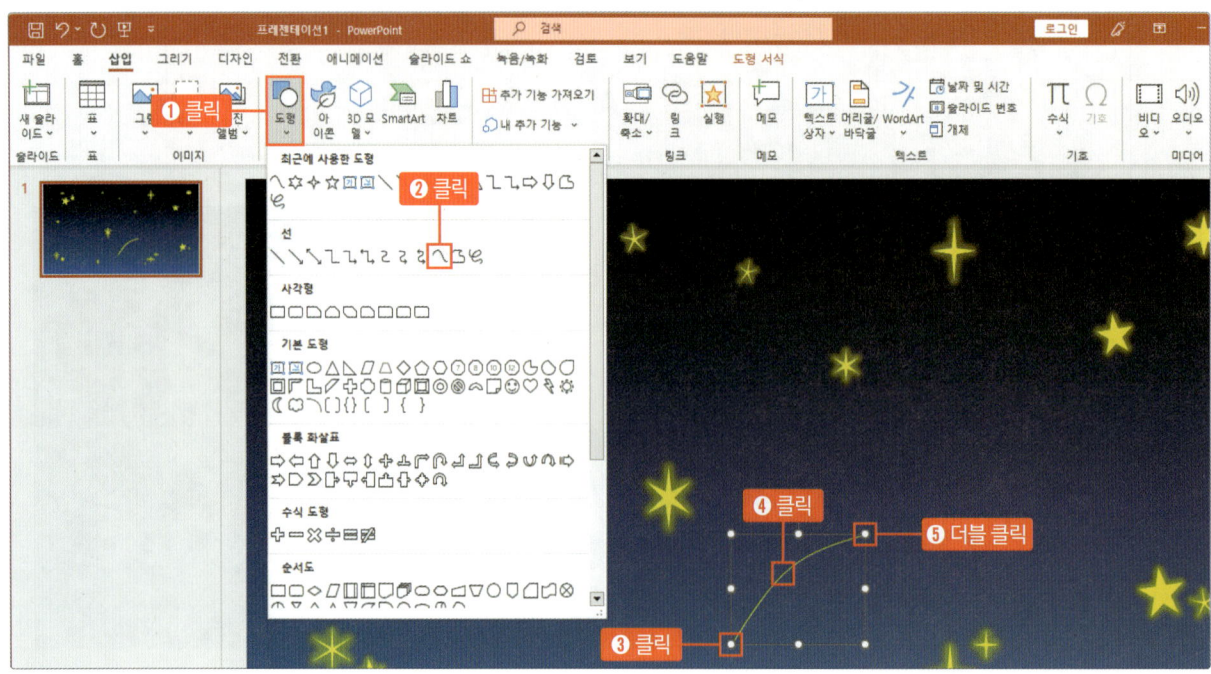

2. 완성된 '곡선' 도형을 클릭하고 [도형 채우기]를 '채우기 없음'으로 지정하고 [도형 윤곽선]을 클릭하여 색을 '노랑', 두께를 '3pt'로 지정합니다.

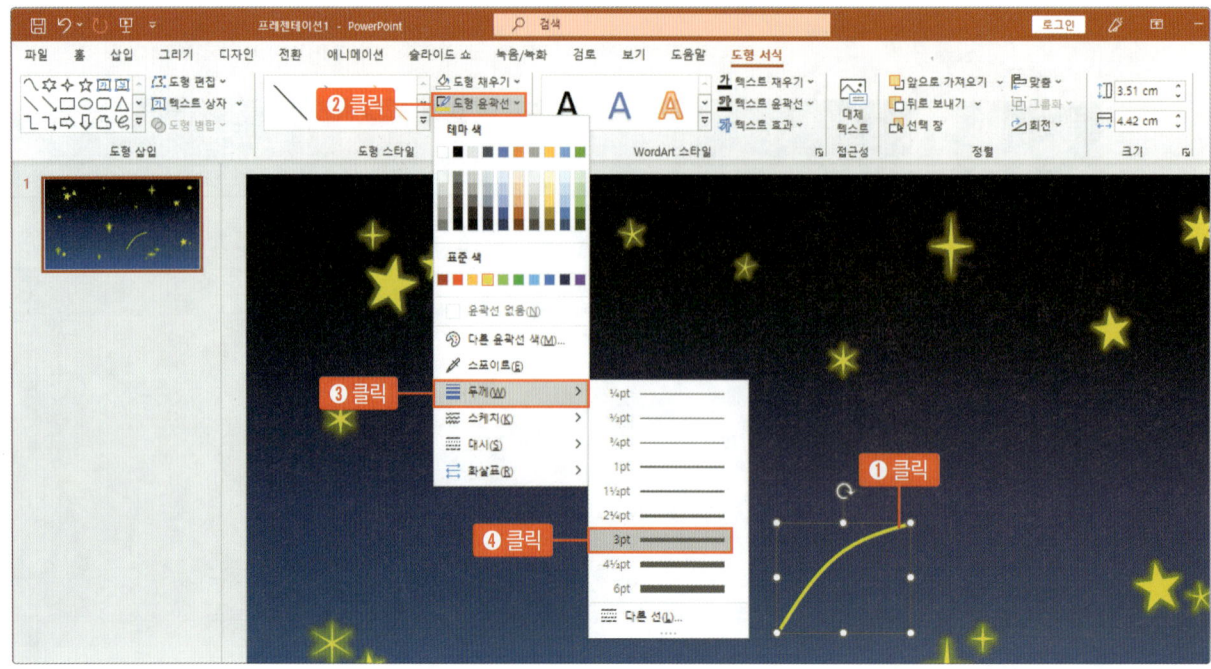

04 이동 경로 애니메이션 설정하기

별똥별이 떨어지는 효과를 이동 경로 애니메이션으로 설정합니다.

1 '별: 꼭짓점 5개' 도형과 '곡선' 도형을 슬라이드 위쪽 밖으로 이동한 후 모두 선택하고 [도형 서식] 탭의 [정렬] 그룹에서 [그룹화]-[그룹]을 클릭하여 그룹화합니다.

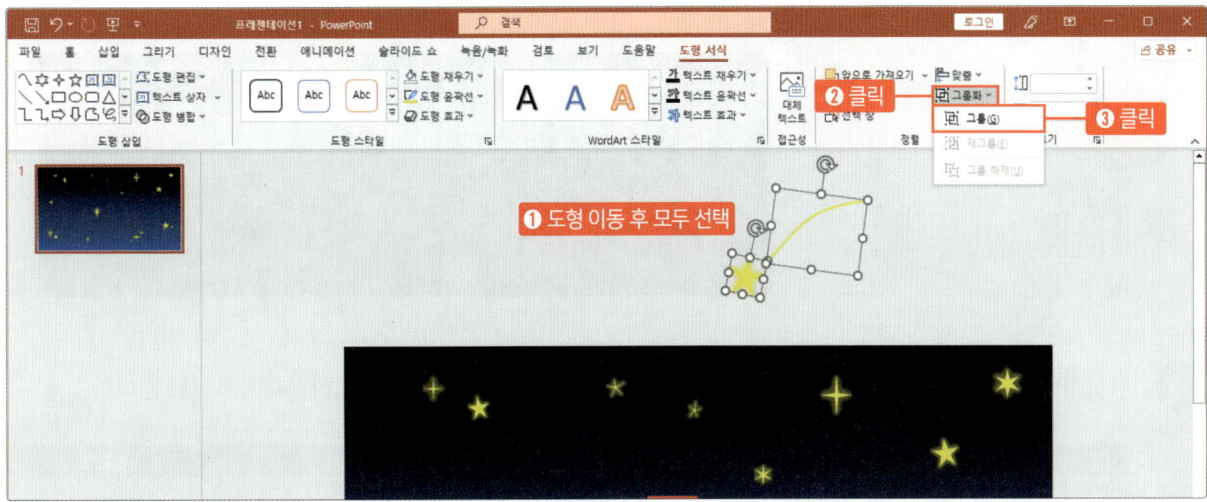

2 그룹화한 도형을 선택하고 [애니메이션] 탭의 [애니메이션] 그룹에서 '이동 경로'의 '선'을 클릭합니다.

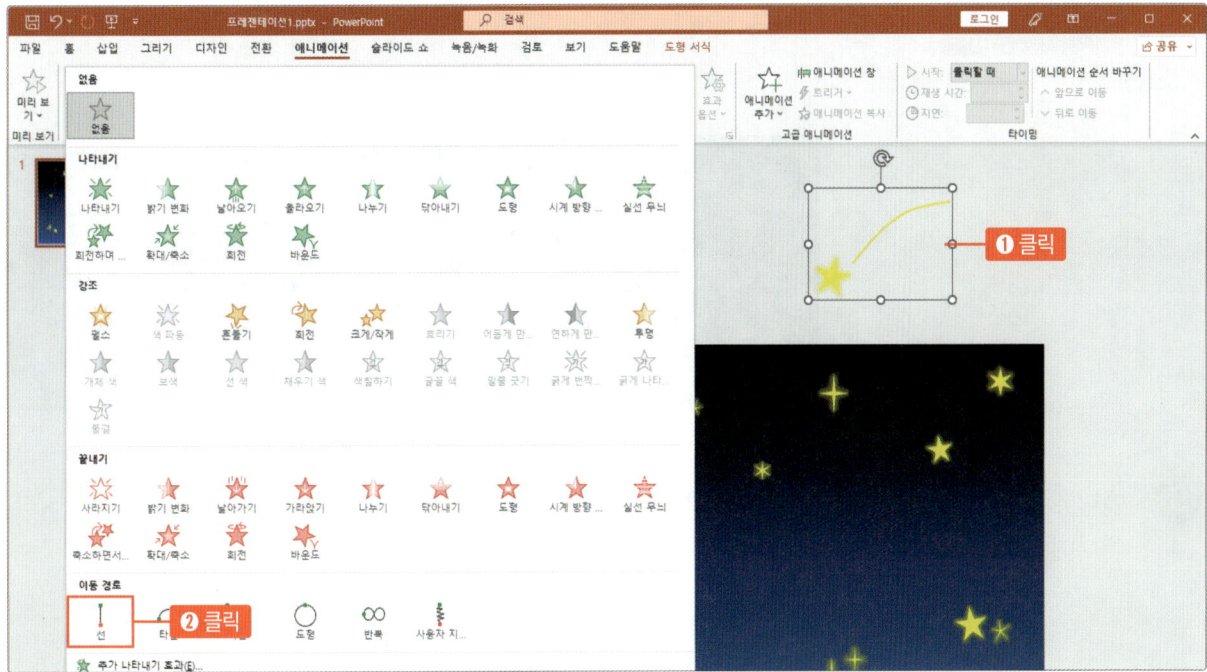

CHAPTER 10 - 별똥별이 떨어진다!! **067**

③ '선' 애니메이션이 적용되면 이동 경로의 빨간 점을 이동할 위치로 드래그합니다.

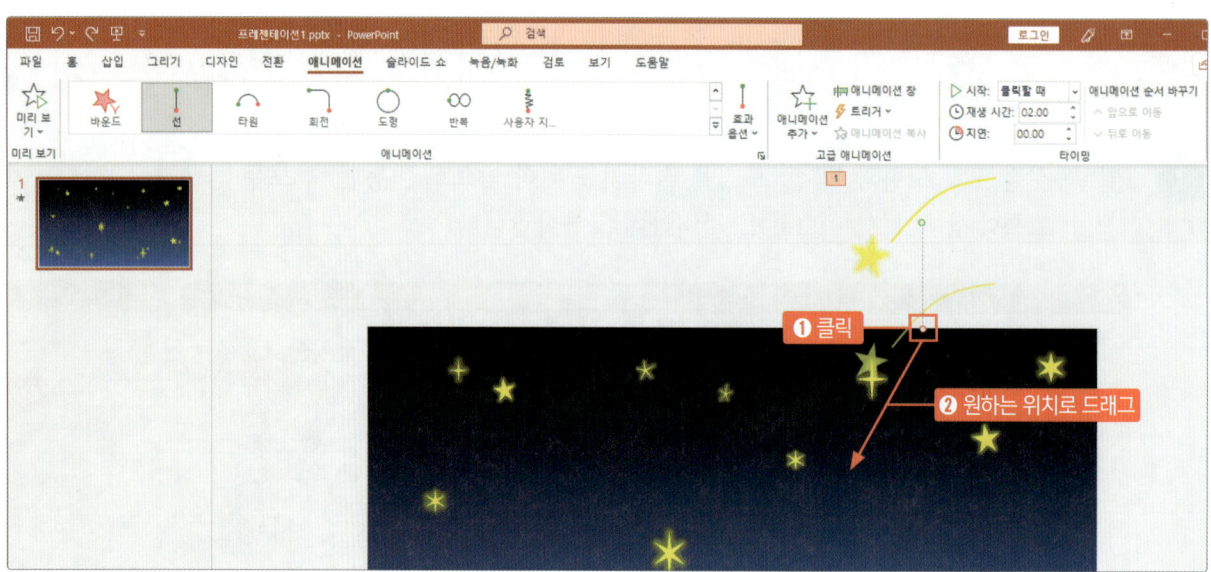

④ [애니메이션] 탭의 [타이밍] 그룹에서 '시작'의 '클릭할 때'를 '이전 효과 다음에'로 선택합니다.

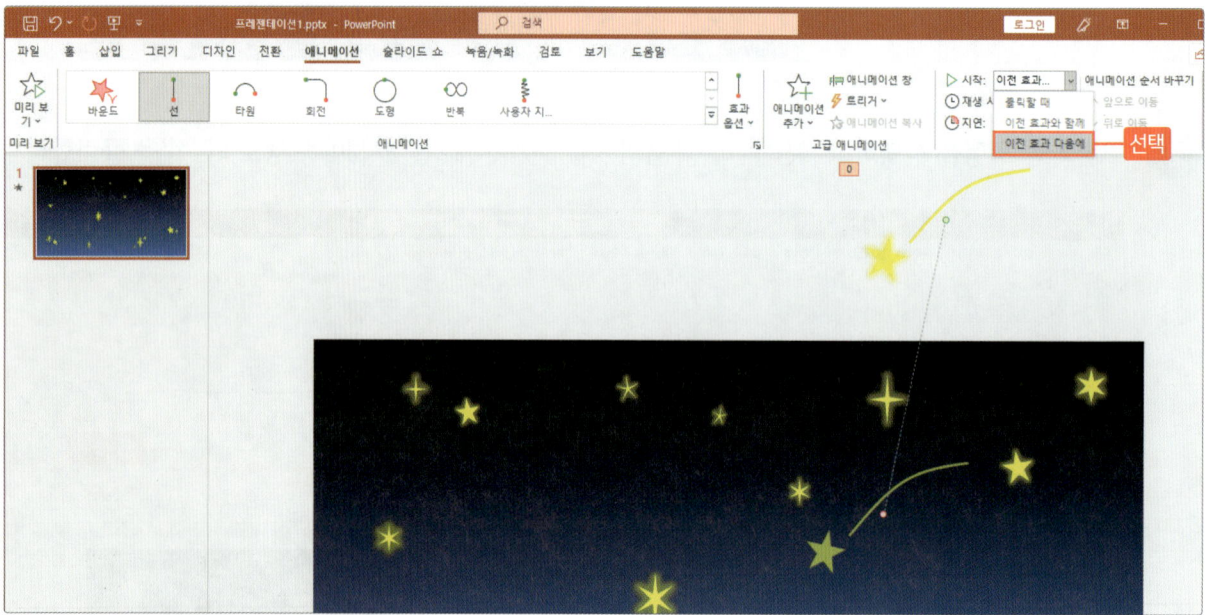

⑤ 애니메이션이 적용된 도형을 복사하여 별똥별을 추가한 다음 이동 경로를 자유롭게 수정하고 F5 키를 눌러 애니메이션을 확인합니다.

실력 쑥쑥! 창의력 쑥쑥!

1 그림과 도형을 삽입하고 애니메이션을 적용하여 다음과 같은 생일케이크를 완성해 보세요.

예제파일 케이크.jpg　**완성파일** 생일케이크(완성).pptx

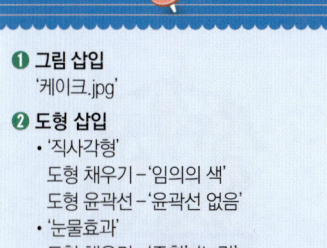

❶ 그림 삽입
'케이크.jpg'
❷ 도형 삽입
• '직사각형'
　도형 채우기 – '임의의 색'
　도형 윤곽선 – '윤곽선 없음'
• '눈물효과'
　도형 채우기 – '주황', '노랑'
　도형 윤곽선 – '윤곽선 없음'
　도형 효과 – '네온: 11pt, 주황, 강조색 2'
　애니메이션 – 끝내기: '밝기변화'

2 도형을 삽입하고 애니메이션을 적용하여 다음과 같은 해가 지는 풍경을 완성해 보세요.

예제파일 노을.png　**완성파일** 노을(완성).pptx

❶ 배경 서식
• 그라데이션 채우기
　첫 번째 중지점 – '주황, 강조 2, 80% 더 밝게', 위치 '0%'
　두 번째 중지점 – '주황, 강조 2', 위치 '70%'
　세 번째 중지점 – '파랑, 강조 5', 위치 '100%'
❷ 도형 삽입
• '타원'
　도형 채우기 – '빨강'
　도형 윤곽선 – '윤곽선 없음'
　애니메이션 – 끝내기: '가라앉기', 재생 시간 : '2'초
❸ 그림 삽입
'노을.png'

CHAPTER 11

룰루랄라~ 나만의 놀이공원

오늘의 미션
- 자르기 및 투명한 색 지정하기
- 보관할 영역 표시 및 제거할 영역 표시

오르락~내리락~ 롤러코스터와 으스스한 귀신의 집, 빙글 빙글 돌아가는 회전목마까지 **다양한 놀이기구가 있는 놀이공원**에 가본 적이 있나요? 이번 시간에는 파워포인트 프로그램의 배경 제거 기능을 이용하여 나만의 놀이공원을 만들어 봅시다.

예제파일 놀이공원1~3.jpg **완성파일** 놀이공원(완성).pptx

01 자르기 및 투명한 색 지정하기

그림을 자르고 그림의 배경을 투명한 색으로 지정합니다.

1 PowerPoint 2021 프로그램을 실행하고 [새로 만들기]-[새 프레젠테이션]을 클릭한 후 [홈] 탭의 [슬라이드] 그룹에서 [레이아웃]-[빈 화면]을 클릭합니다. 그 다음 빈 슬라이드 화면을 클릭하고 [배경 서식]에서 [그림 또는 질감 채우기]-[삽입]을 통해 '놀이공원1.jpg'를 지정합니다.

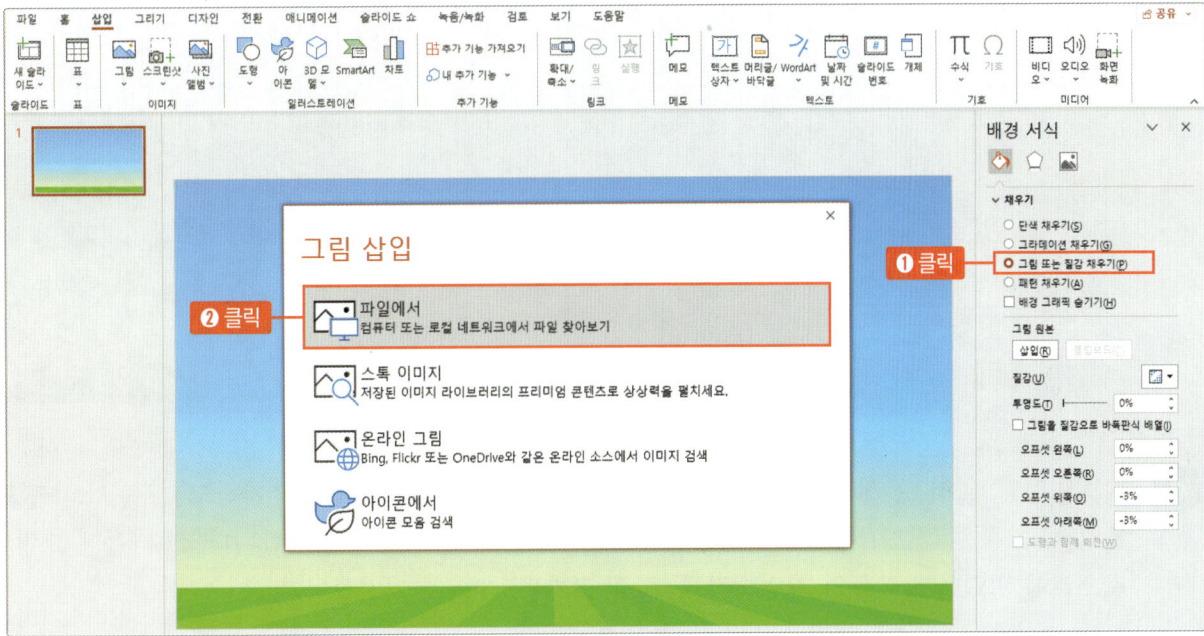

2 [삽입] 탭의 [이미지] 그룹에서 [그림]-'놀이공원2.jpg'를 불러온 후 [자르기]를 통해 원하는 그림만 잘라냅니다. 그 다음 [조정] 그룹에서 [색]-'투명한 색 지정'을 통해 가랜드를 제외한 흰색 배경을 투명하게 변경합니다.

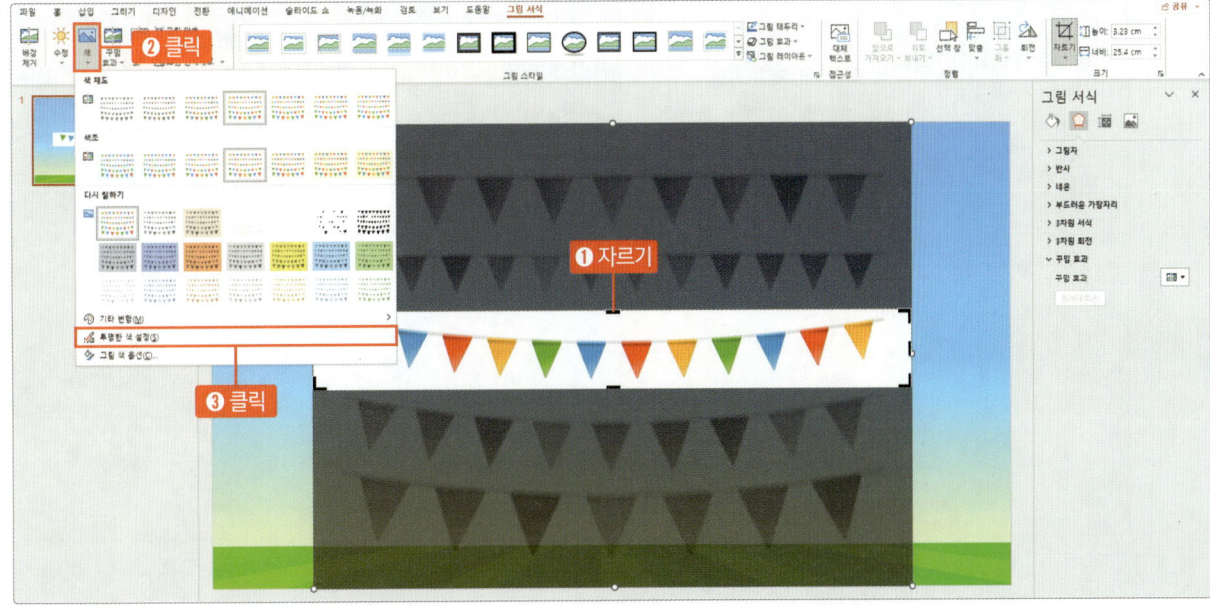

CHAPTER 11 - 룰루랄라~ 나만의 놀이공원

③ 자르기와 투명한 색 지정을 마친 '놀이공원1.jpg' 그림을 복사한 후 회전 조절점을 사용하여 원하는 모양을 만들고 위치에 맞게 조정합니다.

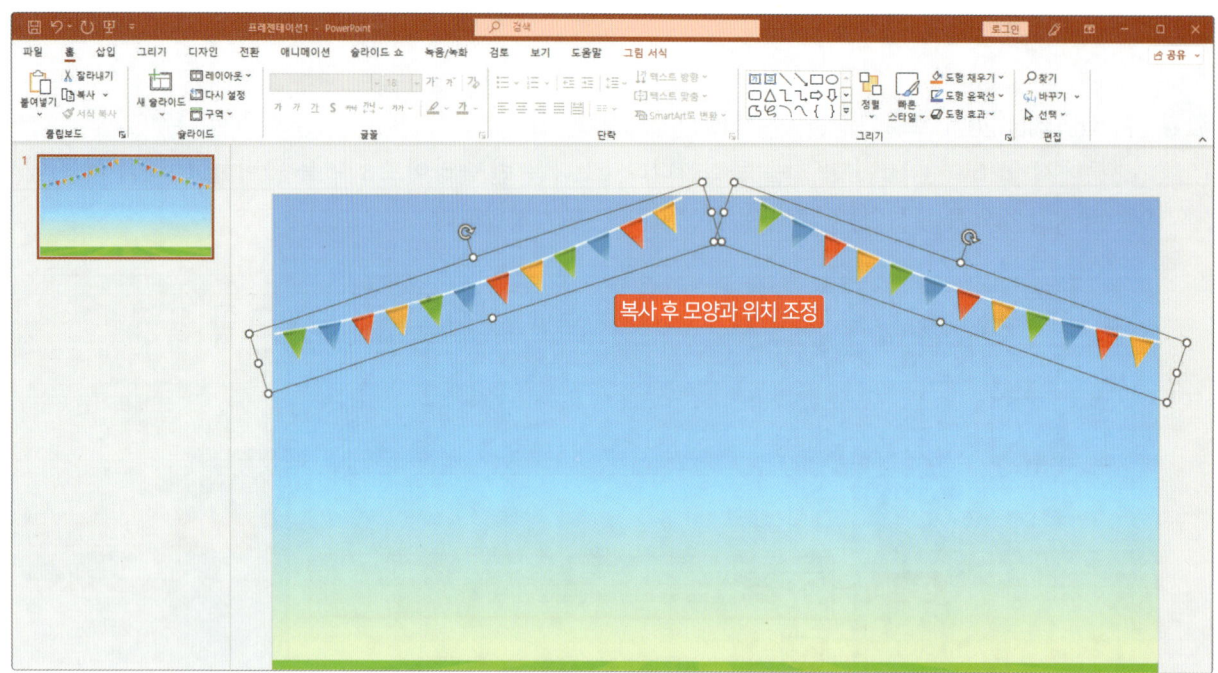

④ [삽입] 탭의 [일러스트레이션] 그룹에서 [도형]-'리본: 아래로 기울어짐'을 추가하고 [도형 서식] 탭의 [도형 스타일] 그룹 – [더보기]를 클릭한 후 '미세 효과 – 황금색, 강조 4'를 클릭합니다. 그 다음에 그림과 같이 텍스트를 입력하고 글꼴은 '휴먼매직체', 글꼴 크기는 '40pt'를 지정합니다.

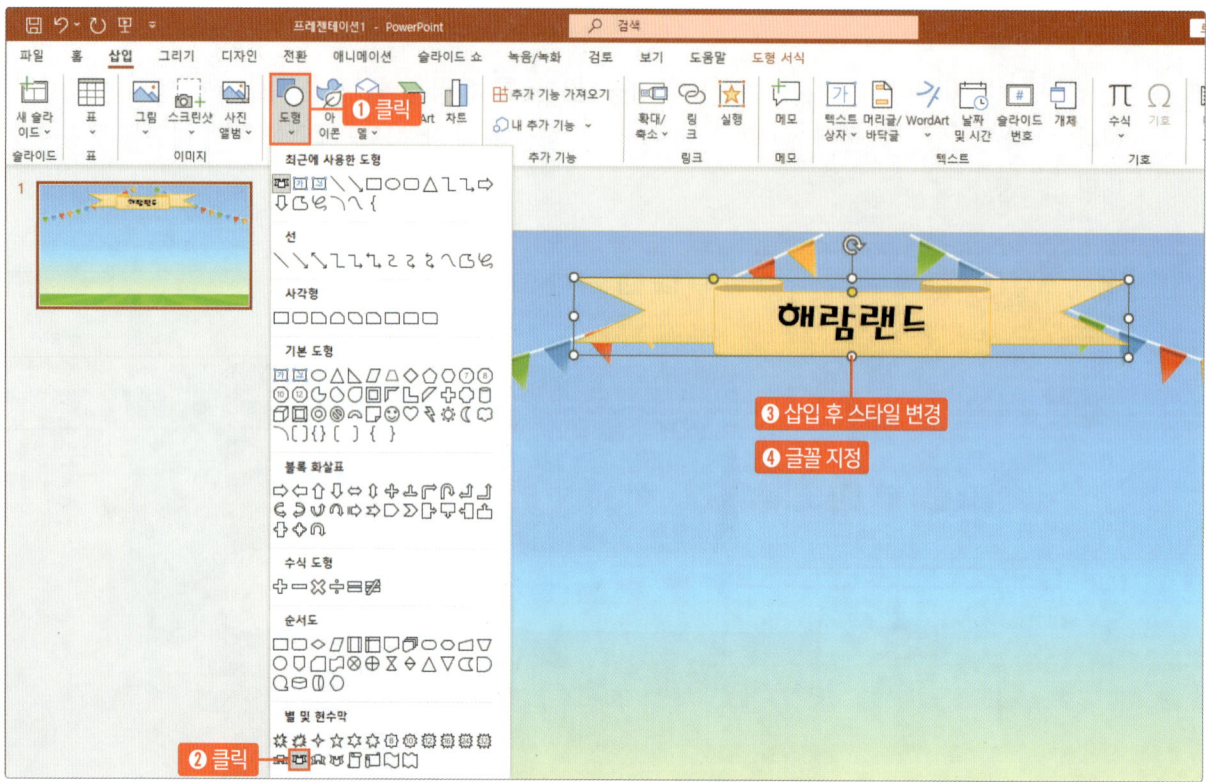

보관할 영역 표시 및 제거할 영역 표시

보관할 영역과 제거할 영역을 표시하여 구분하고 배경을 제거합니다.

① [삽입] 탭의 [이미지] 그룹에서 [그림]을 클릭하여 '놀이공원3.jpg' 그림을 삽입한 후 [자르기]를 통해 원하는 그림만 선택합니다.

② 자동으로 선택되는 영역 외의 사용할 영역을 추가 선택하기 위해 [보관할 영역 표시]를 누른 후 마우스 커서가 펜 모양(✎)으로 바뀌면 드래그하며 영역을 지정합니다.

TIP 제거할 영역은 자동으로 핑크색이 칠해지고 [보관할 영역 표시]를 사용해서 칠하면 그림의 원래 색상으로 나타납니다.

CHAPTER 11 - 룰루랄라~ 나만의 놀이공원

❸ 지정된 영역 중에 삭제하고 싶은 부분이 생기면 [제거할 영역 표시]를 클릭한 후 마우스 커서가 펜 모양으로 바뀌면 드래그하며 지정합니다. 사용할 영역이 전부 보관되었다면 [변경내용 유지]를 눌러 배경 제거를 적용합니다.

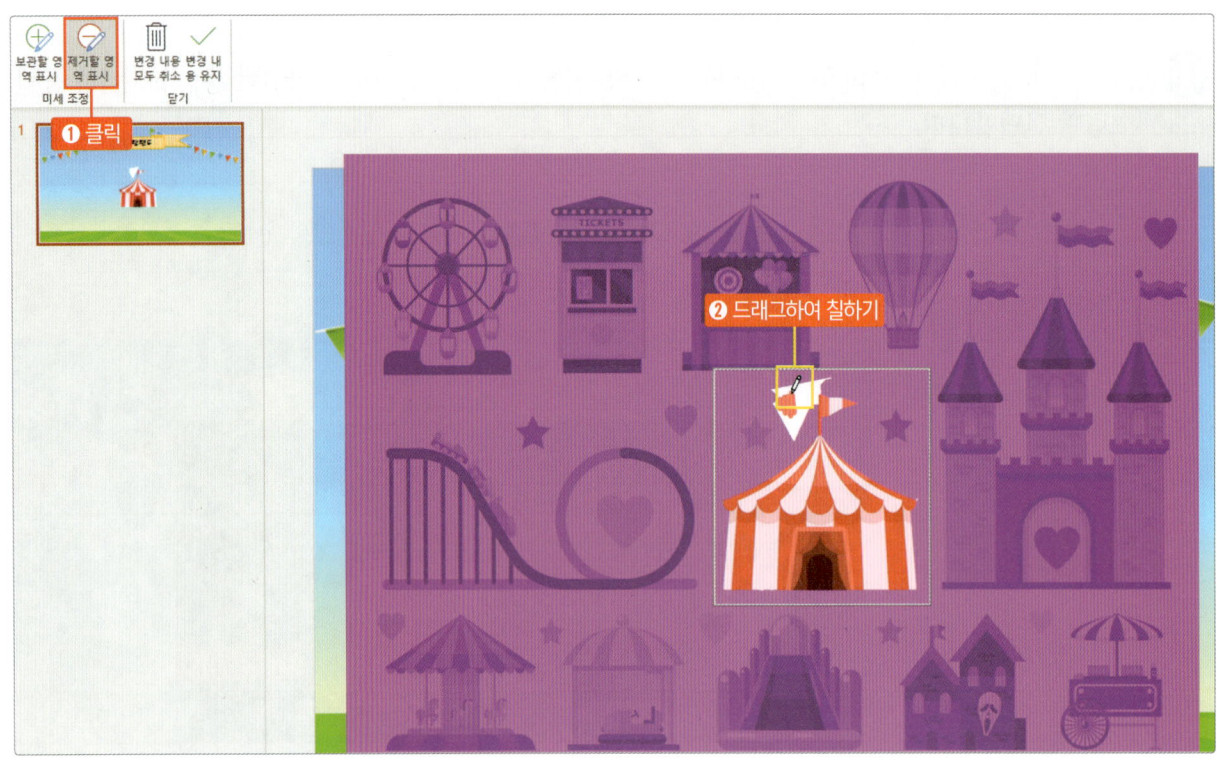

❹ ❶~❸ 지정된 영역 중에 삭제하고 싶은 부분이 생기면 [제거할 영역 표시]를 클릭한 후 마우스 커서가 펜 모양으로 바뀌면 드래그하며 지정합니다. 사용할 영역이 전부 보관되었다면 [변경내용 유지]를 눌러 배경 제거를 적용합니다.

실력 쑥쑥! 창의력 쑥쑥!

1 그림을 삽입하고 배경을 제거하여 다음과 같은 옷 입히기를 완성해 보세요.

> 예제파일 옷입히기배경.jpg, 옷입히기.jpg 완성파일 옷입히기(완성).pptx

➊ 배경 서식
그림 또는 질감 채우기 – '옷입히기배경.jpg'
➋ 그림 삽입
'옷입히기.jpg'
➌ 도형 삽입
- '말풍선: 타원형'
  도형 채우기 – '자주'
  도형 윤곽선 – '윤곽선 없음'
  글꼴 – '휴먼둥근헤드라인'
  글꼴 크기 – '32pt'

2 그림을 삽입하고 배경을 제거하여 다음과 같은 바다 속 세상을 완성해 보세요.

> 예제파일 바다.jpg 완성파일 바다속세상(완성).pptx

➊ 배경 서식
- 그라데이션 채우기
  첫 번째 중지점 – 위치: '0%', 색: '연한 파랑'
  두 번째 중지점 – 위치: '50%', 색: '파랑'
  세 번째 중지점 – 위치: '100%', 색: '진한 파랑'
➋ 그림 삽입
'바다.jpg'
➌ 도형 삽입
- '물결'
  도형 채우기 – '녹색'
  도형 윤곽선 – '윤곽선 없음'
➍ WordArt 삽입
'그라데이션 채우기: 황금색, 강조색 4,
윤곽선: 황금색, 강조색 4'
글꼴 – '휴먼모음T'
글꼴 크기 – '32pt'

CHAPTER 11 - 룰루랄라~ 나만의 놀이공원

CHAPTER 12 역사 속 위인들을 찾아서

오늘의 미션
- 도형 및 그림 삽입하기
- 텍스트 상자 삽입하기
- 그룹화 하기

위인이란 뛰어나고 훌륭한 사람이라는 뜻으로, 큰일을 이루어 존경하며 배울 점이 많은 사람을 말합니다. 이번시간에는 도형, 그림, 텍스트 상자 등의 개체 삽입으로 역사 속 위인들에 대한 홍보물을 만들어 봅시다.

작품 미리보기

예제파일 뉴턴.jpg, 세종대왕.jpg, 마리퀴리.jpg, 클립.jpg   **완성파일** 역사속위인(완성).pptx

역사 속 위인들을 찾아서

아이작 뉴턴
머리 위로 떨어진 사과를 보고 물체가 아래로 떨어지는 것은 지구가 당기는 힘인 '중력' 때문임을 알고 '만류인력의 법칙'을 발견하였습니다.

세종대왕
백성들을 위해 편히 쓸 수 있는 한글을 만들고, 신분을 차별하지 않고 인재들과 함께 측우기 등 여러 과학기구들을 발명하였습니다.

마리 퀴리
여자라는 이유로 능력을 제한 받았지만, 방사능 연구를 해 새로운 방사성 원소를 발견하고 방사선을 사용하여 암 치료에 큰 기여를 하였습니다.

01 도형 및 그림 삽입하기

도형 삽입 후 도형 서식을 변경하고 그림을 삽입합니다.

① PowerPoint 2021 프로그램을 실행하고 [새로 만들기]-[새 프레젠테이션]을 클릭한 후 [홈] 탭의 [슬라이드] 그룹에서 [레이아웃]-[빈 화면]을 클릭합니다. 그 다음 빈 슬라이드 화면을 클릭하고 [배경 서식]을 클릭한 다음 [배경 서식] 작업창에서 [단색 채우기]를 클릭하고 색을 '청회색, 텍스트 2, 80% 더 밝게'를 지정합니다.

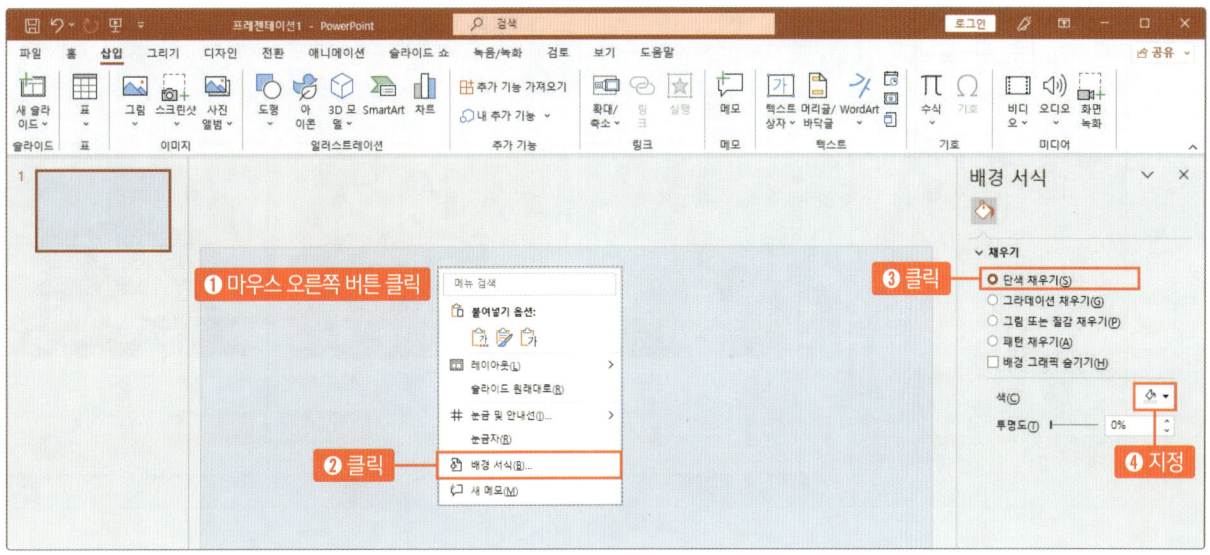

② '배지' 도형을 삽입한 후 [도형 채우기]-'파랑, 강조1', [도형 윤곽선]-'윤곽선 없음'으로 지정합니다. 그 다음 '직사각형' 도형을 삽입한 후 [도형 채우기]-'흰색, 배경 1', [도형 윤곽선]-'검정, 텍스트 1', [도형 효과]를 '그림자'의 '오프셋: 오른쪽 아래'로 지정합니다.

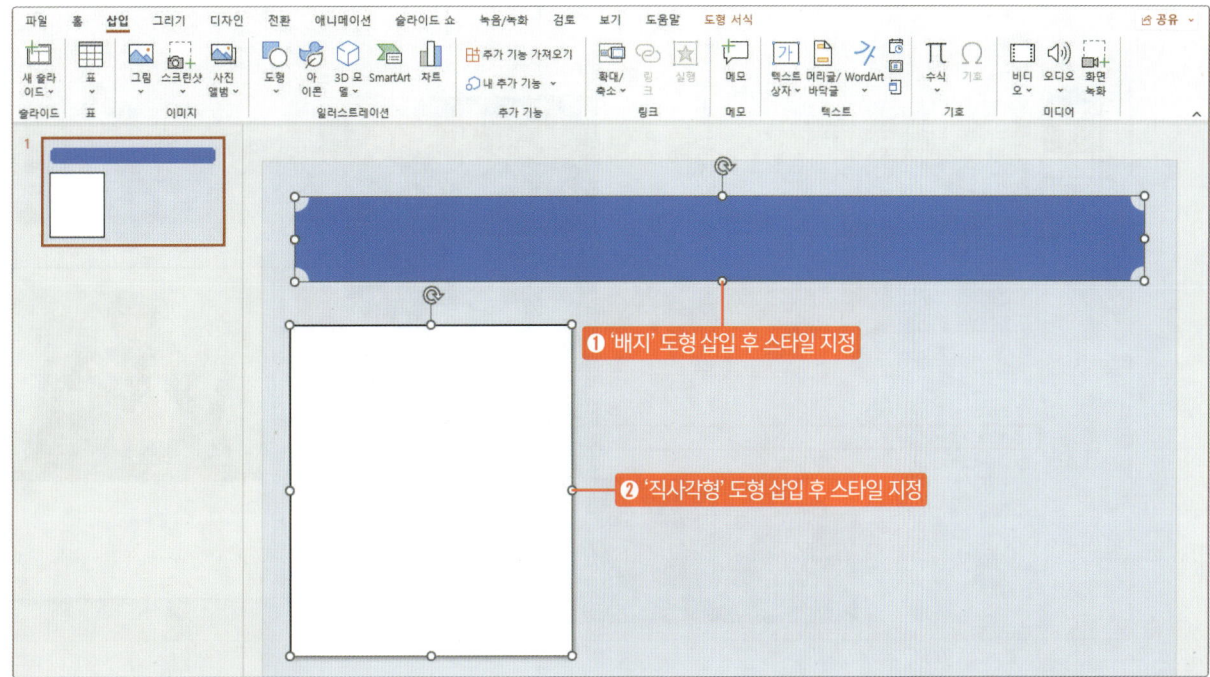

③ '직사각형' 도형을 클릭하고 Ctrl+Shift 키를 누른 채로 드래그하여 복사한 후 [삽입] 탭의 [이미지] 그룹의 [그림]을 클릭하여 '세종대왕.jpg', '마리퀴리.jpg', '뉴턴.jpg' 그림을 삽입합니다. 그 다음 자르기를 이용하여 위치와 크기를 조절합니다.

④ '클립.jpg' 그림을 삽입한 후 [자르기]를 클릭하여 필요한 부분만 자른 후 그림의 흰 배경을 투명한 색으로 설정하고 크기 및 위치를 조절하여 배치합니다.

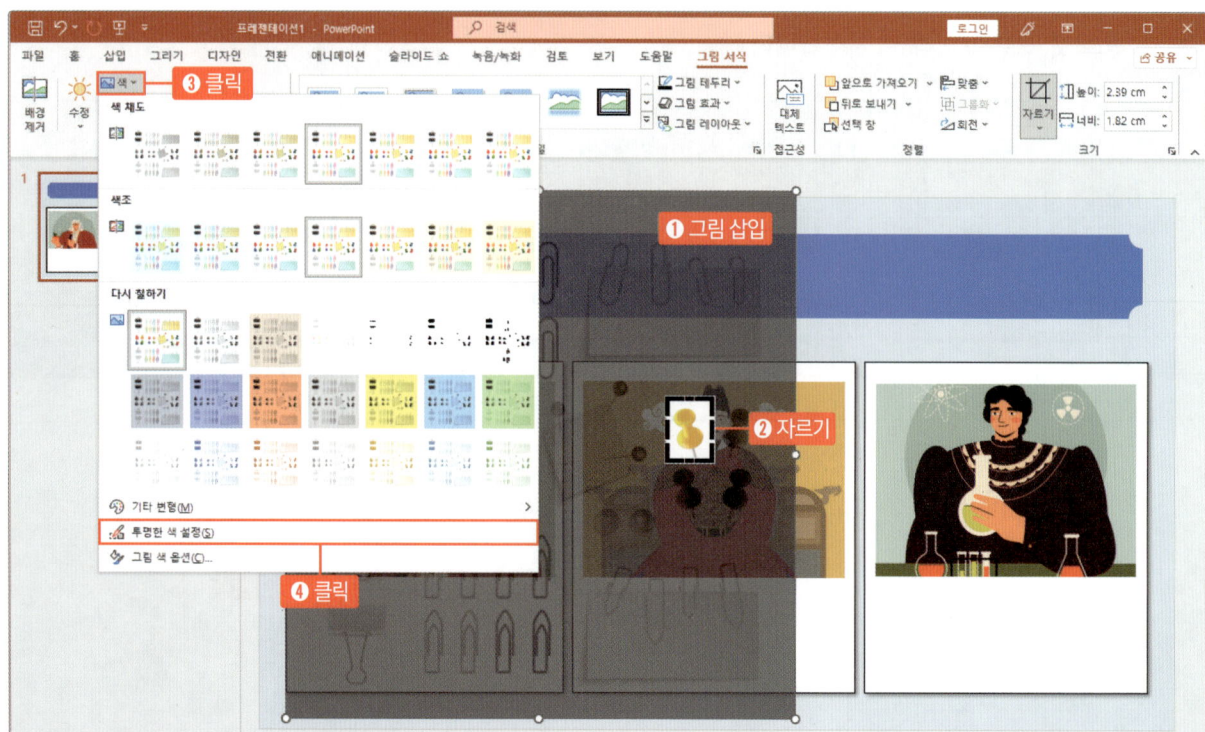

02 텍스트 상자 삽입하기

가로 텍스트 상자 그리기를 삽입한 후 내용을 입력한 다음 글꼴 서식을 변경합니다.

1 [삽입] 탭의 [텍스트] 그룹에서 [텍스트 상자]를 클릭하여 '가로 텍스트 상자 그리기'를 삽입한 후 그림과 같이 입력하고 글꼴을 '휴먼옛체', 글꼴 크기를 '44pt', 글꼴 색을 '흰색'으로 지정합니다.

2 그림 아래 빈 공간에 '가로 텍스트 상자 그리기'를 삽입한 후 그림과 같이 텍스트를 입력한 다음 글꼴을 '휴먼 모음체', 글꼴 크기를 '20pt', '16pt'로 지정합니다.

03 그룹화 하기

삽입한 도형과 그림, 텍스트 상자를 그룹화한 후 회전하여 슬라이드를 완성합니다.

① Ctrl 키를 누른 상태로 '직사각형', '그림', '텍스트 상자'를 선택한 후 마우스 오른쪽 버튼을 눌러 바로가기 메뉴를 실행하고 [그룹화]의 [그룹]을 클릭합니다. 다른 도형과 그림, 텍스트 상자도 동일하게 그룹화합니다.

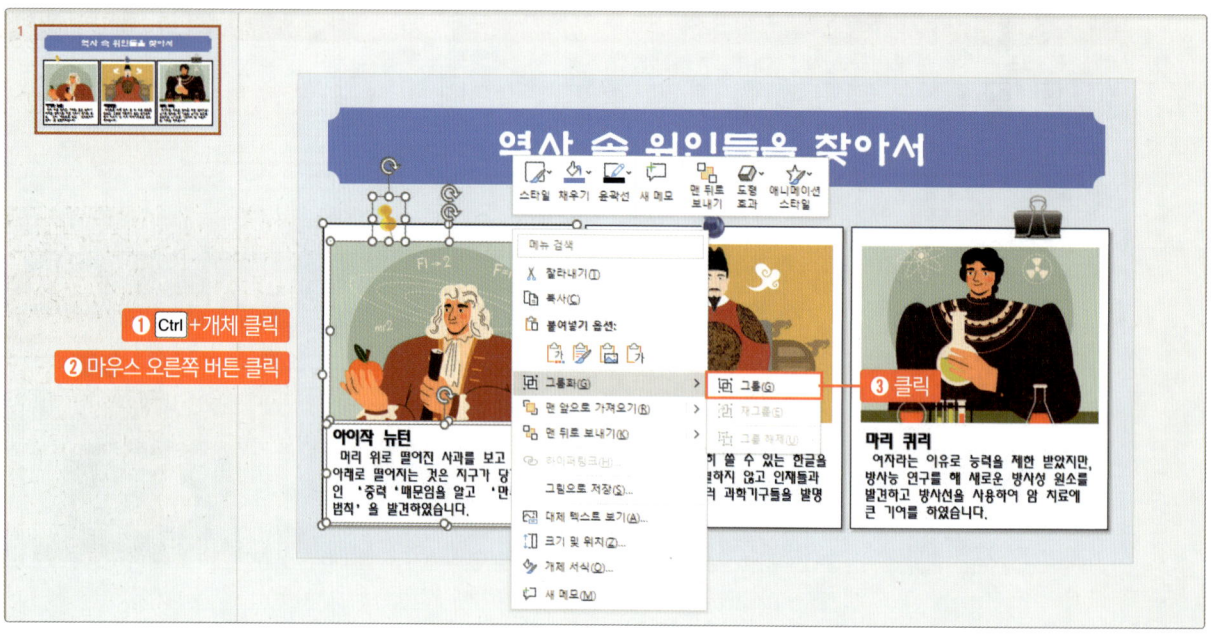

② 그룹화한 개체를 클릭하고 드래그하여 위치를 이동하고 배치합니다.

실력 쑥쑥! 창의력 쑥쑥!

1 도형과 그림 등의 개체를 삽입하여 다음과 같은 사진전시회를 완성해 보세요.

예제파일 사진 1~3.jpg, 소품.jpg   완성파일 사진전시회(완성).pptx

① **배경 서식**
  '파랑, 강조 5, 80% 더 밝게'
② **도형 삽입**
  • '액자'
    도형 채우기 – '녹색, 강조 6, 40% 더 밝게'
    도형 윤곽선 – '윤곽선 없음'
  • '사각형: 둥근 모서리'
    도형 채우기 – '주황, 강조 2'
    도형 윤곽선 – '윤곽선 없음'
③ **텍스트 상자 삽입**
  글꼴 – '휴먼엑스포', '36pt', '20pt'
④ **그림 삽입**
  '소품.jpg'

2 도형과 그림 등의 개체를 삽입하여 다음과 같은 기념일 소개를 완성해 보세요.

예제파일 기념일1~4.jpg   완성파일 기념일데이(완성).pptx

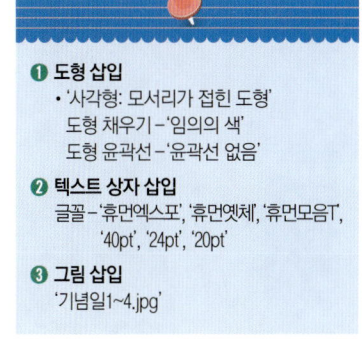

① **도형 삽입**
  • '사각형: 모서리가 접힌 도형'
    도형 채우기 – '임의의 색'
    도형 윤곽선 – '윤곽선 없음'
② **텍스트 상자 삽입**
  글꼴 – '휴먼엑스포', '휴먼옛체', '휴먼모음T',
         '40pt', '24pt', '20pt'
③ **그림 삽입**
  '기념일1~4.jpg'

CHAPTER 12 - 역사 속 위인들을 찾아서

CHAPTER 13

가로세로 낱말 퀴즈!

오늘의 미션
- ✓ 슬라이드 세로 방향 설정하기
- ✓ 표 삽입 및 스타일 설정하기
- ✓ 표 음영 색 지정하기

네모난 격자에 단어를 맞물린 상태로 있는 **가로세로 낱말퀴즈**는 번호에 따른 설명을 보고 빈 칸에 단어를 맞춰나가는 퍼즐입니다. 이번 시간에는 파워포인트 프로그램의 표 삽입 기능을 이용하여 가로세로 낱말 퀴즈를 만들어 봅시다.

예제파일 낱말퀴즈.jpg   **완성파일** 낱말퀴즈(완성).pptx

슬라이드 세로 방향 설정하기

슬라이드를 세로 방향으로 설정합니다.

① PowerPoint 2021 프로그램을 실행하고 [새로 만들기]-[새 프레젠테이션]을 클릭한 후 [홈] 탭의 [슬라이드] 그룹에서 [레이아웃]-[빈 화면]을 클릭합니다. 그 다음 [디자인] 탭의 [사용자 지정] 그룹에서 [슬라이드 크기]-'사용자 지정 슬라이드 크기'를 클릭 합니다.

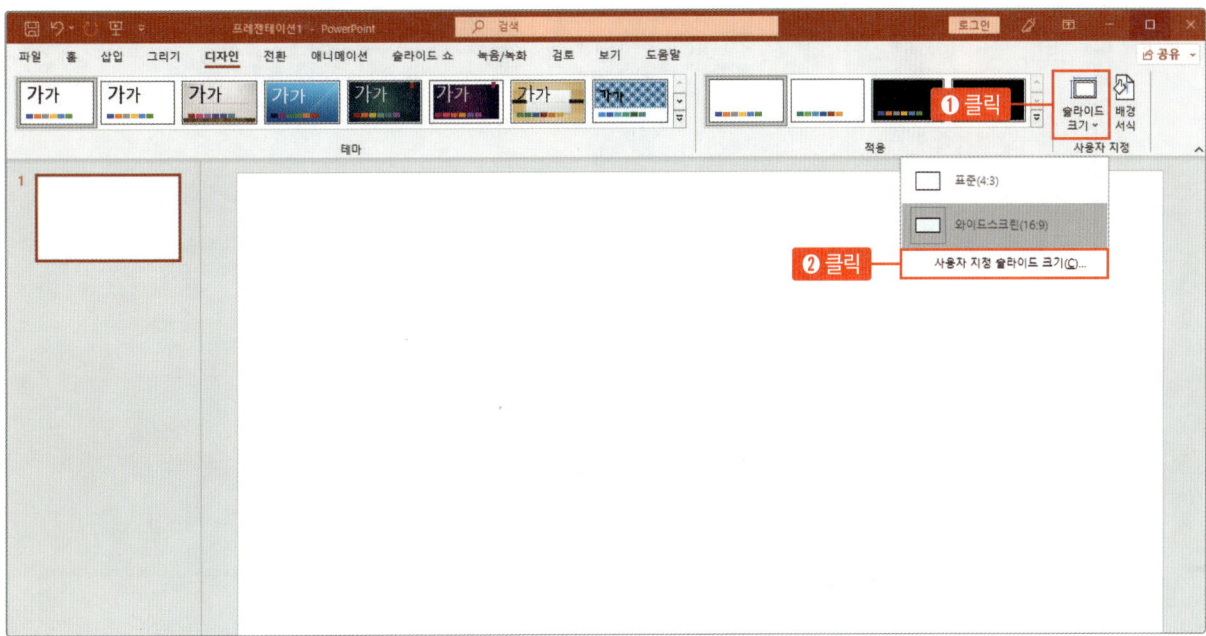

② [슬라이드 크기] 대화상자가 실행되면 '슬라이드 크기'를 'A4 용지(210x297mm)'로 선택하고 '방향'에서 '슬라이드'-'세로'를 선택한 후 [확인]을 클릭합니다. 그 다음 나타나는 작업창에서 [맞춤 확인]을 클릭합니다.

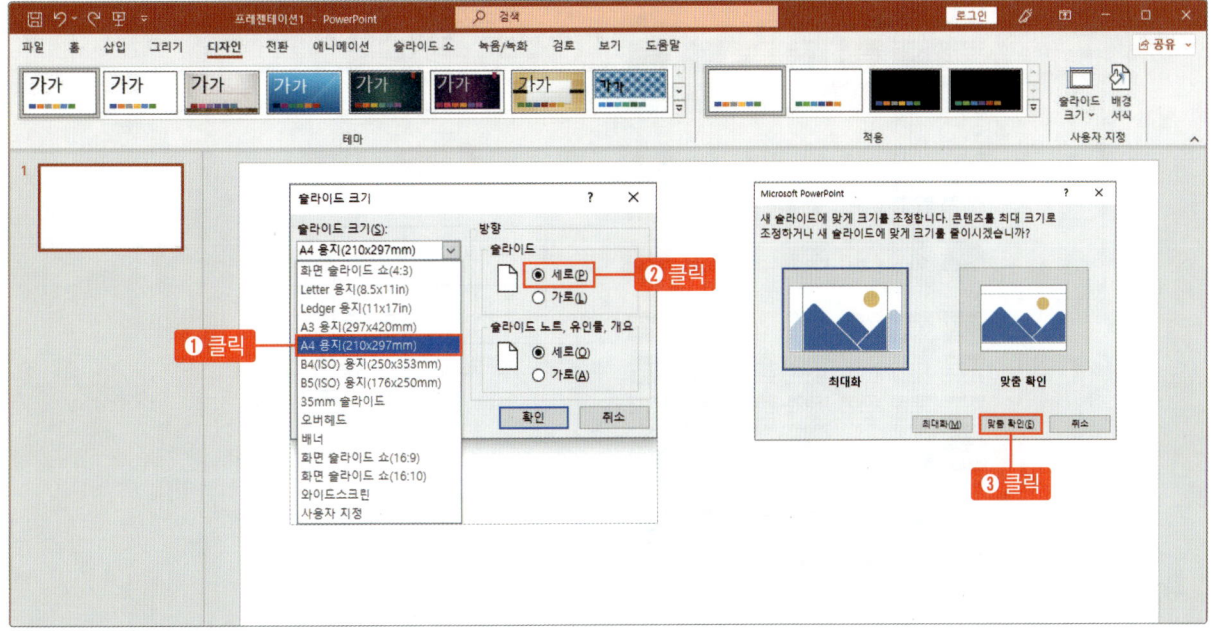

CHAPTER 13 - 가로세로 낱말 퀴즈! 083

02 표 삽입 및 스타일 설정하기

낱말 퀴즈판을 만들기 위해 표를 삽입하고 스타일을 설정하여 꾸밉니다.

① [삽입] 탭의 [표] 그룹에서 [표]-[표 삽입]을 클릭한 후 '열 개수'를 '5', '행 개수'를 '5'로 입력하고 [확인]을 클릭합니다.

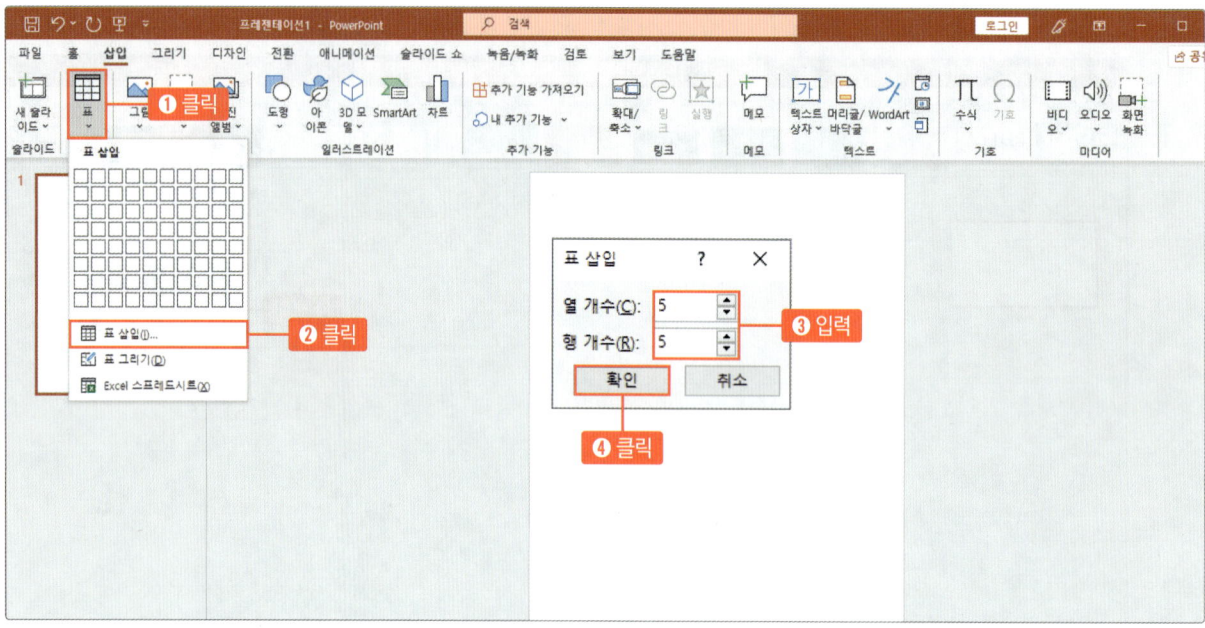

② 추가된 표를 클릭하여 선택한 후 [테이블 디자인] 탭의 [표 스타일] 그룹에서 [더보기]를 클릭한 후 '스타일 없음, 표 눈금'을 클릭합니다.

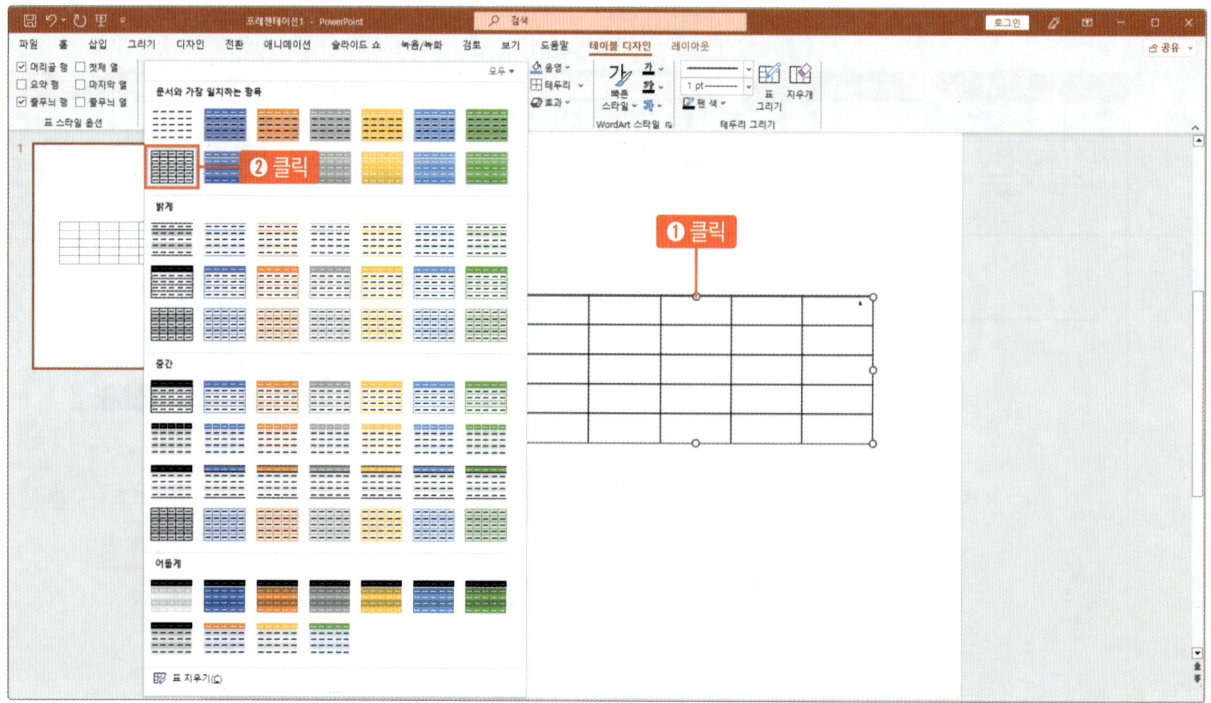

03 표 음영 색 지정하기

표에서 원하는 위치의 셀마다 음영색을 지정합니다.

① 표를 클릭하고 원하는 크기와 위치로 조절한 후 표 전체에 색을 칠해주기 위해 [테이블 디자인] 탭의 [표 스타일] 그룹에서 [음영]을 클릭하여 '황금색, 강조 4, 80% 더 밝게'를 지정합니다.

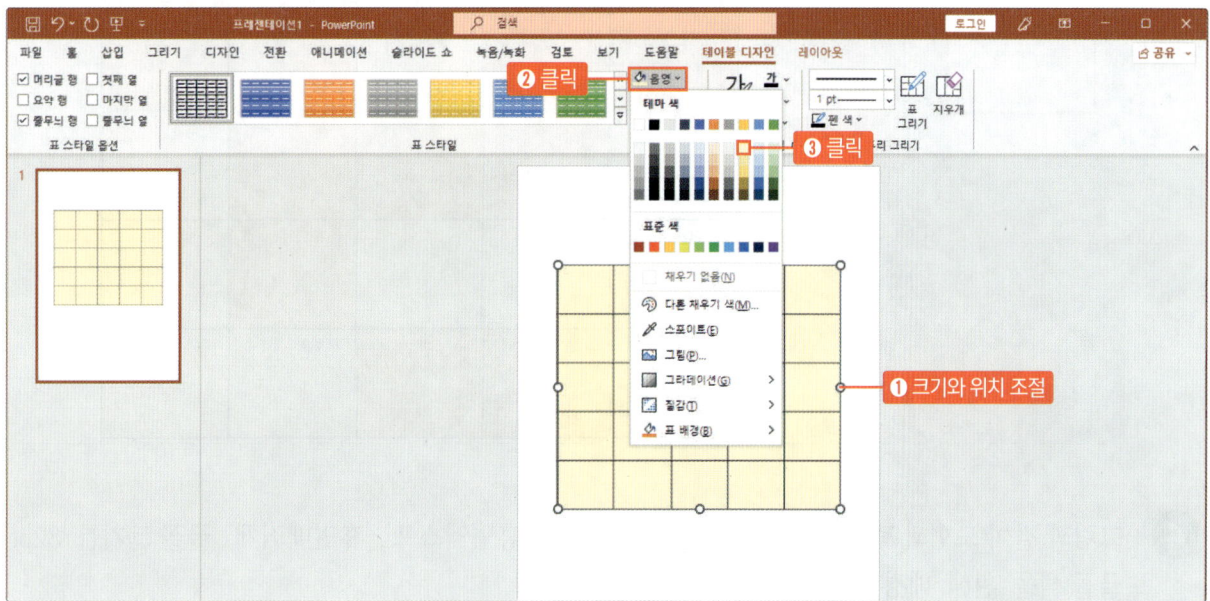

② 답을 입력하지 않는 칸을 표시하기 위해 다음과 같이 칸을 선택하고 [테이블 디자인] 탭의 [표 스타일] 그룹에서 [음영]을 클릭하여 '주황'을 클릭합니다. 반복해서 사용하지 않는 칸을 선택하고 색을 칠합니다.

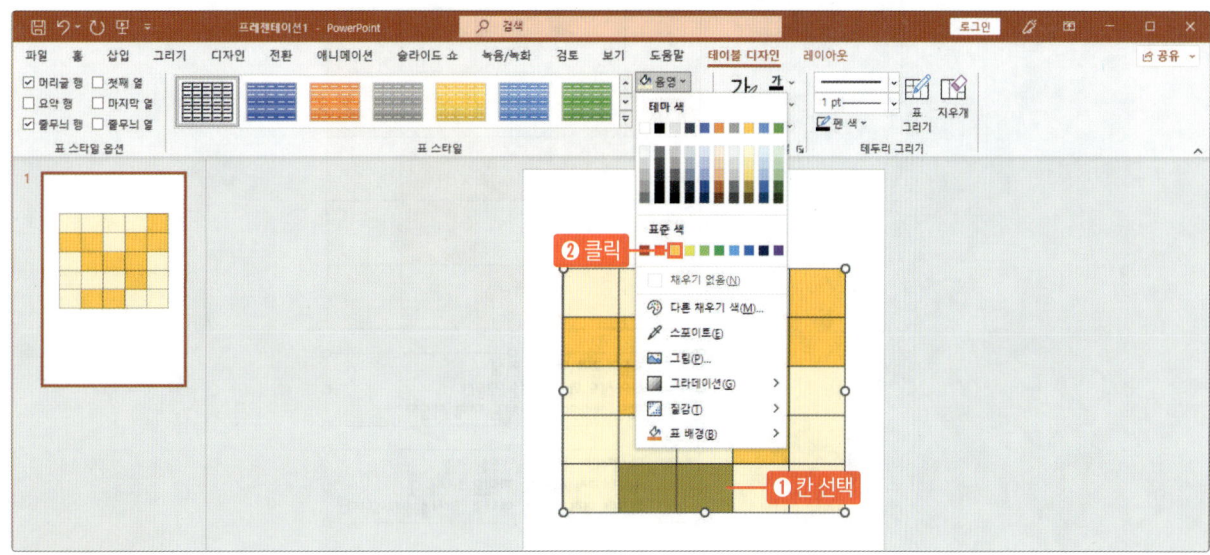

 TIP

연달아 있는 칸은 드래그하여 선택한 후 [음영]을 지정합니다.

❸ 표 안을 클릭한 후 그림과 같이 텍스트를 입력하고 글꼴을 '휴먼매직체', 글꼴 크기를 '14pt', 글꼴 색을 '빨강', '파랑'으로 지정합니다.

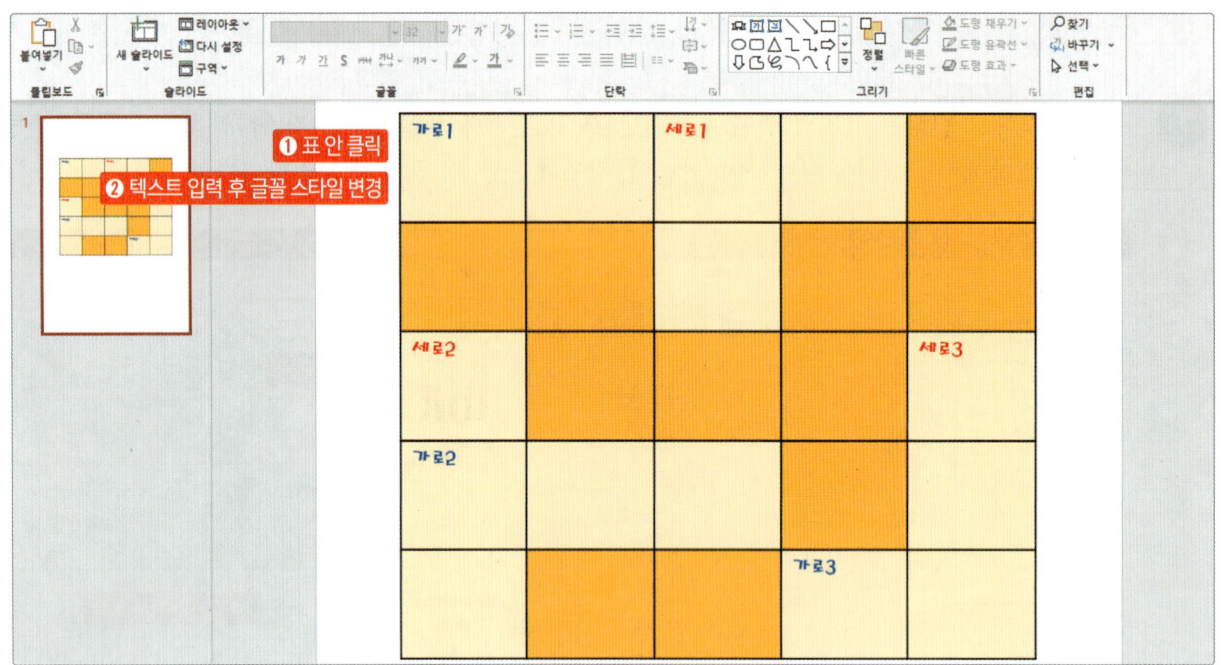

❹ 그림과 같이 도형과 텍스트 상자를 삽입하고 글꼴을 '휴먼엑스포', '휴먼매직체', 글꼴 크기를 '32pt', '16pt', 글꼴 색을 '흰색, 배경 1', '빨강', '파랑'으로 지정합니다.

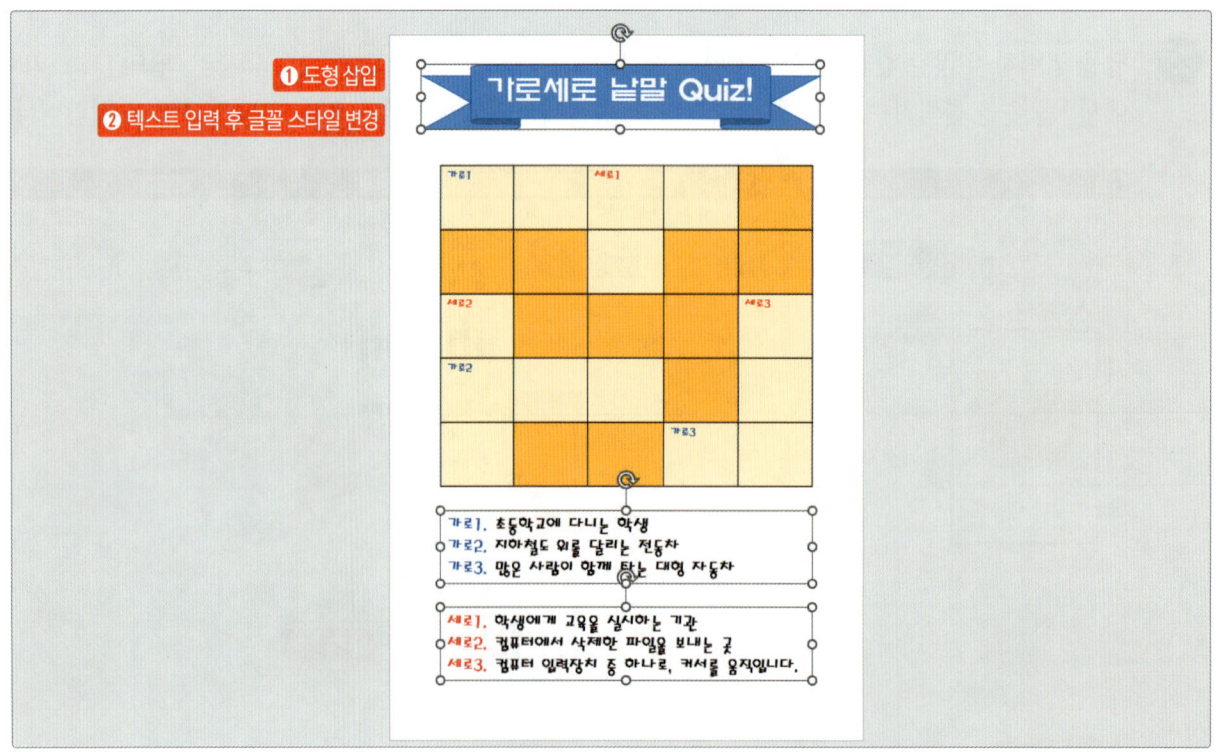

❺ '낱말퀴즈.jpg' 그림을 삽입하고 [자르기] 및 [투명한 색 설정]으로 낱말퍼즐 옆을 꾸밉니다.

실력 쑥쑥! 창의력 쑥쑥!

1 표를 삽입하고 표 서식을 변경하여 다음과 같은 나만의 시간표를 완성해 보세요.

예제파일 시간표.jpg   완성파일 시간표.pptx

❶ 표 삽입
표 스타일 – '밝은 스타일 3 – 강조 5'
글꼴 – '휴먼엑스포', '휴먼매직체', '18pt'

❷ 도형 삽입
• '사각형: 둥근 모서리'
  도형 채우기 – '파랑, 강조 5, 80% 더 밝게'
  도형 윤곽선 – '주황', '3pt'

❸ 텍스트 상자 삽입
글꼴 – '휴먼둥근헤드라인', '54pt', '20pt'
글꼴 색 – '자주', '녹색'

❹ 그림 삽입
'시간표.jpg'

2 표를 삽입하고 표 서식을 변경하여 다음과 같은 나만의 달력을 완성해 보세요.

예제파일 고양이1.png, 고양이2~3.jpg   완성파일 나만의 달력.pptx

❶ 배경 서식
녹색, 강조 6, 60% 더 밝게

❷ 표 삽입
표 스타일 – '보통 스타일 2 – 강조 4'
글꼴 – '휴먼매직체', '18pt', '10pt'

❸ 도형 삽입
• '말풍선: 타원형'
  도형 스타일: '색 윤곽선, 황금색, 강조 4'
• '하트'
  도형 채우기 – '임의의 색'
  도형 윤곽선 – '흰색, 바탕 1'
• '사각형: 둥근 모서리'
  도형 채우기 – '녹색, 강조 6, 80% 더 밝게'

❹ 그림 삽입
'고양이1.png, 고양이2~3.jpg'

CHAPTER 14

우리나라를 소개합니다.

오늘의 미션
- 새 슬라이드 추가하기
- 문자 간격 조정하기
- 슬라이드 마스터 설정하기

세계 여러 나라마다 각각 고유한 문화와 전통을 가지고 있습니다. 다양한 문화를 서로 알아가기 위해 우리나라를 세계의 친구들에게 소개하려고 합니다. 이번 시간에는 파워포인트 프로그램의 슬라이드 마스터 기능을 이용하여 **우리나라 소개 자료**를 만들어 봅시다.

작품 미리보기

예제파일 우리나라소개.pptx, 우리나라1~13.jpg   **완성파일** 우리나라소개(완성).pptx

 새 슬라이드 추가하기

이미 만들어진 슬라이드 사이로 새로운 슬라이드를 추가합니다.

1 PowerPoint 2021 프로그램을 실행하고 '우리나라소개.pptx' 파일을 불러온 후 1번 슬라이드를 클릭하고 [홈] 탭의 [슬라이드] 그룹에서 [새 슬라이드]-[빈 화면]을 클릭합니다.

2 추가된 슬라이드에 '이등변 삼각형' 도형을 삽입한 후 아래 그림과 같이 회전한 후 [도형 채우기]-'진한 파랑, 강조 4', '옥색, 강조 3', [도형 윤곽선]-'윤곽선 없음'을 지정합니다. 그 다음 도형을 모두 선택하고 [도형 서식] 탭의 [정렬] 그룹에서 [그룹화]-[그룹]을 클릭합니다.

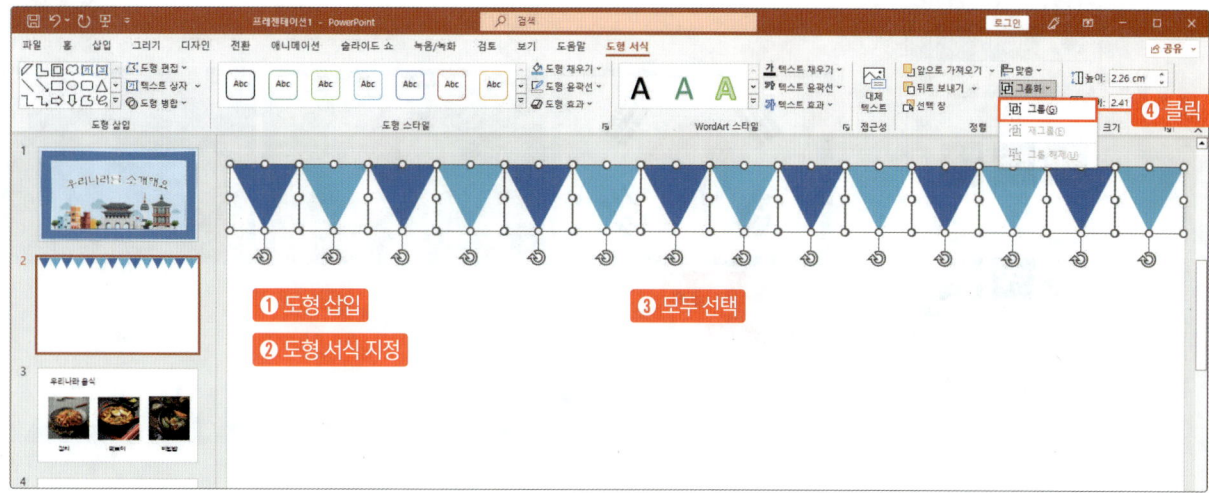

❸ 그룹화한 개체를 슬라이드 아래쪽으로 복사한 후 [도형 서식] 탭의 [정렬] 그룹에서 [회전]-[상하 대칭]을 클릭합니다.

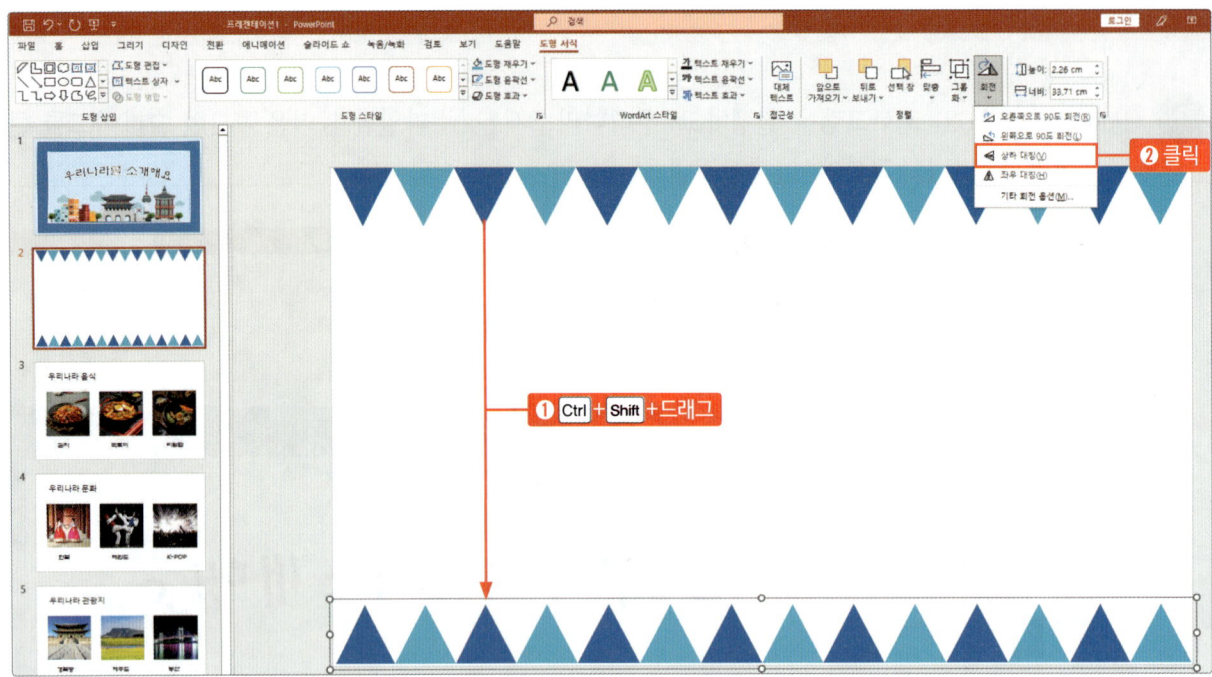

❹ '직사각형' 도형을 삽입한 후 [도형 채우기]-'진한 파랑, 강조 4', [도형 윤곽선]-'윤곽선 없음'을 지정합니다. 그 다음 '우리나라11~13.jpg'를 삽입하고, '우리나라1.jpg' 그림을 삽입한 후 자르기와 배경 제거를 클릭하여 아래 그림과 같이 우리나라를 소개하는 첫 페이지를 만듭니다.

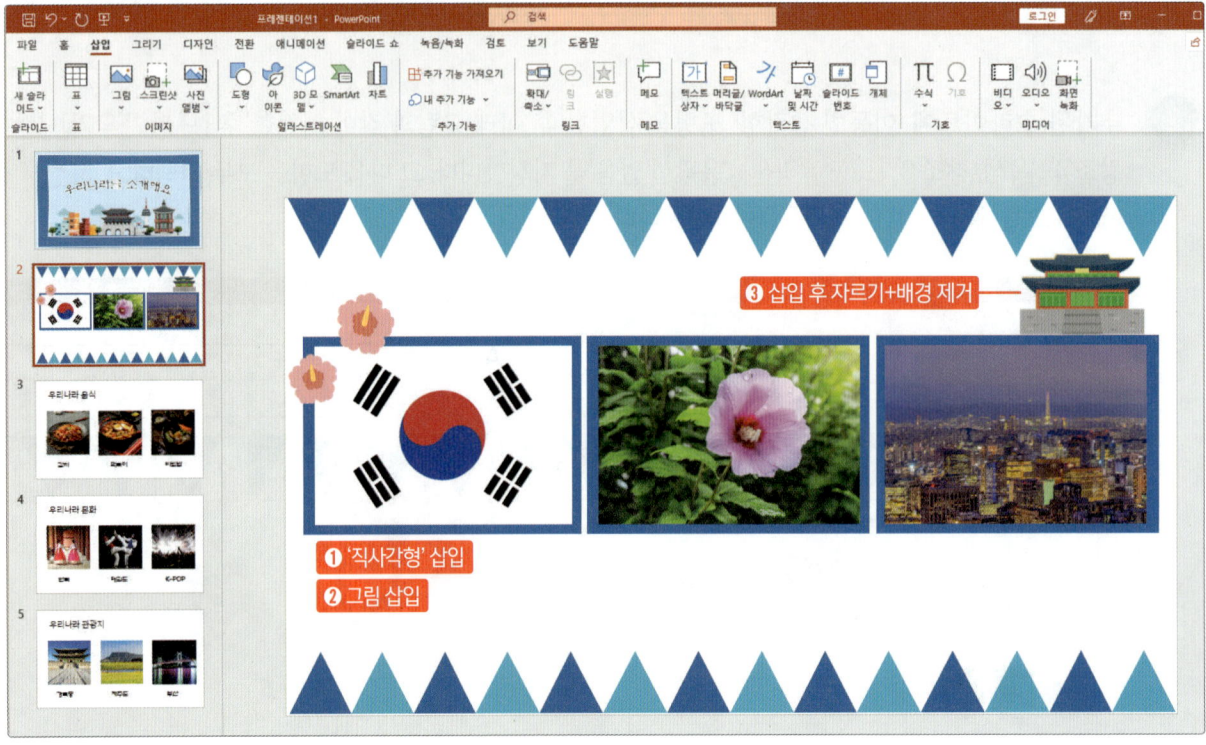

02 문자 간격 조정하기

문자 간격을 넓게 조정합니다.

1 '가로 텍스트 상자 그리기'를 삽입하고 각각의 텍스트를 입력한 다음 [홈] 탭의 [글꼴] 그룹에서 글꼴을 '휴먼옛체', 글꼴 크기를 '32pt', 글자 간격을 '매우 넓게'로 지정합니다.

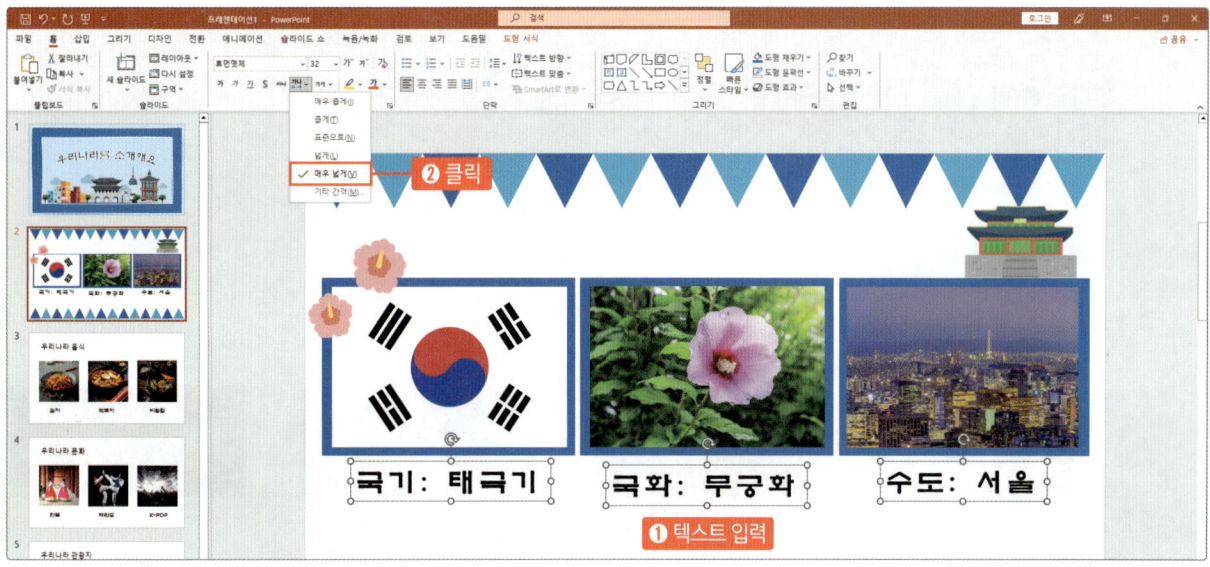

2 '두루마리 모양: 가로로 말림' 도형을 추가하고 [도형 서식] 탭의 [도형 스타일] 그룹에서 '강한 효과 - 라임, 강조 2'를 클릭한 후 아래와 같이 텍스트를 입력합니다. [홈] 탭의 [글꼴] 그룹에서 글꼴을 '휴먼매직체', 글꼴 크기를 '36pt', 글꼴 색은 '검정, 텍스트 1', 글자 간격을 '좁게'로 지정합니다.

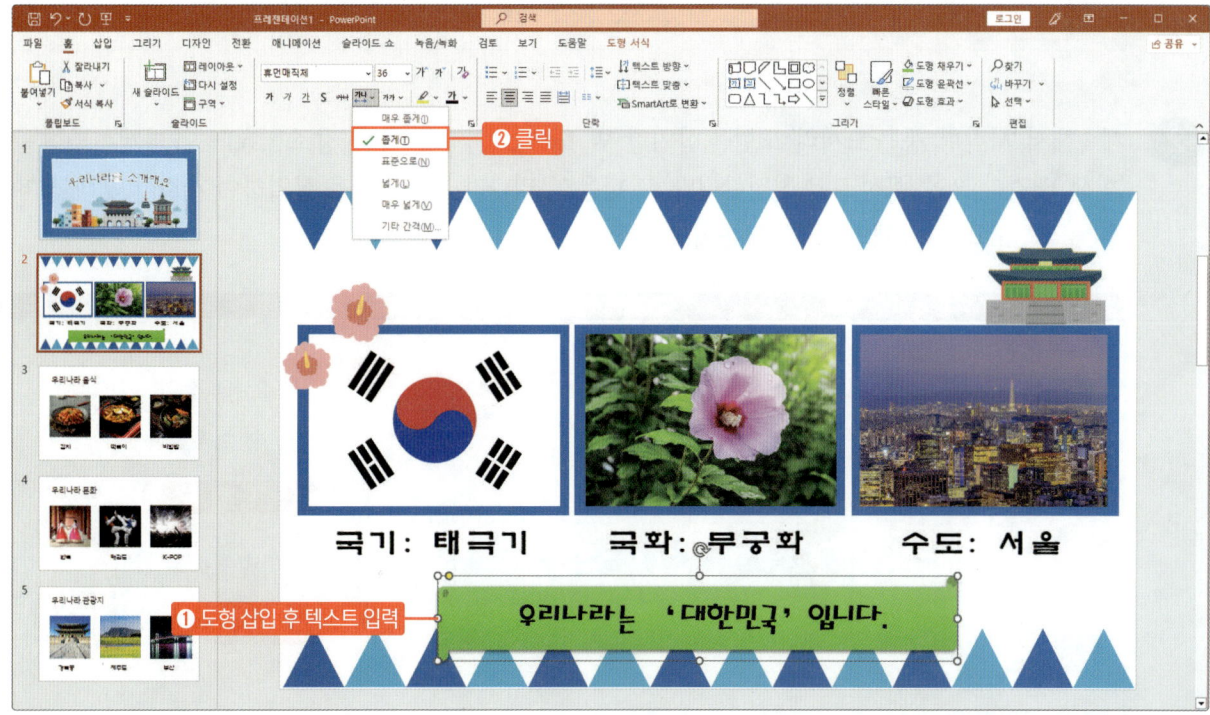

03 슬라이드 마스터 설정하기

슬라이드 마스터를 이용하여 그림을 삽입하고 텍스트 상자의 서식을 변경합니다.

1 3번 슬라이드를 클릭한 후 [보기] 탭의 [마스터 보기] 그룹에서 [슬라이드 마스터]를 클릭한 다음 '마스터 제목 스타일 편집' 텍스트 상자를 선택하고 [홈] 탭의 [글꼴] 그룹에서 글꼴을 '휴먼엑스포체', 글꼴 크기를 '44pt', [단락] 그룹에서 '가운데 맞춤'으로 설정합니다.

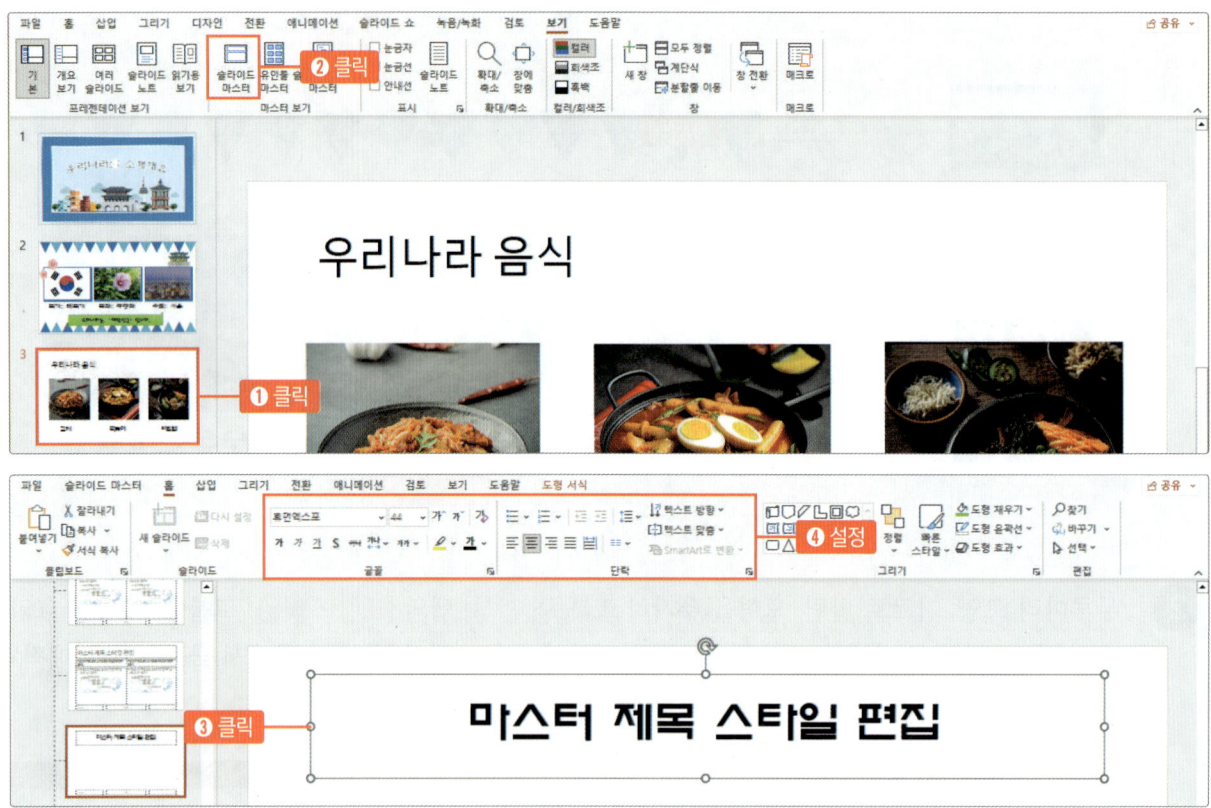

2 계속해서 '사각형: 둥근 모서리' 도형을 삽입한 후 [도형 채우기]를 '옥색, 강조 3, 60% 더 밝게', [도형 윤곽선]을 '흰색, 배경 1', '3pt', '곡선'으로 설정합니다. 그 다음 '우리나라1.jpg' 그림을 삽입하여 자르기 및 배경 제거를 한 후 [슬라이드 마스터] 탭의 [닫기] 그룹에서 [마스터 보기 닫기]를 클릭합니다.

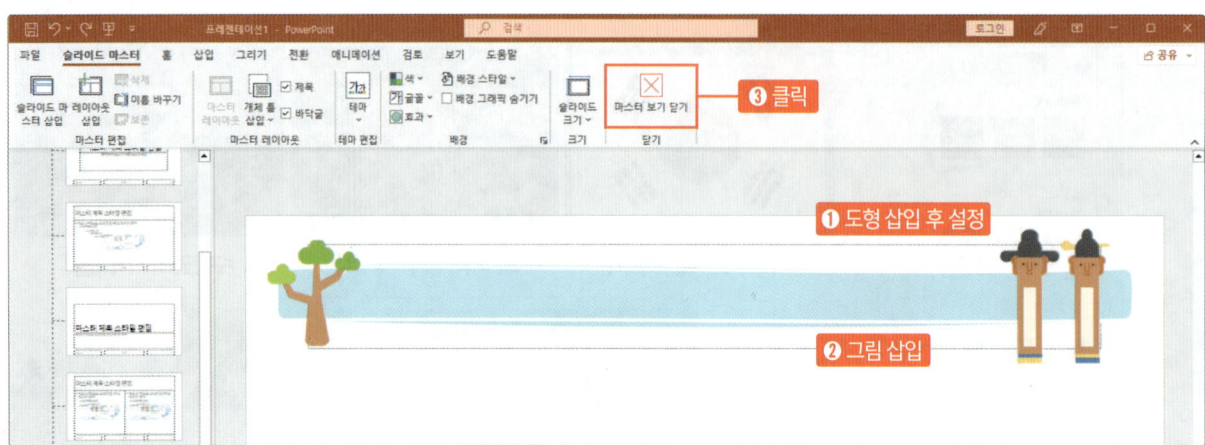

실력 쑥쑥! 창의력 쑥쑥!

1 슬라이드 마스터 기능을 이용하여 다음과 같은 여러 기념일 소개를 완성해 보세요.

예제파일: 기념일1~7.jpg   완성파일: 기념일(완성).pptx

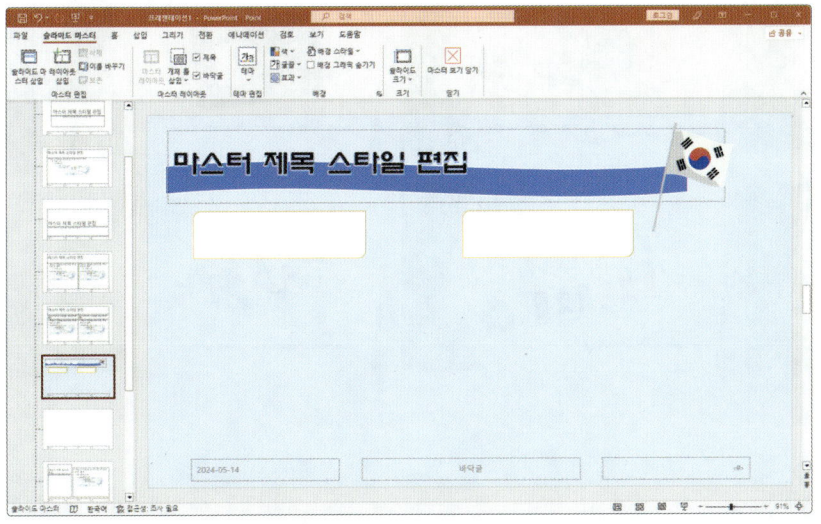

❶ 슬라이드 마스터
- '마스터 제목 스타일 편집'
  WordArt스타일 – 채우기: 검정, 텍스트 색1, 윤곽선: 흰색, 배경색 1, 진한 그림자: 파랑, 강조색 5, '휴먼엑스포체', '40pt'
- 도형 삽입
  '물결', '사각형: 둥근 대각선 방향 모서리'
- 그림 삽입
  '기념일1.jpg'

❷ 그림 삽입
'기념일2~7.jpg'

❸ 텍스트 상자 삽입
글꼴 – '휴먼편지체', '18pt', '12pt'

CHAPTER 14 - 우리나라를 소개합니다.

CHAPTER 15 아픈 지구를 지키는 방법

오늘의 미션
- 테마 설정하기
- 슬라이드 마스터 설정하기
- 그림 스타일 설정하기

우리가 살아가는 지구가 지구온난화로 인해 아파하고 있습니다. 아픈 지구를 지킬 수 있는 방법을 널리 알리려고 합니다. 이번 시간에는 파워포인트 프로그램의 테마 기능을 사용하여 **아픈 지구를 지키는 방법**에 대한 보고서를 만들어 봅시다.

작품 미리보기

예제파일 지구온난화1~8.jpg, 지구를 지키는 방법.pptx   **완성파일** 지구를 지키는 방법(완성).pptx

01 테마 설정하기

슬라이드 테마를 설정합니다.

1 PowerPoint 2021을 실행한 다음 '지구를 지키는 방법.pptx' 파일을 불러옵니다.

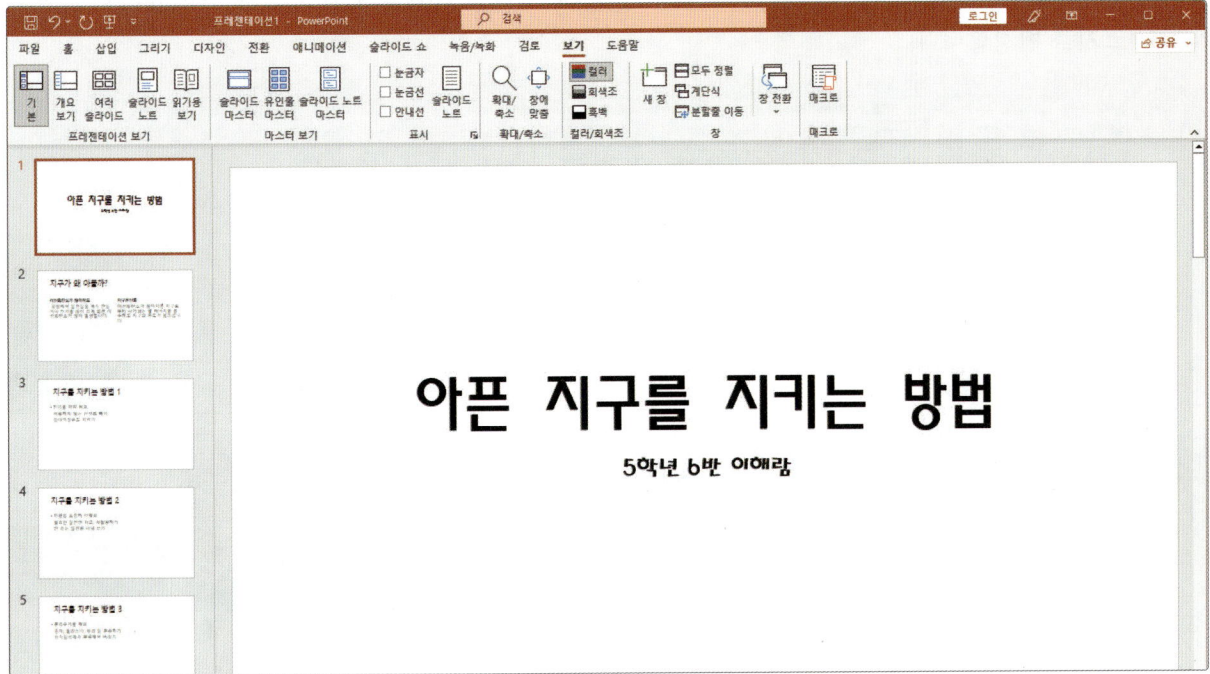

2 슬라이드의 테마를 설정하기 위해 [디자인] 탭의 [테마] 그룹에서 '자세히' 단추를 클릭한 후 '패싯' 테마를 클릭합니다.

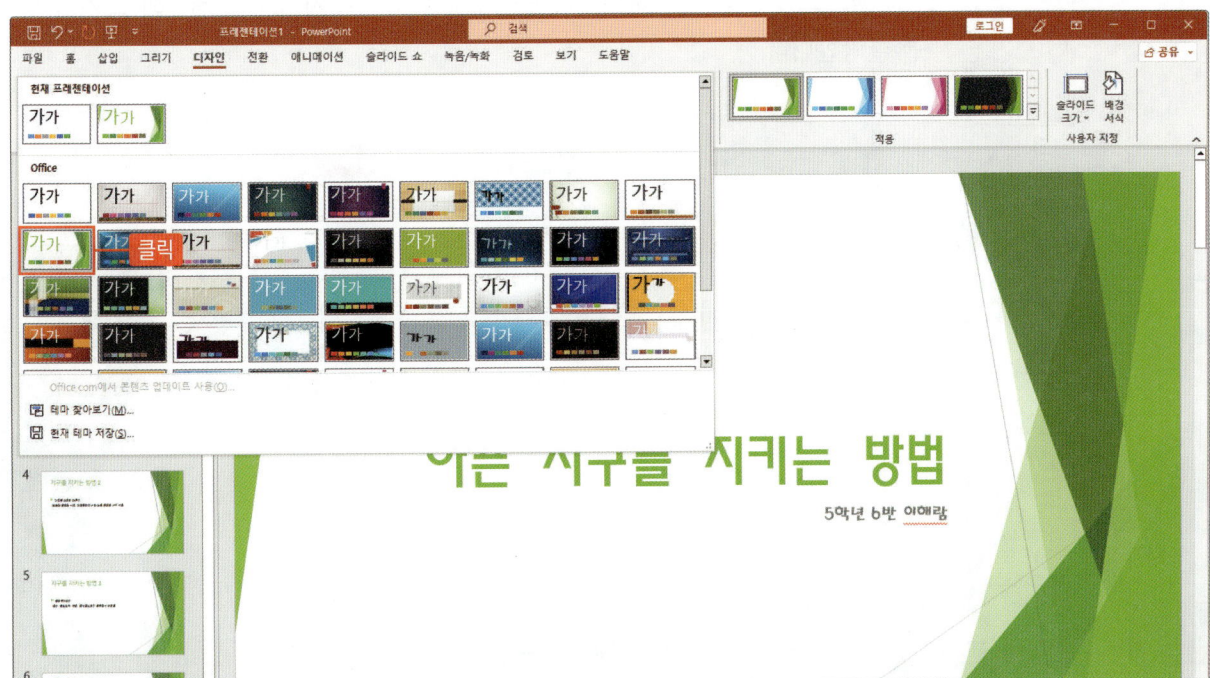

CHAPTER 15 - 아픈 지구를 지키는 방법　095

02 슬라이드 마스터 설정하기

슬라이드 마스터에서 그림을 삽입하고 텍스트 상자의 서식을 변경합니다.

① 2번 슬라이드를 클릭한 후 [보기] 탭의 [마스터 보기] 그룹에서 [슬라이드 마스터]를 클릭합니다. 그 다음 [삽입] 탭의 [이미지] 그룹에서 [그림]을 클릭하여 '지구온난화1.jpg' 그림을 삽입한 후 배경 제거를 하고 위치와 크기를 변경합니다.

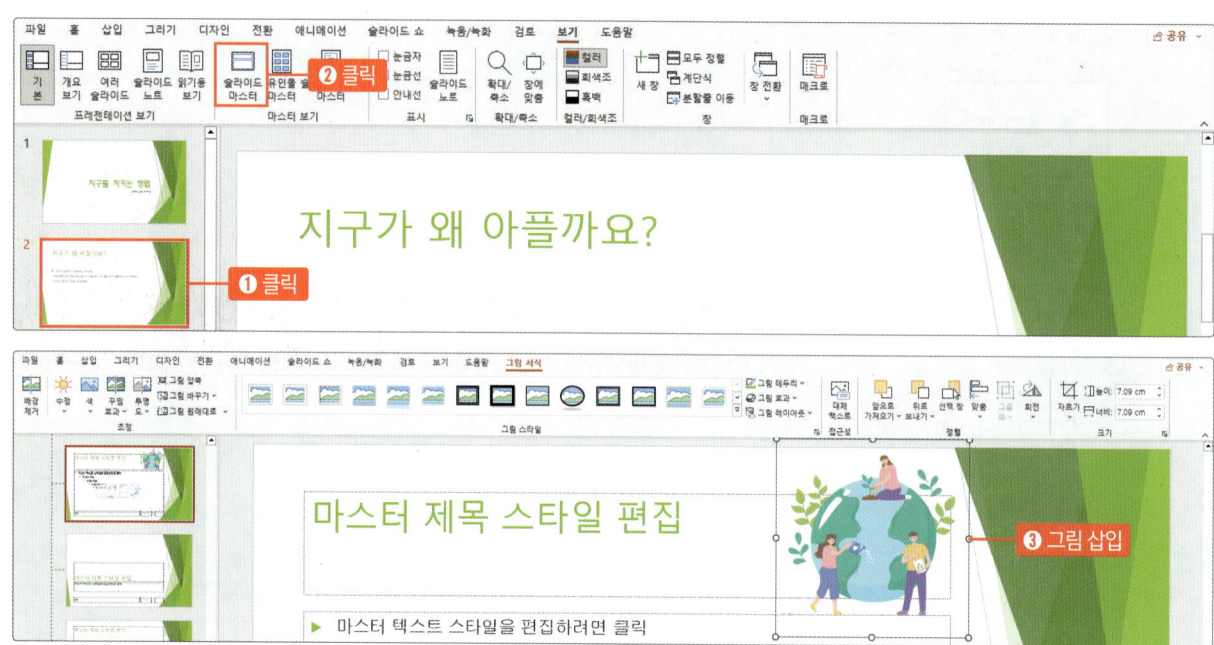

② '마스터 제목 스타일 편집' 텍스트 상자를 클릭하여 글꼴을 '휴먼모음T', 글꼴 크기를 '40pt'로 지정하고 '마스터 텍스트 스타일 편집'의 텍스트 상자를 클릭하여 글꼴을 '휴먼엑스포'로 지정하고 위치와 크기를 변경한 후 [마스터 보기 닫기]를 클릭합니다.

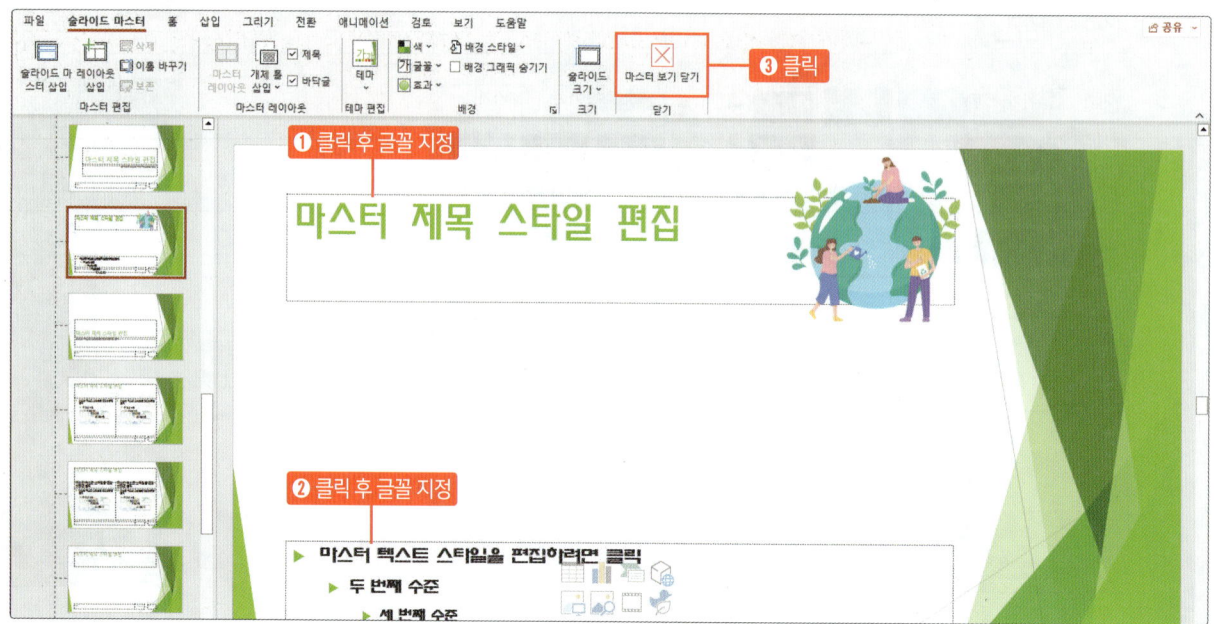

03 그림 스타일 설정하기

삽입한 그림의 스타일을 설정하고 테두리의 두께를 조절합니다.

① 2번 슬라이드에서 [삽입] 탭의 [이미지] 그룹에서 [그림]을 클릭한 다음 '지구온난화2.jpg' 그림을 삽입한 후 [그림 서식] 탭의 [그림 스타일] 그룹에서 '회전, 흰색'을 클릭합니다.

② [그림 서식] 탭의 [그림 스타일] 그룹에서 [그림 테두리]를 클릭하고 '밝은 회색, 배경 2', [두께]-'6pt'를 선택합니다.

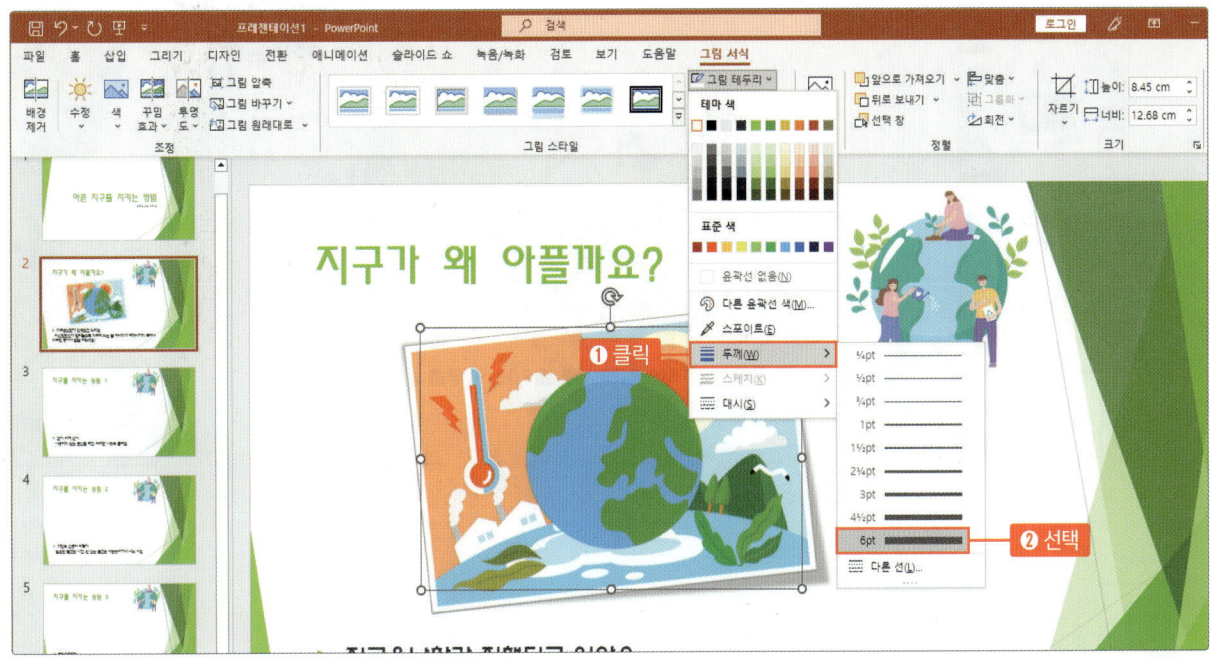

CHAPTER 15 - 아픈 지구를 지키는 방법   097

③ [삽입] 탭의 [이미지] 그룹에서 [그림]을 클릭하여 '지구온난화3.jpg' 그림을 삽입한 후 자르기와 배경 제거를 지정하고 위치를 변경합니다.

④ ①~②와 같은 방법으로 3~6번 슬라이드에 그림을 삽입한 후 그림 스타일을 적용하고 아픈 지구를 지키는 방법에 대한 보고서를 완성합니다.

실력 쑥쑥! 창의력 쑥쑥!

1 테마 기능과 슬라이드 마스터 기능을 이용하여 다음과 같은 전래동화 소개를 완성해 보세요.

예제파일 전래동화1~8.jpg **완성파일** 전래동화(완성).pptx

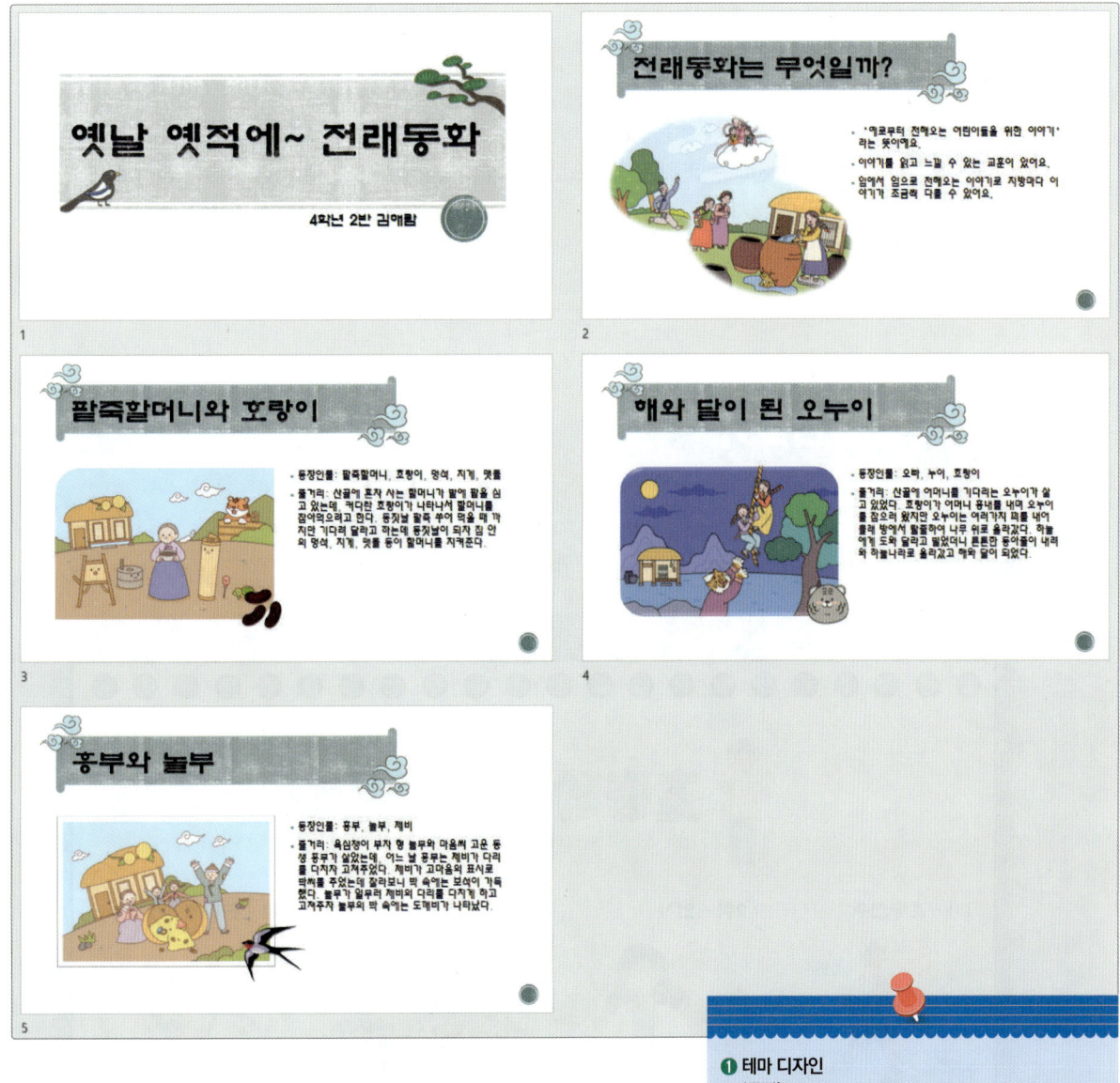

❶ **테마 디자인**
'목판'

❷ **텍스트**
1번 슬라이드 – '휴먼옛체', '휴먼엑스포', '72pt', '24pt'
2~5번 슬라이드 – '휴먼옛체', '휴먼모음T', '48pt', '20pt'

❸ **그림 스타일**
2번 슬라이드 – '부드러운 가장자리 타원'
3번 슬라이드 – '둥근 대각선 모서리, 흰색'
4번 슬라이드 – '원근감 있는 그림자, 흰색'
5번 슬라이드 – '입체 직사각형'

❹ **그림 삽입**
'전래동화1~8.jpg'

CHAPTER 16
초등학생이 희망하는 직업

오늘의 미션
- ✓ 간격을 동일하게 정렬하기
- ✓ 그림 크기 조절하기
- ✓ 위쪽 맞춤으로 정렬하기

친구들과 함께 **초등학생이 희망하는 직업**은 무엇일지 조사하고 발표해보고자 합니다. 이번 시간에는 파워포인트 프로그램의 맞춤 기능으로 정렬하여 깔끔한 직업 소개 자료를 만들어 봅시다.

 **작품 미리보기**

예제파일 축구선수.jpg, 의사.jpg, 교사.jpg, 크리에이터.jpg, 궁금.jpg **완성파일** 희망직업.pptx

01 간격을 동일하게 정렬하기

복사한 도형의 가로 간격을 동일하게 정렬합니다.

1 PowerPoint 2021을 실행한 다음 슬라이드 레이아웃을 [빈 화면]으로 변경하고 마우스 오른쪽 버튼을 클릭하여 바로 가기 메뉴를 실행합니다. [배경 서식]-[단색 채우기]-'파랑, 강조 1'을 지정합니다. 그 다음 '액자' 도형을 삽입한 후 [도형 채우기]-'흰색, 배경1', [도형 윤곽선]-'검정, 텍스트 1', '3pt'로 지정합니다.

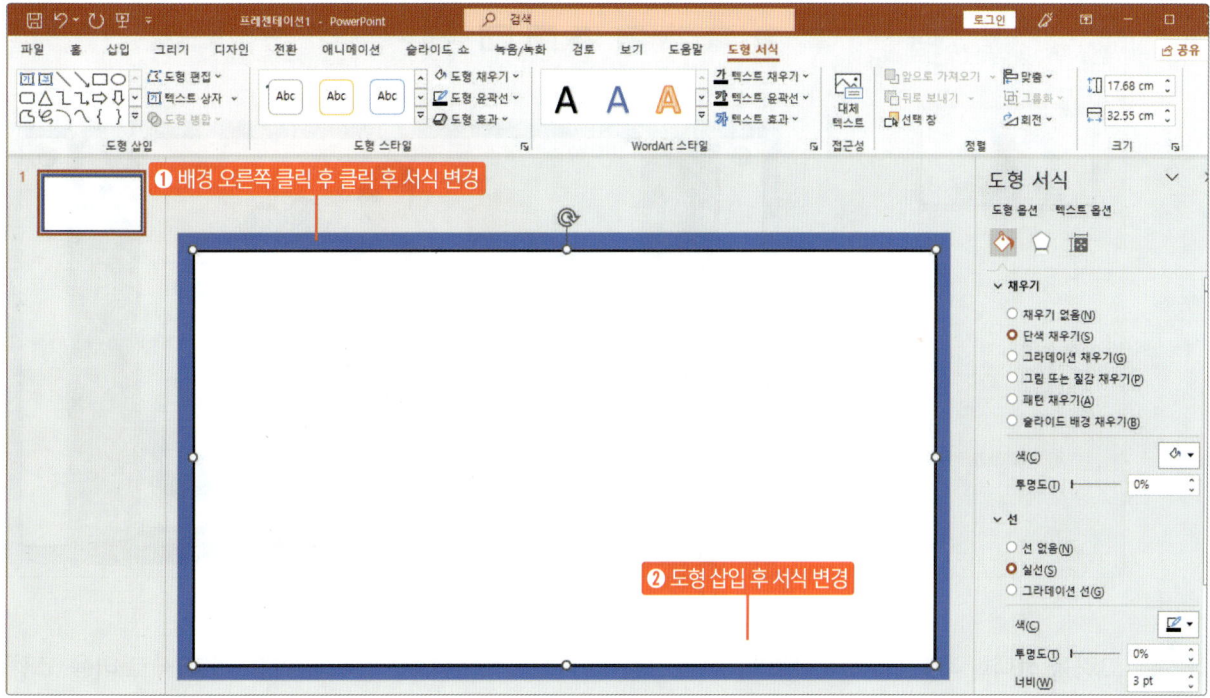

2 '타원' 도형을 클릭하고 동그란 원의 모양을 만들기 위해 Shift 를 누른 상태로 삽입한 후 [도형 채우기]-'파랑, 강조 1', [도형 윤곽선]-'검정, 텍스트 1', '3pt'로 지정합니다. Ctrl 키를 누른 상태로 21개를 복사한 후 전체 선택하여 [도형 서식] 탭의 [정렬] 그룹에서 [맞춤]-[가로 간격을 동일하게]를 클릭합니다.

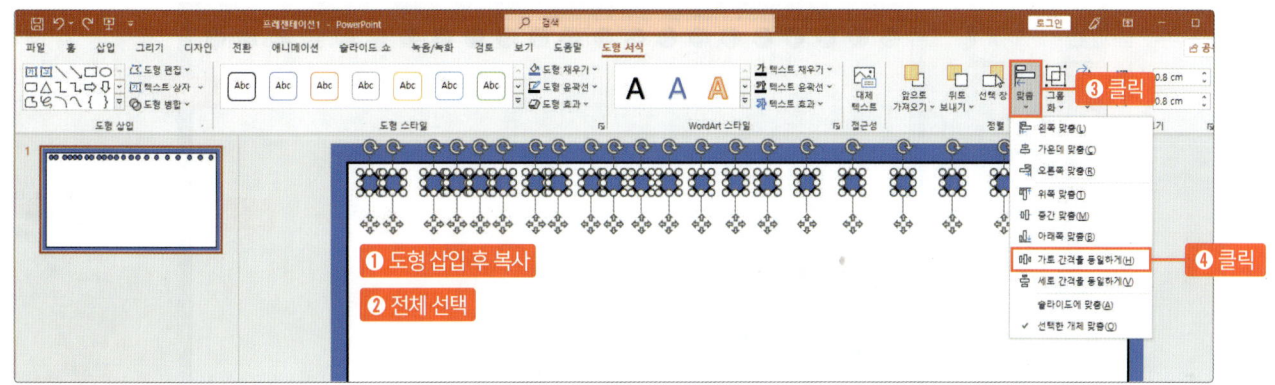

> **TIP**
> [가로 간격을 동일하게]를 사용할 때에는 처음과 마지막에 선택한 개체 사이의 간격을 동일하게 해주는 기능으로, 양 쪽 끝의 개체들을 기준으로 간격이 변경됩니다.

02 그림 크기 조절하기

그림을 삽입하고 높이와 너비를 지정하여 그림의 크기를 조절합니다.

① [삽입] 탭의 [이미지] 그룹에서 [그림]-'이 디바이스에서'를 클릭하여 '축구선수.jpg' 그림을 삽입한 후 [그림 서식] 탭의 [크기] 그룹에서 [자르기]를 클릭한 다음 사용하지 않을 부분을 잘라냅니다.

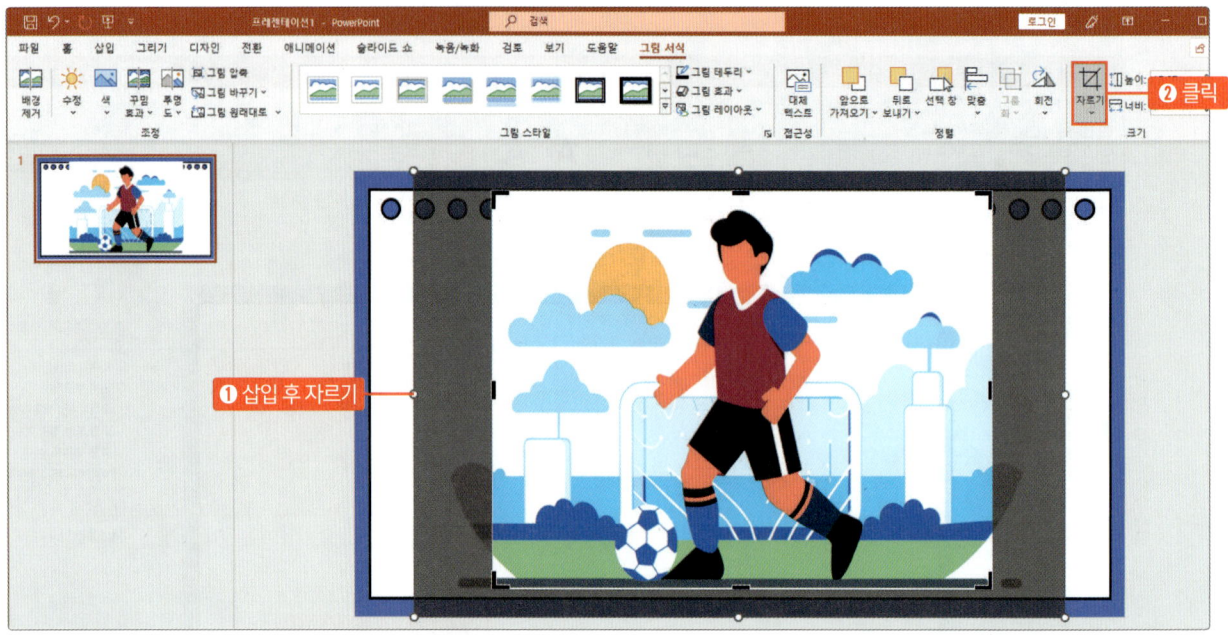

② 그림을 선택한 후 [그림 서식] 탭의 [크기] 그룹에서 [크기 및 위치]를 클릭한 다음 '가로 세로 비율 고정' 체크를 해제하고 '높이'를 '5.5cm', '너비'를 '7.5cm'로 수정한 다음 위치를 변경합니다.

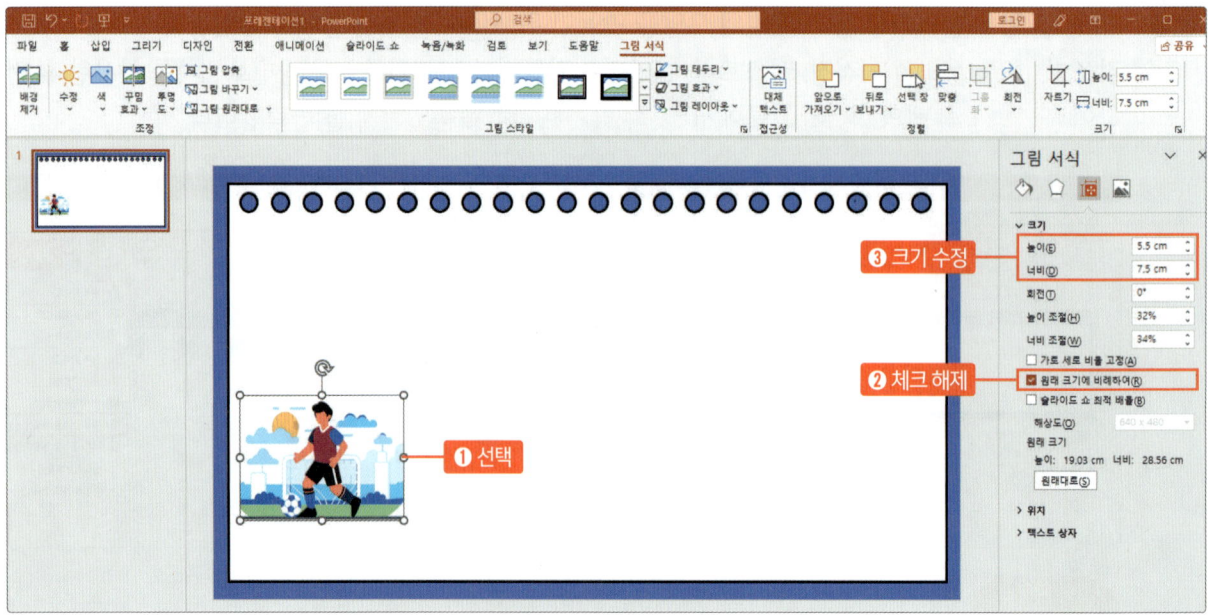

03 위쪽 맞춤으로 정렬하기

삽입한 그림들을 선택하고 위쪽 맞춤을 적용하여 정렬합니다.

① '의사.jpg', '교사.jpg', '크리에이터.jpg' 그림을 차례로 삽입한 후 자르기와 크기 및 위치를 변경합니다. 그 다음 4개의 그림을 모두 선택한 후 [그림 서식] 탭의 [정렬] 그룹에서 [맞춤]-[위쪽 맞춤]과 [가로 간격을 동일하게]를 차례로 클릭합니다.

② '가로 텍스트 상자 그리기'를 삽입한 다음 아래와 같이 텍스트를 입력하고 글꼴을 '휴먼엑스포', 글꼴 크기를 '18pt'로, 글꼴 색을 '검정, 텍스트 1'로 지정합니다.

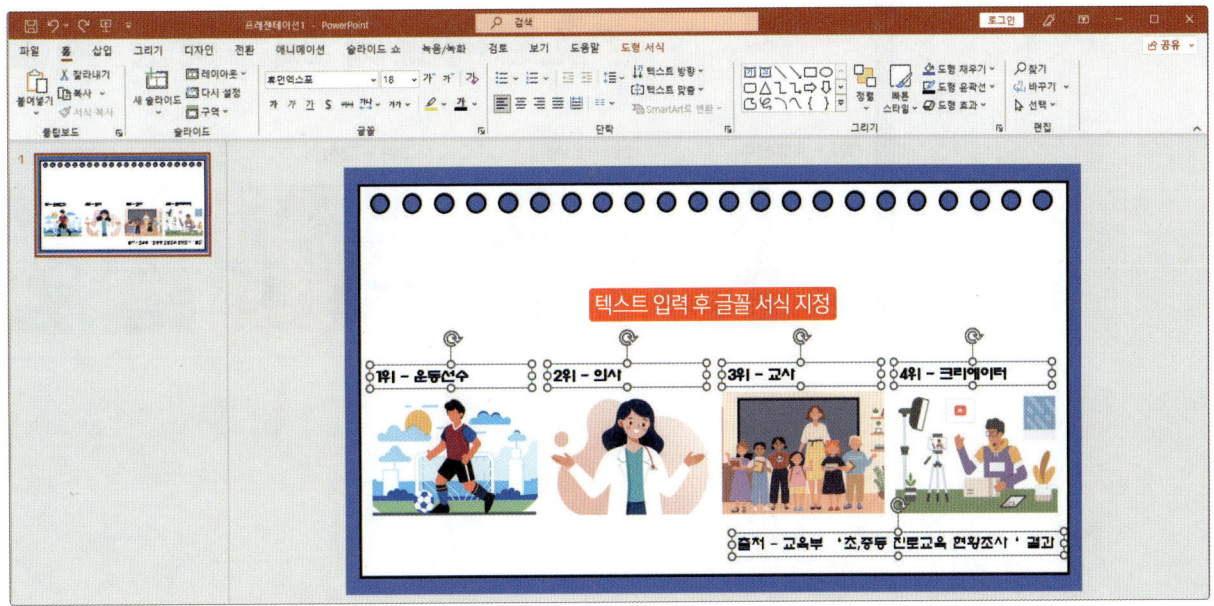

CHAPTER 16 - 초등학생이 희망하는 직업

❸ '화살표: 갈매기형 수장'을 삽입한 후 [도형 채우기]-'녹색, 강조 6, 80% 더 밝게', [도형 곽선]-'윤곽선 없음'으로 지정합니다. 그 다음 [WordArt]를 클릭하여 '무늬 채우기: 청회색, 어두운 상향 대각선 줄무늬, 진한 그림자'를 삽입하고 그림과 같이 텍스트를 입력한 후 글꼴은 '휴먼둥근헤드라인', 글꼴 크기는 '50pt'로 지정합니다.

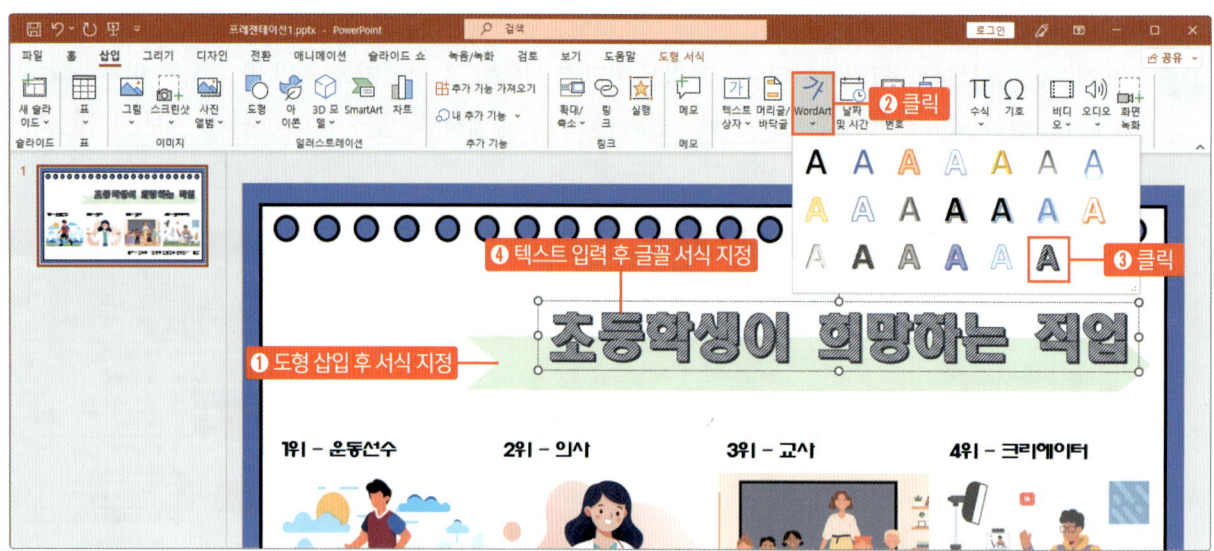

❹ [삽입] 탭의 [이미지] 그룹에서 [그림]을 클릭하여 '궁금.jpg' 그림을 삽입한 후 배경색을 투명한 색 설정으로 지정합니다. 그 다음 [그림 서식] 탭의 [정렬] 그룹에서 '뒤로 보내기'를 클릭하여 위치를 지정합니다.

실력 쑥쑥! 창의력 쑥쑥!

1 맞춤 기능으로 도형을 정렬하여 다음과 같은 자기소개를 완성해 보세요.

예제파일 음식1~4.jpg, 야구.jpg, 취미.jpg, 내모습.jpg **완성파일** 자기소개(완성).pptx

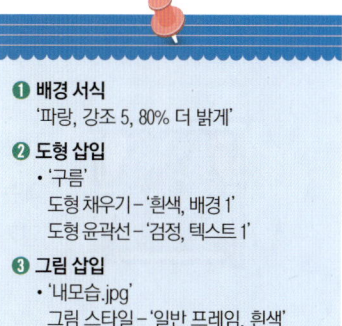

❶ 배경 서식
  '파랑, 강조 5, 80% 더 밝게'
❷ 도형 삽입
  • '구름'
    도형 채우기 – '흰색, 배경 1'
    도형 윤곽선 – '검정, 텍스트 1'
❸ 그림 삽입
  • '내모습.jpg'
    그림 스타일 – '일반 프레임, 흰색'
  • '음식1.jpg', '야구.jpg'
❹ 텍스트 상자 삽입
  글꼴 – '휴먼엑스포', '44pt', '녹색'
  텍스트 효과 – '변환' – '중지'

TIP '내모습.jpg' 그림 위치에 자신의 사진을 넣어보세요.

2 맞춤 기능으로 그림과 텍스트를 정렬하여 다음과 같은 국기 맞추기 퀴즈를 완성해 보세요.

예제파일 이탈리아.jpg, 대한민국.jpg, 일본.jpg, 미국.jpg **완성파일** 세계국기(완성).pptx

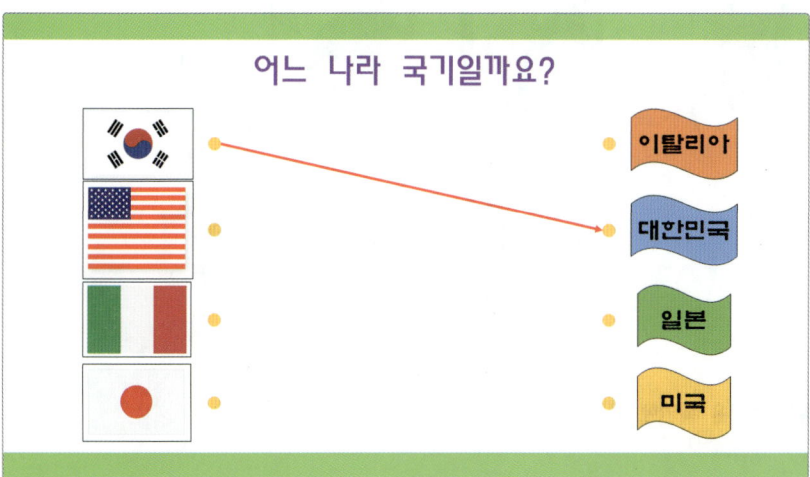

❶ 도형 삽입
  • '직사각형', '타원', '선 화살표'
    도형 채우기 – '연한 녹색', '주황', '빨강'
    도형 윤곽선 – '윤곽선 없음'
  • '물결'
    도형 채우기 – '임의의 색'
    도형 윤곽선 – '검정, 텍스트 1'
    텍스트 – '휴먼옛체', '28pt'
❷ '가로 텍스트 상자 그리기' 삽입
  '휴먼모음T', '40pt', '자주'
❸ 그림 삽입
  '국기1~4.jpg'
  그림 테두리 – '검정, 텍스트 1'

CHAPTER 17

아름다운 하모니, 오케스트라

오늘의 미션
- 그림 삽입 후 복사하기
- 하이퍼링크 설정하기
- 슬라이드 쇼 보기

 여러 악기들이 모여서 아름다운 하모니를 만드는 오케스트라를 알고 있나요? 이번 시간에는 파워포인트 프로그램의 하이퍼링크 기능을 이용하여 오케스트라를 구성하는 다양한 악기들을 소개해 봅시다.

 작품 미리보기

예제파일 오케스트라.pptx, 연주자.jpg, 바이올린.png, 첼로.png, 하프.png, 플루트.png, 클라리넷.png
완성파일 오케스트라(완성).pptx

오케스트라를 소개합니다.

※ 악기를 클릭하여 이름과 특징을 확인해 보세요.

그림 삽입 후 복사하기

삽입한 그림을 다른 슬라이드에 복사합니다.

1 PowerPoint 2021 프로그램을 실행하고 '오케스트라.pptx' 파일을 불러온 후 1번 슬라이드를 클릭하고 '연주자.jpg' 그림을 삽입합니다. 이어서 [그림 도구]-[서식] 탭의 [크기] 그룹에서 [자르기]를 클릭하여 그림을 자른 후 위치와 크기를 변경합니다.

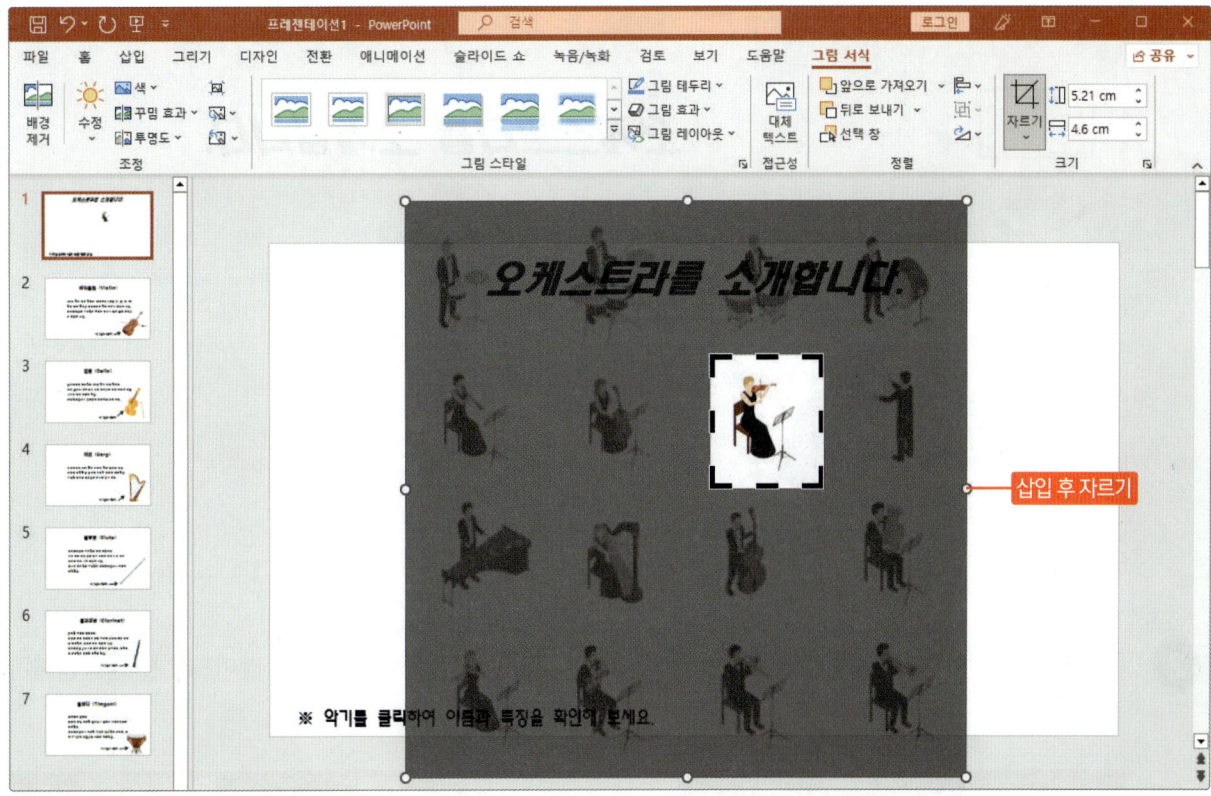

2 그림을 클릭하여 선택하고 [홈] 탭의 [클립보드] 그룹에서 [복사]를 클릭한 후 2번 슬라이드를 클릭한 다음 [홈] 탭의 [클립보드] 그룹에서 붙여넣기를 클릭합니다.

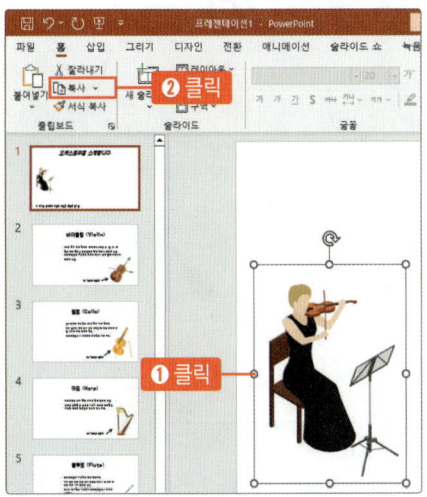
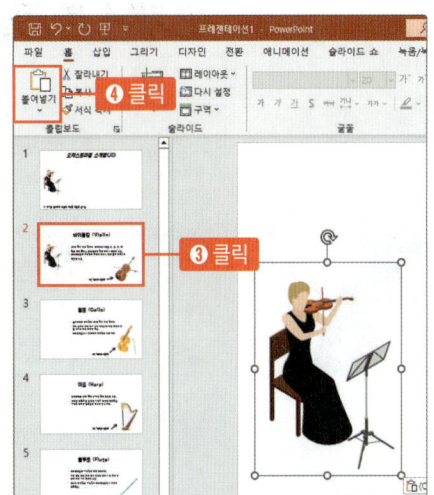

02 하이퍼링크 설정하기

그림을 클릭하면 해당 악기 슬라이드로 연결되도록 하이퍼링크를 설정합니다.

1 1번 슬라이드의 그림을 클릭한 후 [삽입] 탭의 [링크] 그룹에서 [하이퍼링크]를 클릭합니다.

2 [하이퍼링크 편집] 대화상자가 실행되면 연결 대상의 [현재 문서]를 클릭하고 '슬라이드 2'를 클릭한 후 [확인]을 클릭합니다.

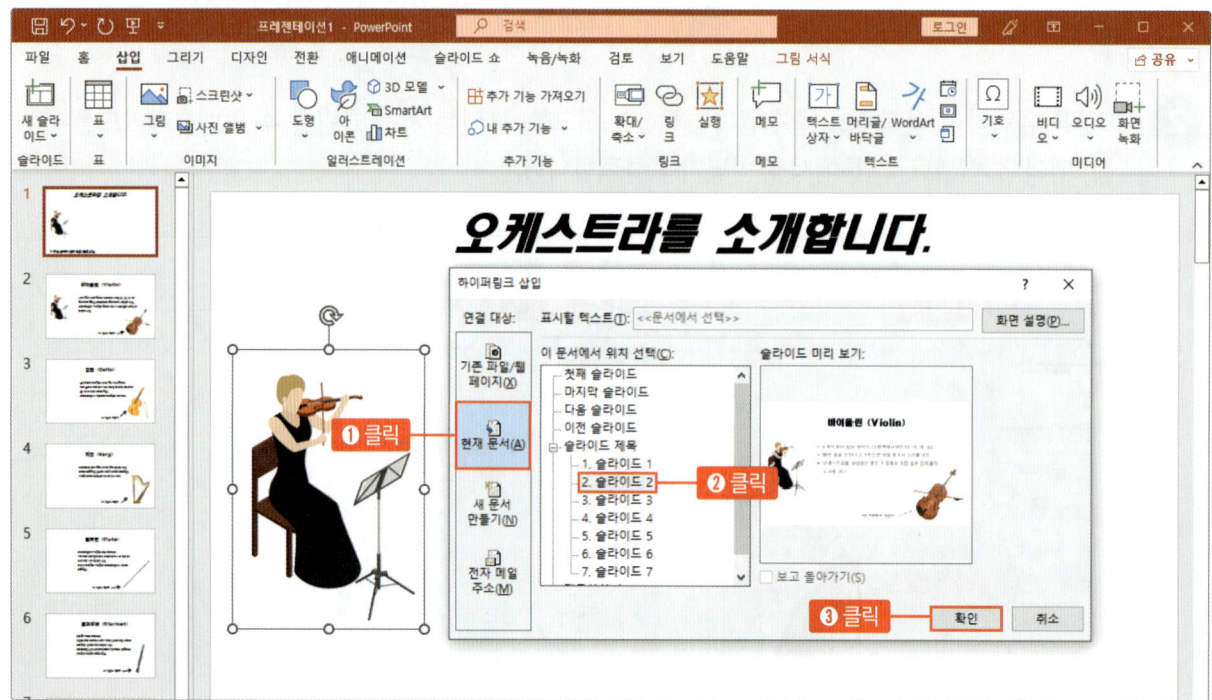

③ 2번 슬라이드의 바이올린 그림을 클릭한 후 [삽입] 탭의 [링크] 그룹에서 [하이퍼링크]를 클릭합니다. 그 다음 [하이퍼링크 편집] 대화상자가 실행되면 연결 대상의 [현재 문서]를 클릭하고 '슬라이드 1'을 클릭한 후 [확인]을 클릭합니다.

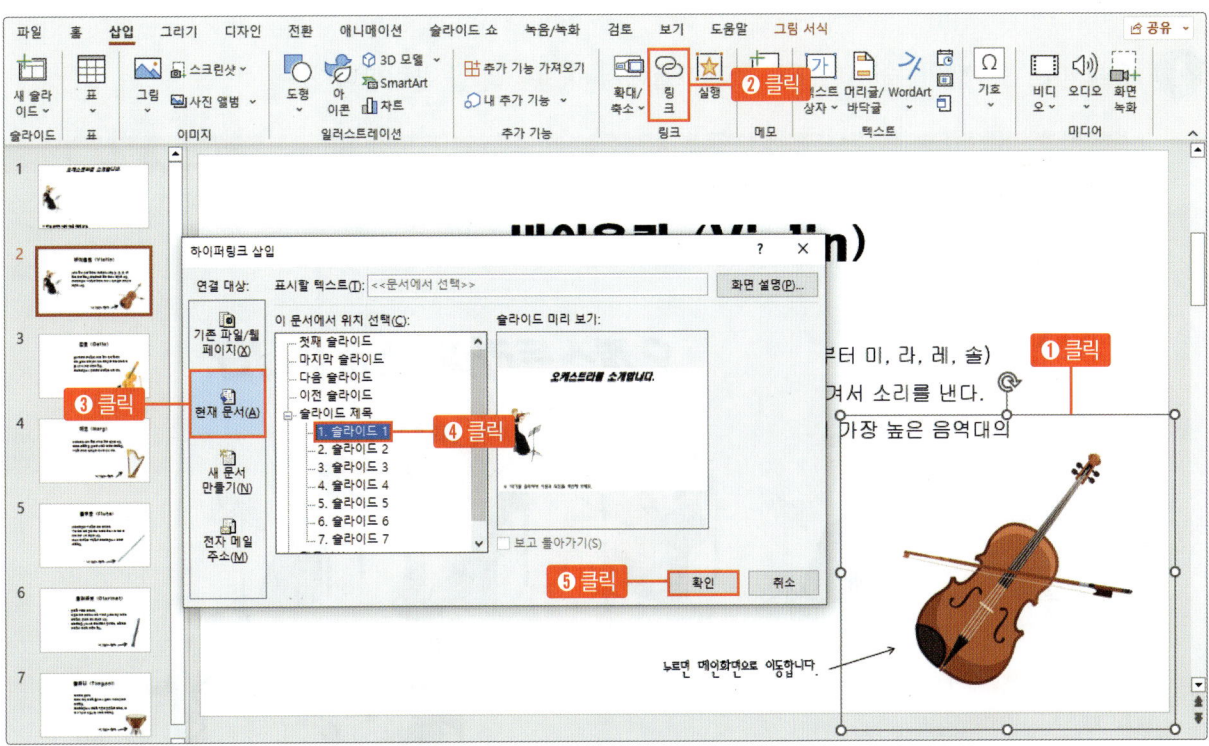

④ ①~③과 같은 방법으로 그림을 삽입하여 슬라이드를 꾸미고 각각의 그림에 하이퍼링크를 설정하여 오케스트라를 소개하는 자료를 완성합니다.

CHAPTER 17 - 아름다운 하모니, 오케스트라

03 슬라이드 쇼 보기

슬라이드 쇼 보기를 진행하여 하이퍼링크 설정을 확인합니다.

① [슬라이드 쇼] 탭의 [슬라이드 쇼 시작] 그룹에서 [처음부터]를 클릭합니다.

TIP F5 키를 누르면 슬라이드 쇼가 처음부터 진행돼요.

② 1번 슬라이드의 그림들을 각각 클릭한 후 해당 악기 설명 슬라이드로 이동하는지 확인하고 악기 설명 슬라이드의 그림을 클릭하면 1번 슬라이드로 이동하는지 확인합니다.

※ 악기를 클릭하여 이름과 특징을 확인해 보세요.

실력 쑥쑥! 창의력 쑥쑥!

1 그림을 삽입하고 하이퍼링크 기능을 이용하여 다음과 같은 동물속담을 완성해 보세요.

예제파일 호랑이.jpg, 쥐.jpg, 개.jpg, 동물속담.pptx　　**완성파일** 동물속담(완성).pptx

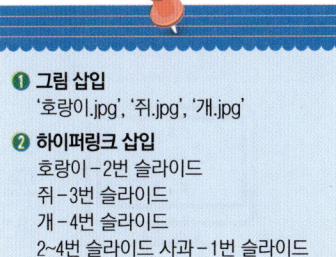

❶ 그림 삽입
'호랑이.jpg', '쥐.jpg', '개.jpg'

❷ 하이퍼링크 삽입
호랑이 - 2번 슬라이드
쥐 - 3번 슬라이드
개 - 4번 슬라이드
2~4번 슬라이드 사과 - 1번 슬라이드

2 그림을 삽입하고 하이퍼링크 기능을 이용하여 다음과 같은 구기종목을 완성해 보세요.

예제파일 공.jpg, 구기종목.pptx　　**완성파일** 구기종목(완성).pptx

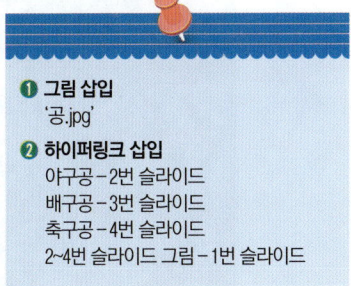

❶ 그림 삽입
'공.jpg'

❷ 하이퍼링크 삽입
야구공 - 2번 슬라이드
배구공 - 3번 슬라이드
축구공 - 4번 슬라이드
2~4번 슬라이드 그림 - 1번 슬라이드

CHAPTER 18 로딩 중...

오늘의 미션
- ✓ 모양 조절점으로 도형 모양 변경하기
- ✓ 도형 병합으로 새로운 모양 만들기
- ✓ 밝기 변화 애니메이션 설정하기

 인터넷을 사용할 때, 원하는 화면이 나올 때까지 시간이 걸려 로딩 중 화면을 접할 때가 있습니다. 이번 시간에는 파워포인트 프로그램의 밝기 변화 애니메이션을 이용하여 로딩 중 화면을 만들어 봅시다.

 **작품 미리보기**

예제파일 없음　　**완성파일** 로딩중(완성).pptx

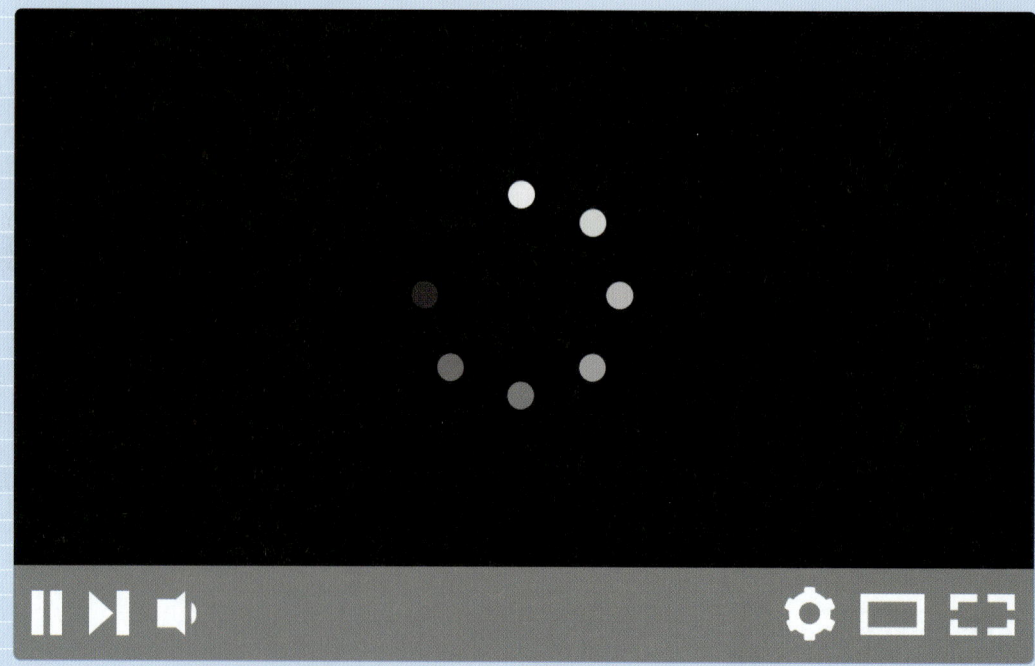

01 모양 조절점으로 도형 모양 변경하기

노란색의 모양 조절점을 드래그하여 도형의 모양을 변경합니다.

① PowerPoint 2021 프로그램을 실행하고 [새로 만들기]-[새 프레젠테이션]을 클릭한 후 [홈] 탭의 [슬라이드] 그룹에서 [레이아웃]-[빈 화면]을 클릭합니다. 그 다음 슬라이드에서 마우스 오른쪽 버튼을 클릭하여 바로 가기 메뉴를 실행하고 [배경 서식]을 클릭한 다음 [단색 채우기]를 '검정, 텍스트 1'로 지정합니다.

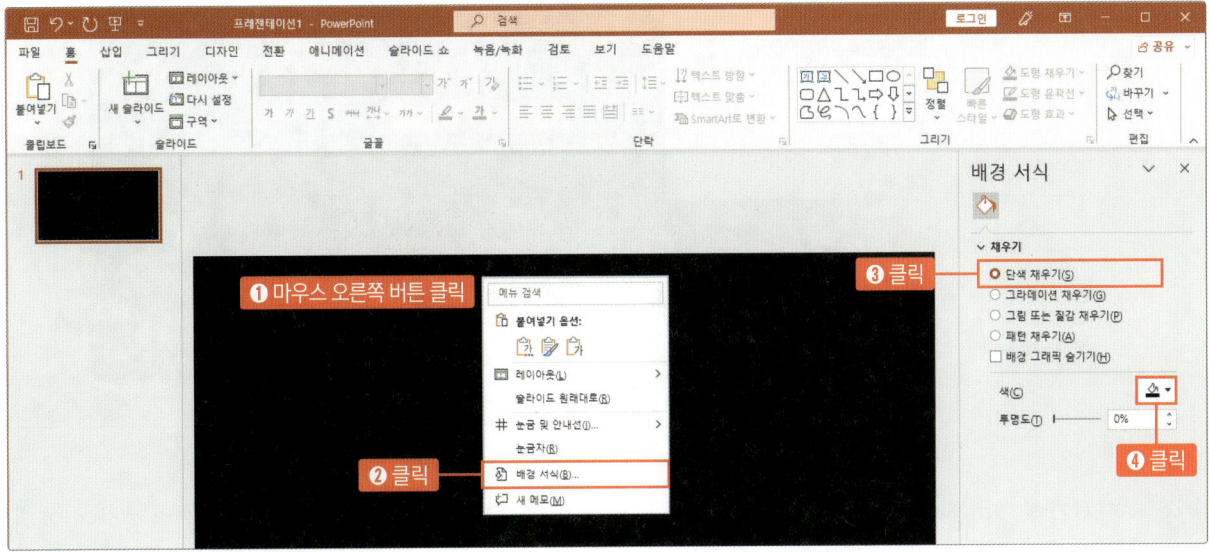

② '직사각형' 도형을 삽입하고 [도형 채우기]를 '흰색, 배경 1, 50% 더 어둡게', [도형 윤곽선]을 '윤곽선 없음' 으로 지정합니다.

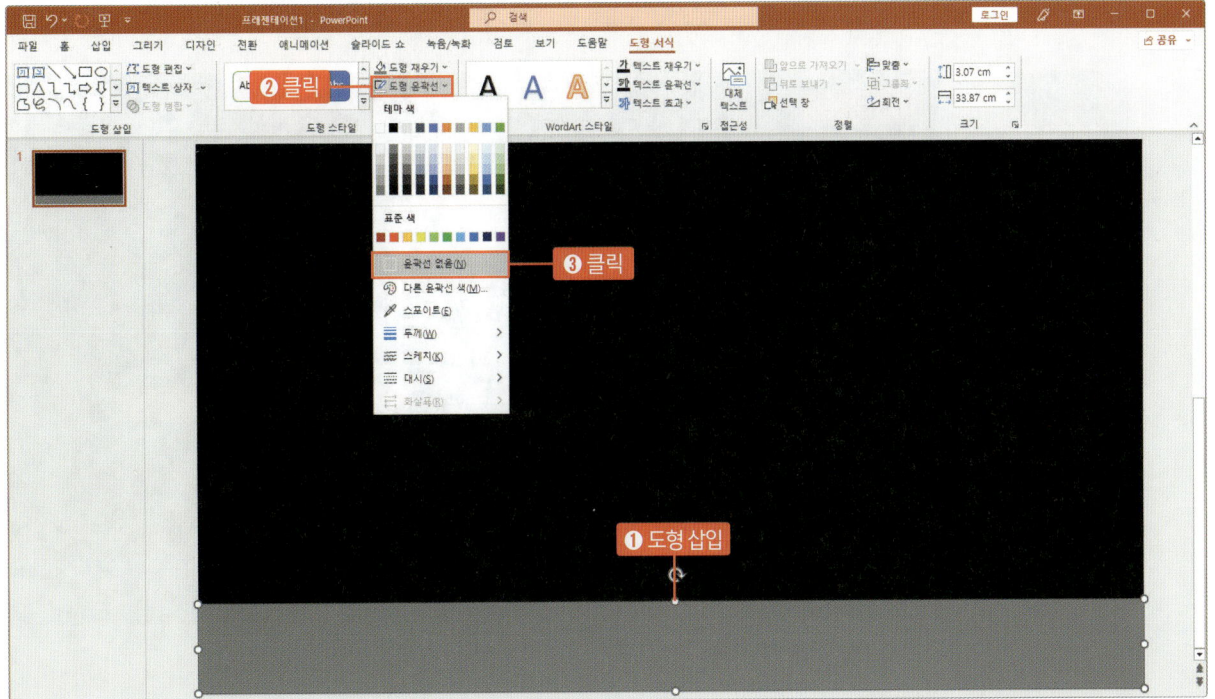

③ '직사각형', '이등변 삼각형' 도형을 삽입하고 회전 기능과 모양 조절점을 변경하여 아래 그림과 같은 모양으로 변경한 후 [도형 채우기]를 '흰색, 배경 1', [도형 윤곽선]을 '윤곽선 없음'으로 지정합니다.

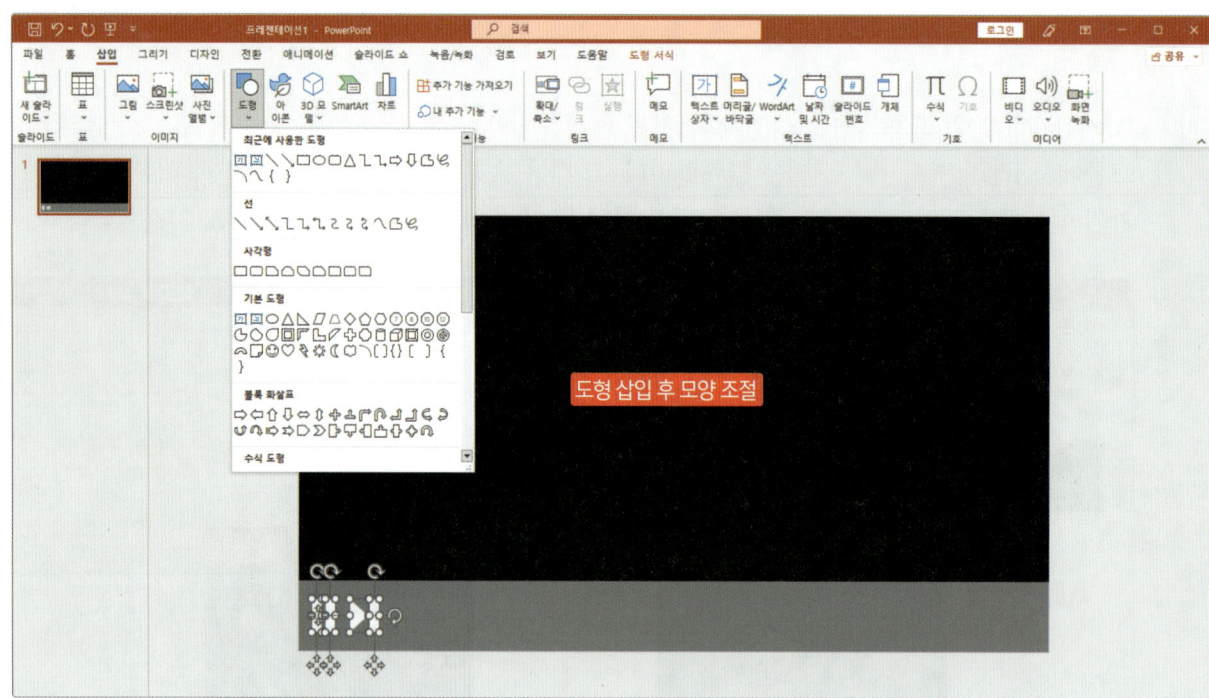

④ '직사각형', '이등변 삼각형', '부분 원형' 도형을 삽입하고 회전 기능과 모양 조절점을 변경하여 아래 그림과 같은 볼륨 버튼 모양으로 변경한 후 [도형 채우기]를 '흰색, 배경 1', [도형 윤곽선]을 '윤곽선 없음'으로 지정합니다.

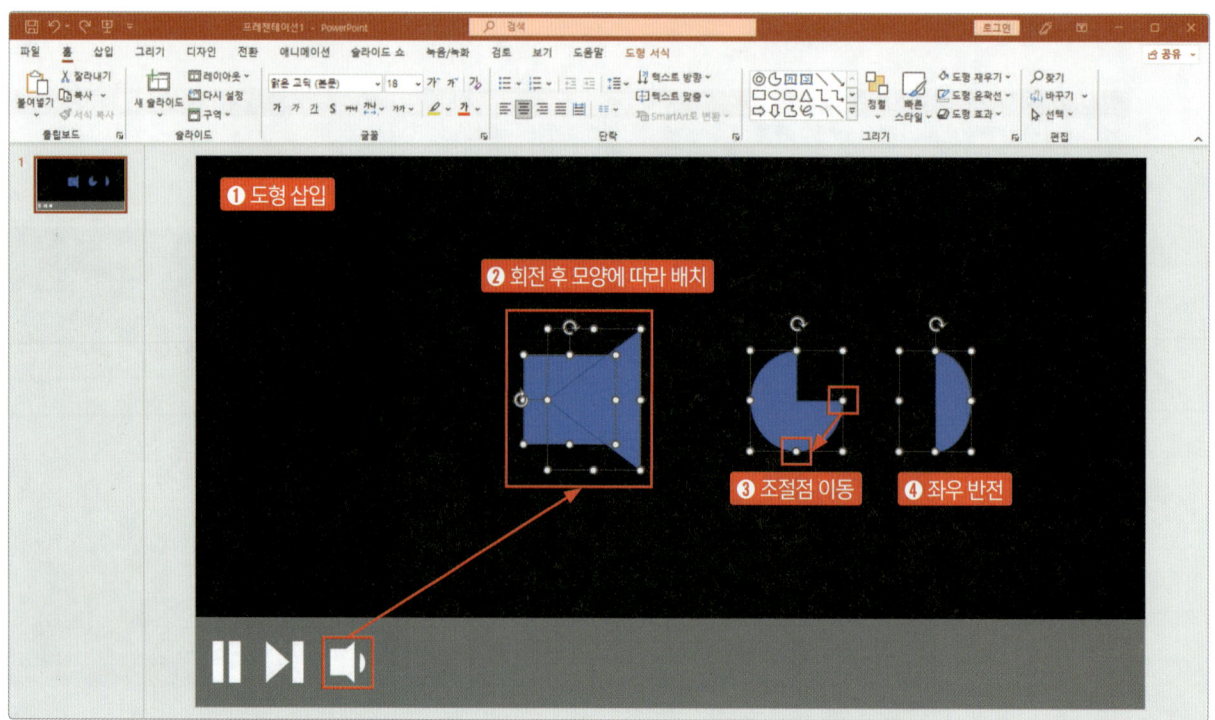

02 도형 병합으로 새로운 모양 만들기

도형 병합의 병합과 빼기 기능을 이용하여 새로운 도형을 만듭니다.

1 '원형: 비어있음', '모서리가 둥근 직사각형' 도형을 삽입하여 아래 도형과 같이 배치하고 모두 선택한 후 [도형 서식] 탭의 [도형 삽입] 그룹에서 [도형 병합]-[통합]을 클릭하여 새로운 모양을 만들고 [도형 채우기]를 '흰색, 배경 1', [도형 윤곽선]을 '윤곽선 없음'으로 지정합니다.

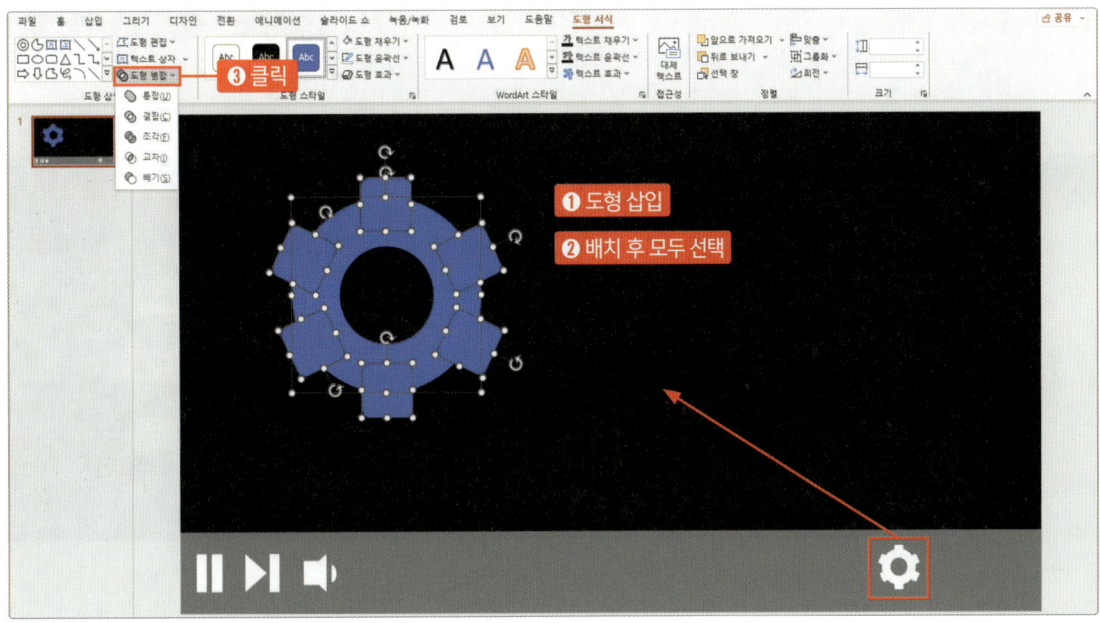

2 '액자' 도형과 '십자형' 도형을 삽입하여 아래 도형과 같이 배치하고 모두 선택한 후 [도형 병합]-[빼기]를 클릭하여 새로운 모양을 만듭니다. 그리고 '액자' 도형을 추가로 삽입한 후 각각 [도형 채우기]를 '흰색, 배경 1', [도형 윤곽선]을 '윤곽선 없음'으로 지정합니다.

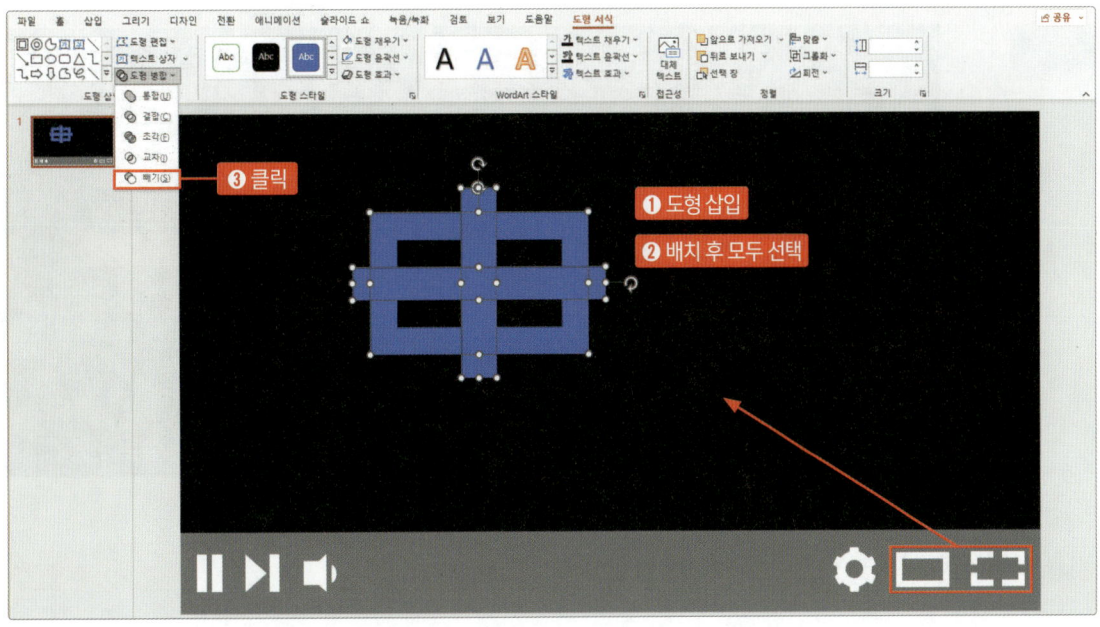

03 밝기 변화 애니메이션 설정하기

로딩 중을 표시하기 위해 순서대로 밝기 변화 애니메이션을 설정합니다.

1 '타원' 도형을 삽입하고 [도형 채우기]를 '흰색, 배경 1, 5% 더 어둡게'로, [도형 윤곽선]을 '윤곽선 없음'으로 지정한 후 Ctrl 키를 누른 상태로 드래그하여 도형을 복사한 다음 각각의 도형의 [도형 채우기] 색을 다음과 같이 변경합니다.

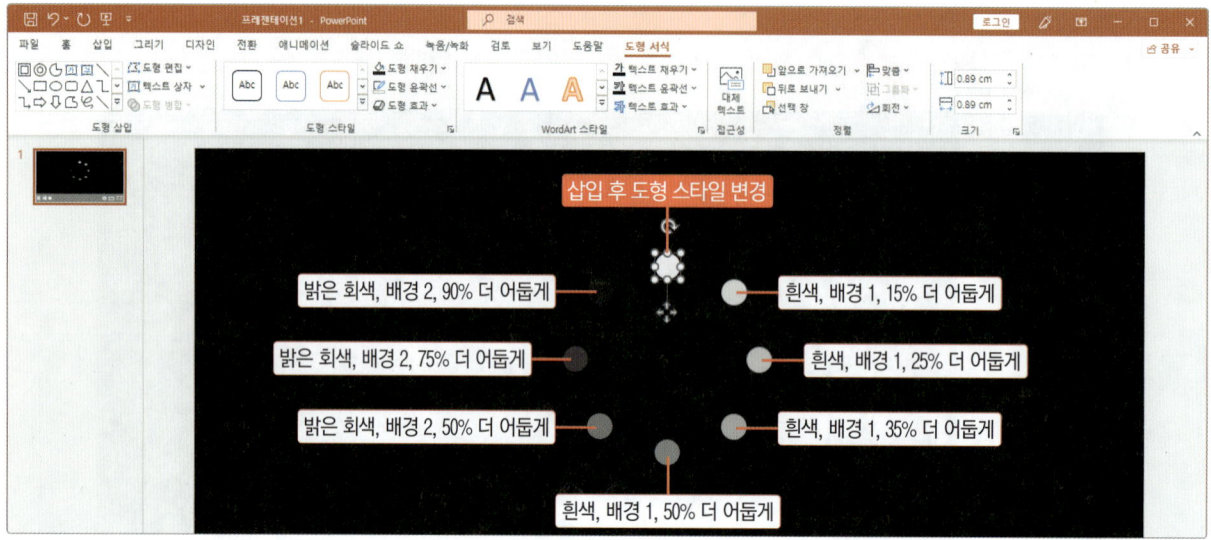

2 Shift 키를 누른 상태로 '타원' 도형을 순서대로 클릭하여 선택한 후 [애니메이션] 탭의 [애니메이션] 그룹에서 [밝기 변화]를 선택한 다음 [타이밍] 그룹에서 '시작'을 '이전 효과 다음에', '재생 시간'을 '1초'로 변경합니다.

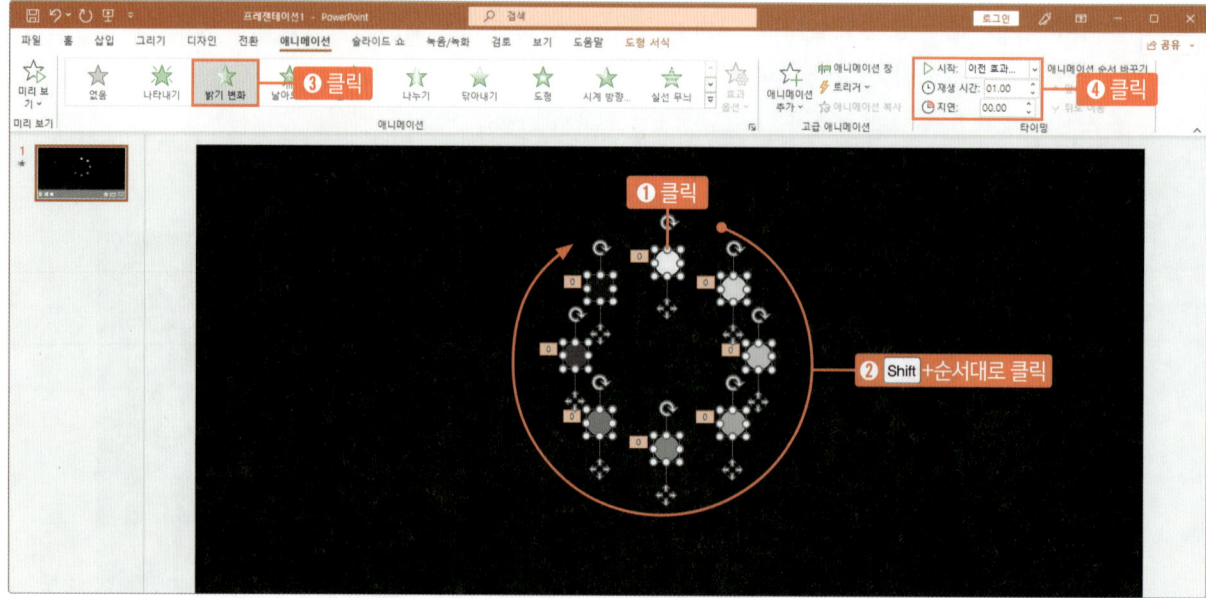

3 F5 키를 눌러 슬라이드를 실행하고 애니메이션을 확인합니다.

실력 쑥쑥! 창의력 쑥쑥!

1 도형을 삽입하고 애니메이션 밝기 효과를 이용하여 다음과 같은 나만의 응원봉을 완성해 보세요.

예제파일 없음　**완성파일** 응원봉(완성).pptx

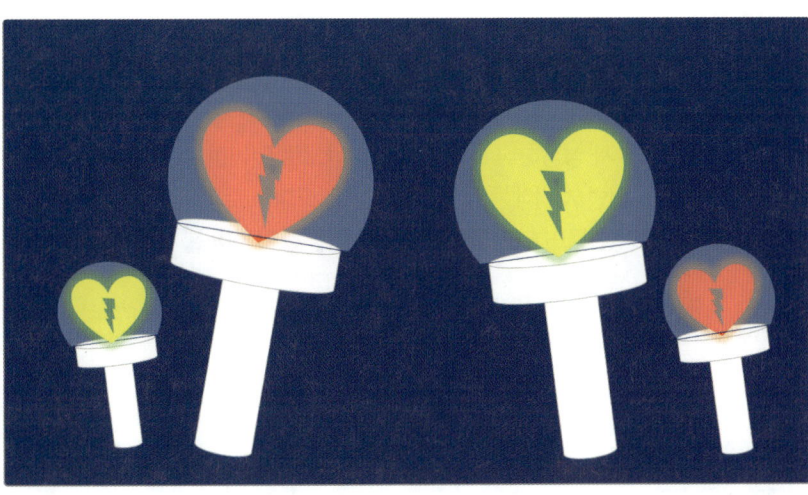

❶ **배경 서식**
'진한 파랑'

❷ **도형 삽입**
- '원통형', '순서도: 자기 디스크'
  도형 채우기 – '흰색, 배경1'
  도형 윤곽선 – '회색, 강조 3'
- '하트', '번개'
  도형 채우기 – '빨강', '노랑'
  도형 윤곽선 – '윤곽선 없음'
  도형 효과 – '네온, 18pt, 주황, 강조색 2',
  　　　　　　'네온, 18pt, 녹색, 강조색 6'
- '현'
  도형 채우기 – '흰색, 배경1'
  도형 윤곽선 – '진한 파랑'

❸ **애니메이션**
'밝기 변화', '이전 효과 다음에', '1초'

2 도형에 애니메이션 밝기 변화 효과를 사용하여 다음과 같은 카메라 플래쉬를 완성해 보세요.

예제파일 카메라.jpg　**완성파일** 플래쉬(완성).pptx

❶ **그림 삽입**
'카메라.jpg'

❷ **도형 삽입**
- '별: 꼭짓점 10개'
  도형 채우기 – '흰색, 배경 1'
  도형 윤곽선 – '윤곽선 없음'
  도형 효과 – '네온, 18pt, 황금색, 강조색 4'

❸ **애니메이션**
'밝기 변화', '이전 효과 다음에', '1초', 반복 –
'슬라이드 끝날때까지'

 **TIP**

반복은 '애니메이션 창'에서 해당하는 도형의 더보기를 눌러 선택할 수 있습니다.

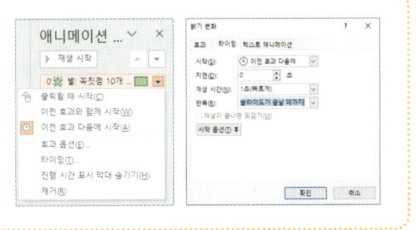

CHAPTER 19
상자 안에 무엇이 있을까요?

오늘의 미션
- ✓ 텍스트 변환하기
- ✓ 애니메이션 타이밍 설정하기
- ✓ 트리거 적용하기

 상자 안에 무엇이 들어있을지 상상하며 두근거리는 마음으로 열어볼 수 있는 서프라이즈 이벤트를 하려고 합니다. 이번 시간에는 파워포인트 프로그램의 트리거 기능을 이용하여 **버튼을 클릭하면 상자 안의 선물**이 나타나도록 애니메이션을 만들어 봅시다.

작품 미리보기

예제파일 동물.jpg, 발바닥.jpg, 비밀상자.pptx   **완성파일** 비밀상자(완성).pptx

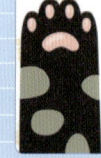

01 텍스트 변환하기

텍스트에 변환 효과를 적용합니다.

① PowerPoint 2021 프로그램을 실행한 후 '비밀상자.pptx'파일을 불러옵니다. 그 다음 '가로 텍스트 상자 그리기'를 삽입하여 '상자 안에 무엇이 있을까요?'를 입력하고 글꼴을 '휴먼둥근헤드라인', 글꼴 크기를 '40pt'로 지정한 후 [도형 서식] 탭의 [WordArt 스타일] 그룹에서 [텍스트 효과]의 [변환]을 클릭하여 '원호'를 클릭합니다.

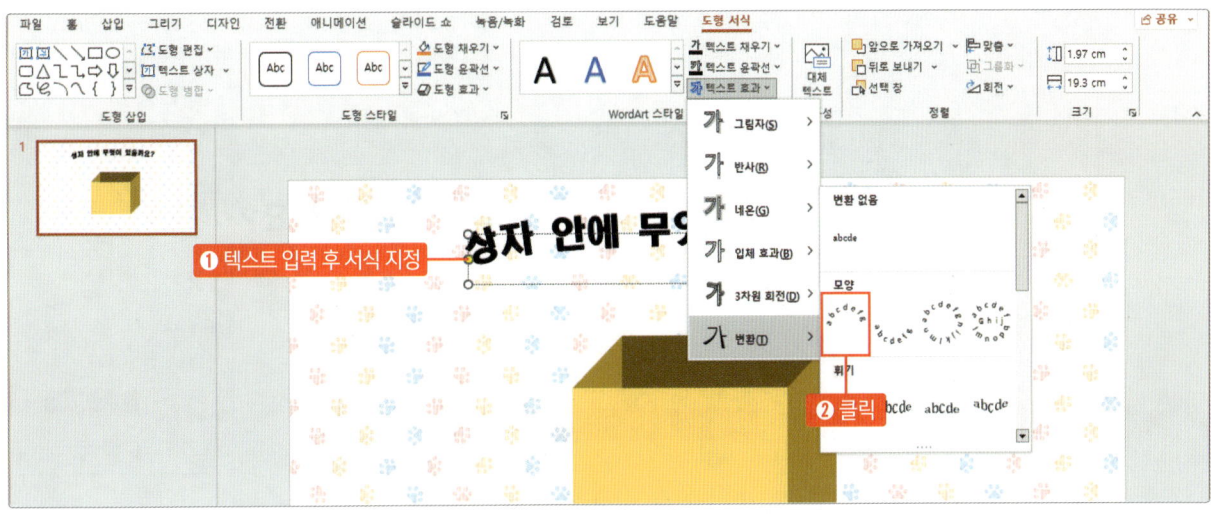

② '가로 텍스트 상자 그리기'를 삽입하여 그림과 같이 입력하고 글꼴을 '휴먼둥근헤드라인', 글꼴 크기를 '40pt'로 지정한 후 [WordArt 스타일] 그룹에서 [텍스트 효과]의 [변환]을 클릭하여 '원호: 아래쪽'를 클릭합니다.

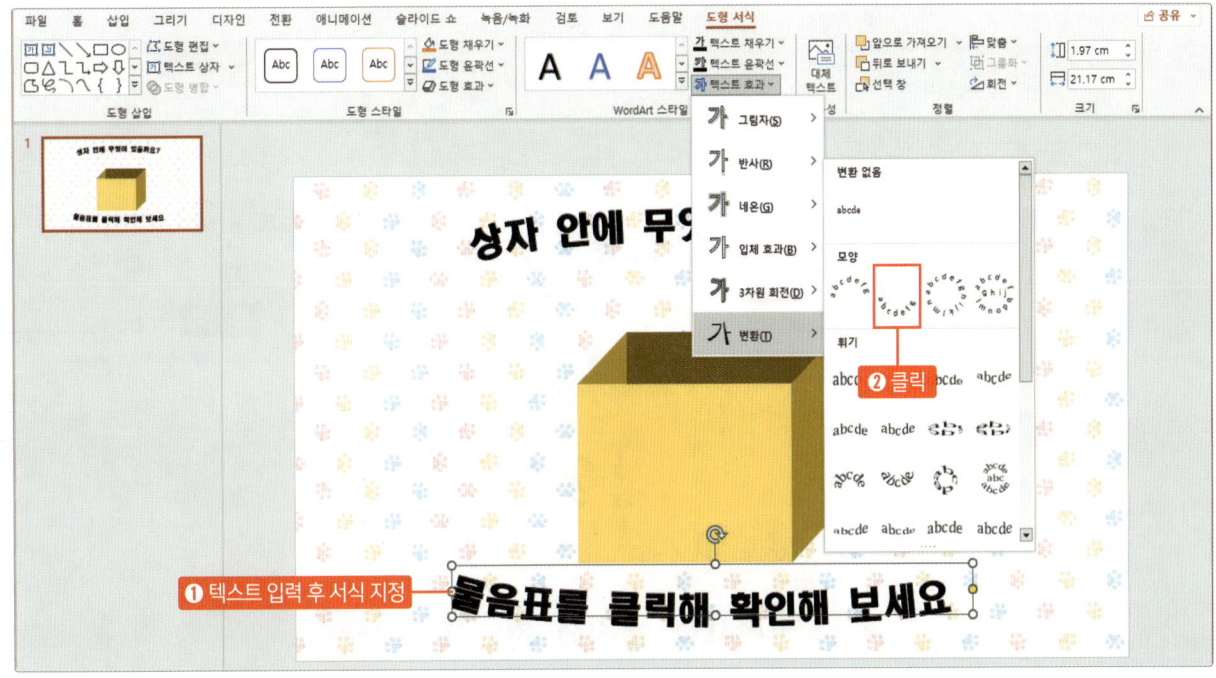

CHAPTER 19 - 상자 안에 무엇이 있을까요? 119

02 애니메이션 타이밍 설정하기

텍스트 상자에 추가 강조 효과를 적용하고 타이밍 옵션을 변경합니다.

1 '가로 텍스트 상자 그리기'를 삽입한 후 '?'를 입력하고 글꼴을 '휴먼둥근헤드라인', 글꼴 크기를 '72pt'로 지정한 다음 [애니메이션] 탭의 [애니메이션] 그룹에서 [추가 강조하기 효과]를 클릭한 후 강조하기 효과 변경 작업창에서 '깜빡이기'를 선택합니다.

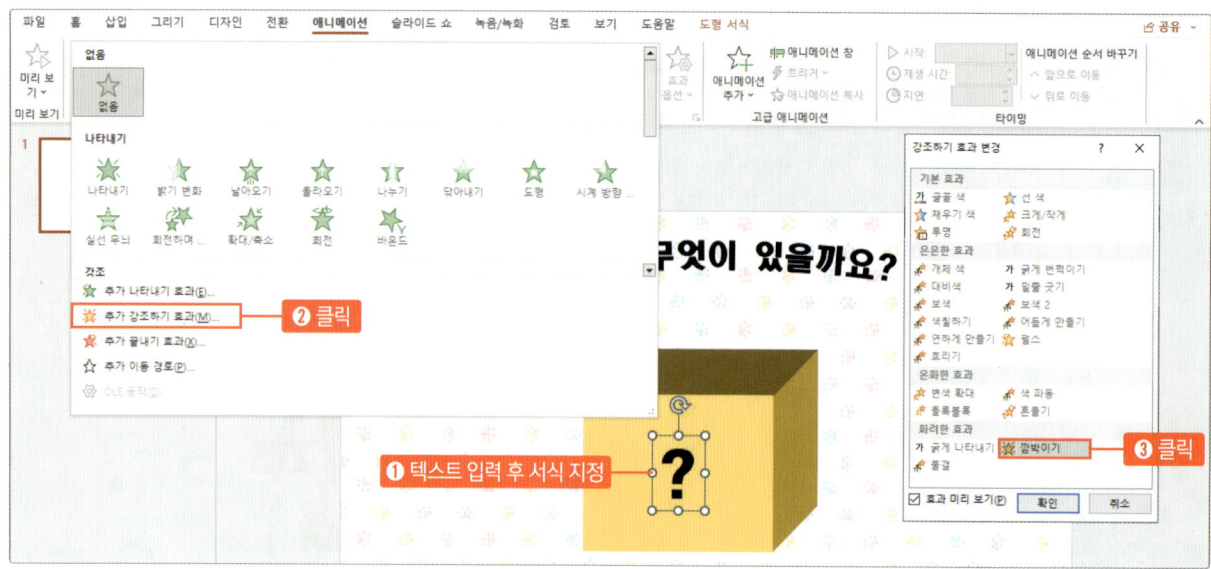

2 [애니메이션] 탭의 [고급 애니메이션] 그룹에서 [애니메이션 창]을 클릭한 후 [애니메이션 창] 작업창에서 마우스 오른쪽 버튼 클릭하여 [타이밍]을 클릭한 다음 시작은 '이전 효과 다음에', 재생 시간은 '2초(중간)', 반복은 '4'로 변경하고 [확인]을 클릭합니다.

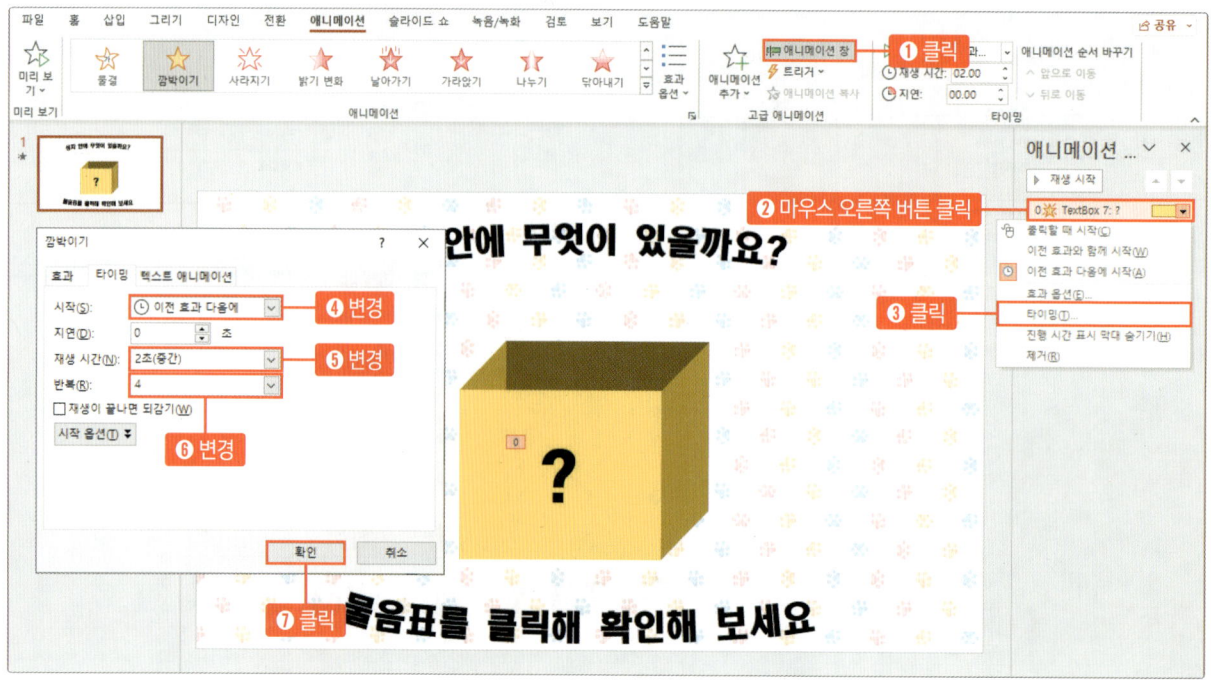

 **트리거 작동하기**

'?'를 클릭하면 고양이가 나오도록 트리거를 적용합니다.

1 '동물.jpg' 그림을 삽입한 후 자르기 도구와 배경 제거를 이용하여 고양이 그림만 남긴 다음 위치 및 크기를 조절합니다.

2 [그림 서식] 탭의 [정렬] 그룹에서 [뒤로 보내기]를 여러 번 누른 후 고양이 그림이 상자 안에 들어가도록 합니다.

③ 고양이 그림을 클릭하고 [애니메이션] 탭의 [애니메이션] 그룹에서 '올라오기'를 선택한 후 [고급 애니메이션] 그룹에서 [트리거]의 [클릭할 때]를 클릭하여 'TextBox 7'('?'텍스트 상자)를 클릭합니다.

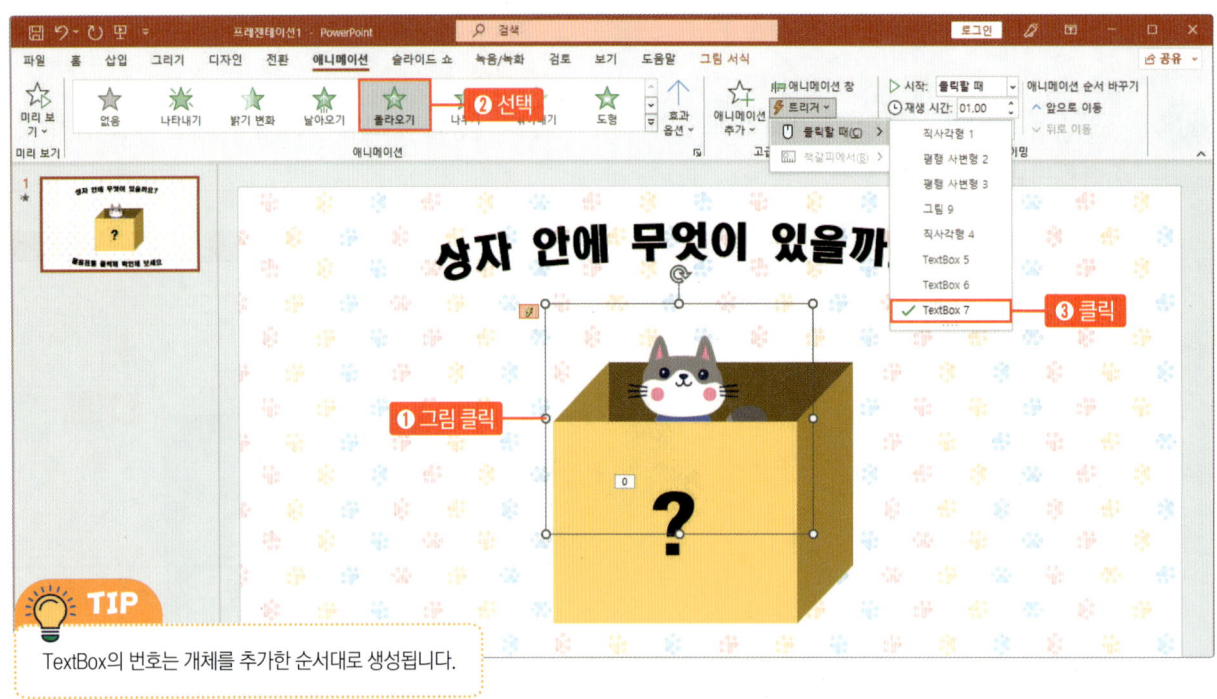

TIP
TextBox의 번호는 개체를 추가한 순서대로 생성됩니다.

④ '발바닥.jpg' 그림을 삽입한 후 자르기와 배경색을 투명한 색으로 지정하여 슬라이드를 꾸며줍니다.

⑤ F5 키를 눌러 슬라이드 쇼를 열고 설정한 애니메이션을 확인합니다.

실력 쑥쑥! 창의력 쑥쑥!

1 애니메이션을 적용하여 날개가 회전하는 선풍기를 완성해 보세요.

예제파일 없음　　완성파일 선풍기(완성).pptx

❶ 도형 삽입
- '타원', '사다리꼴', '눈물 방울'
  도형 채우기 – '흰색, 배경1, 5% 더 어둡게',
  '흰색, 배경1, 15% 더 어둡게',
  '파랑, 강조 5'
  도형 윤곽선 – '윤곽선 없음'

❷ 애니메이션
강조 – '회전', '이전 효과 다음에', '2초',
'슬라이드가 끝날때까지'

2 애니메이션을 적용하여 버튼을 누르면 세탁물이 회전하는 세탁기를 완성해 보세요.

예제파일 세탁물.jpg　　완성파일 세탁기(완성).pptx

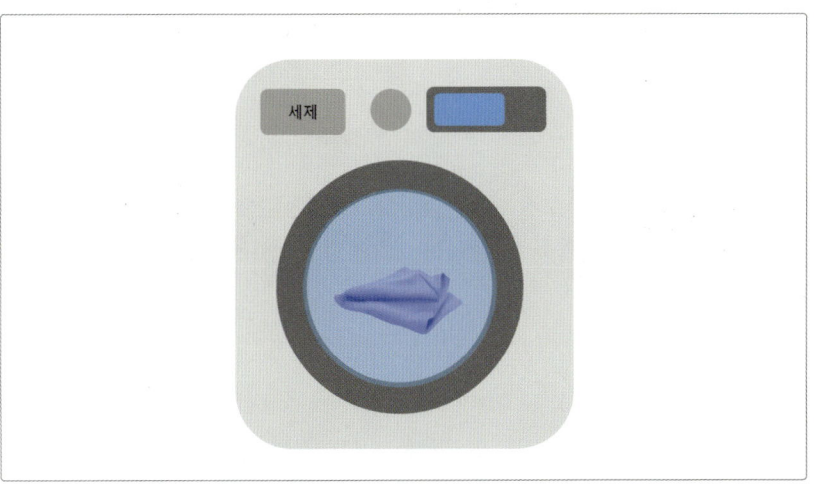

❶ 도형 삽입
- '사각형: 둥근 모서리'
  도형 채우기 – '임의의 색'
  도형 윤곽선 – '윤곽선 없음'
- '타원'
  도형 채우기 – '회색, 강조 3', '파랑, 강조 5'
  도형 윤곽선 – '윤곽선 없음'
  투명도 – '50%'
- '원형: 비어 있음'
  도형 채우기 – '밝은 회색, 배경 2, 50%
  더 어둡게'
  도형 윤곽선 – '윤곽선 없음'

❷ 그림 삽입
'세탁물.jpg'

❸ 애니메이션
강조 – '회전', '클릭할 때', '5초', '트리거 –
타원'

CHAPTER 19 - 상자 안에 무엇이 있을까요?

카드 뉴스 만들기

오늘의 미션
- 텍스트 그림자 설정하기
- 투명도 설정하기
- 도형 병합하기

카드 뉴스란 정보를 이미지와 함께 간결하게 표현한 자료입니다. 이번 시간에는 파워포인트 프로그램의 투명도 기능을 이용하여 햄스터에 대한 카드 뉴스를 만들어 봅시다.

작품 미리보기

예제파일 햄스터1.jpg, 햄스터2.jpg, 햄스터.pptx   **완성파일** 카드뉴스(완성).pptx

01 텍스트 그림자 설정하기

텍스트에 그림자를 설정합니다.

① PowerPoint 2021 프로그램을 실행한 후 '햄스터.pptx' 파일을 불러옵니다. 1 슬라이드의 '햄스터' 텍스트를 드래그하여 글꼴을 '휴먼둥근헤드라인', 글꼴 크기를 '54pt', '텍스트 그림자', 글꼴 색을 '주황, 강조 2'로 지정합니다.

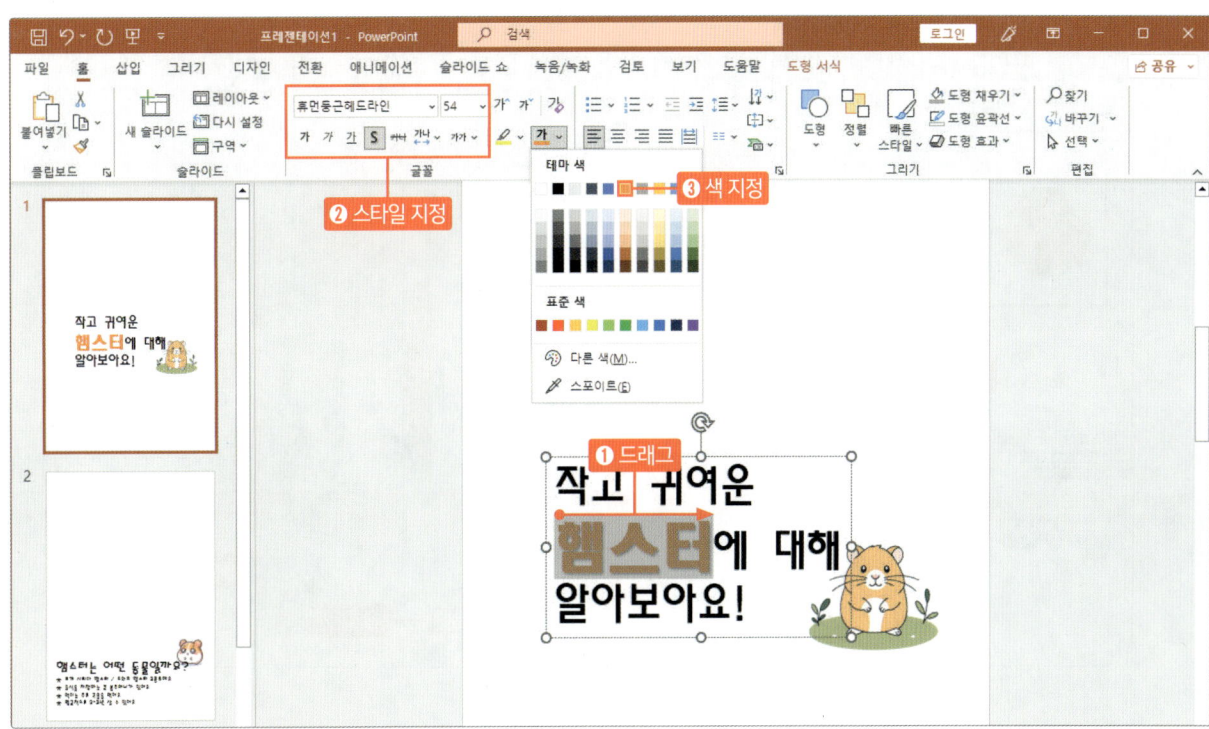

② 나머지 텍스트를 드래그한 후 '텍스트 그림자', 글꼴 색을 '황금색, 강조 4'로 지정합니다.

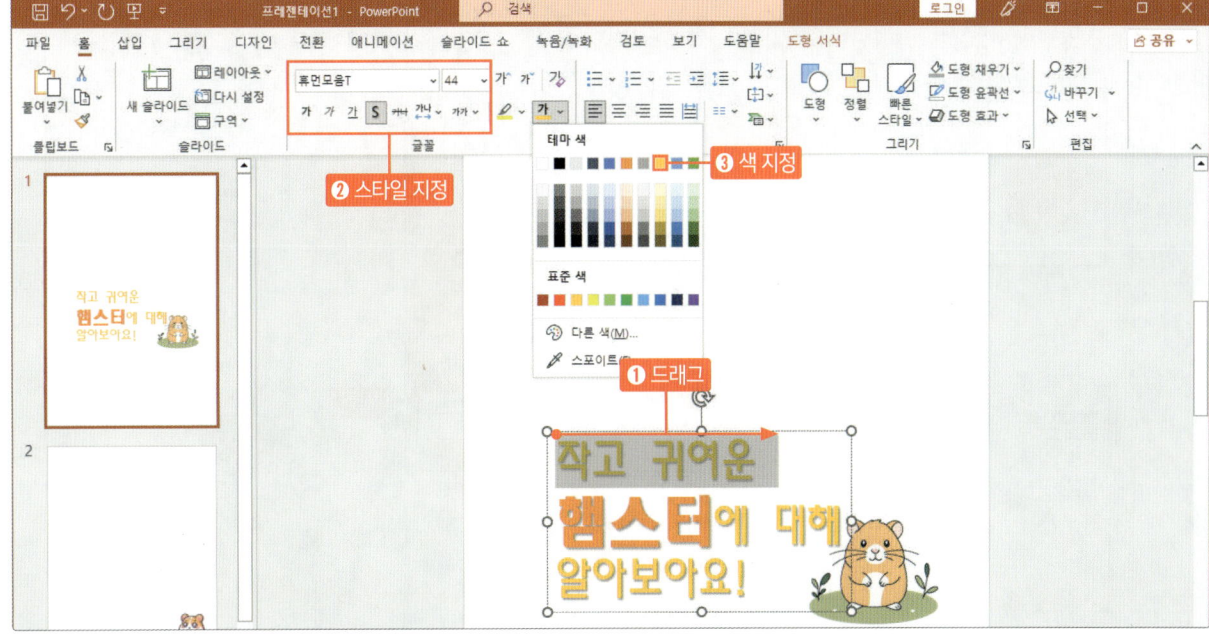

02 투명도 설정하기

도형을 삽입하고 도형에 투명도를 설정합니다.

① '타원' 도형을 삽입하고 마우스 오른쪽 버튼을 클릭하여 바로 가기 메뉴의 [도형 서식]을 클릭합니다. 그 다음 단색 채우기 – '주황, 강조 2', 투명도를 '30%', 선을 '선 없음'으로 지정합니다.

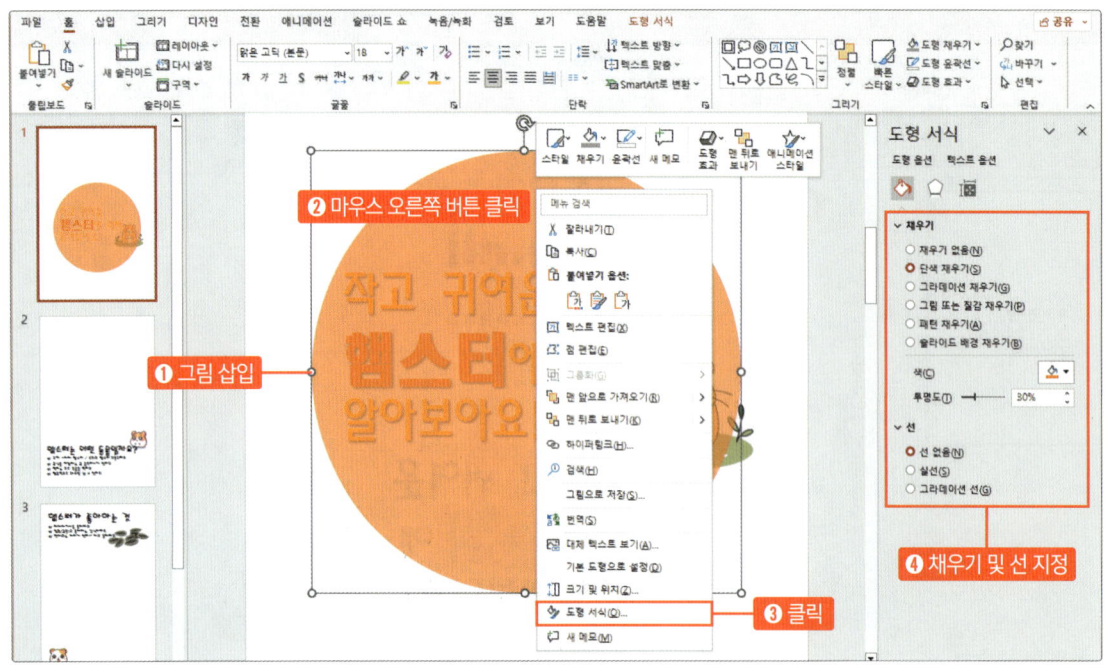

② '타원' 도형을 선택한 후 마우스 오른쪽 버튼을 클릭하고 바로 가기 메뉴의 [맨 뒤로 보내기]의 [맨 뒤로 보내기]를 클릭합니다.

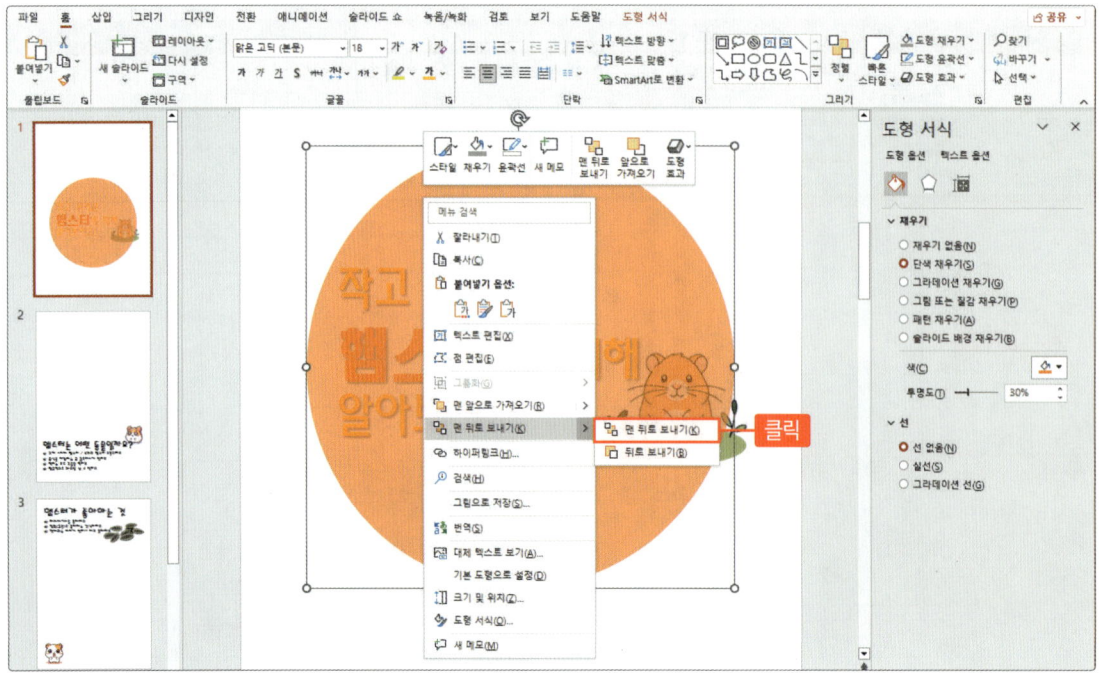

③ '햄스터1.jpg' 그림을 삽입한 후 자르기 도구를 이용하여 그림을 잘라낸 다음 크기를 조절합니다. 그 다음 마우스 오른쪽 버튼을 클릭하여 바로 가기 메뉴의 [맨 뒤로 보내기]를 클릭합니다.

④ ③과 같은 방법으로 2번 슬라이드에 '햄스터2.jpg' 그림을 삽입합니다.

⑤ ①과 같은 방법으로 '물결' 도형을 삽입하고 [단색 채우기]의 색을 '주황, 강조2', 투명도를 '30%', 선을 '실선', 색을 '흰색, 배경 1', 너비를 '2pt'로 지정합니다.

03 도형 병합하기

도형을 삽입한 후 여러 개의 도형을 하나의 도형으로 병합합니다.

1. 3번 슬라이드를 클릭하고 그림과 같이 '직사각형' 도형과 '타원' 도형을 삽입한 후 모두 선택하고 [도형 서식] 탭의 [도형 삽입] 그룹에서 [도형 병합]-[통합]을 클릭합니다.

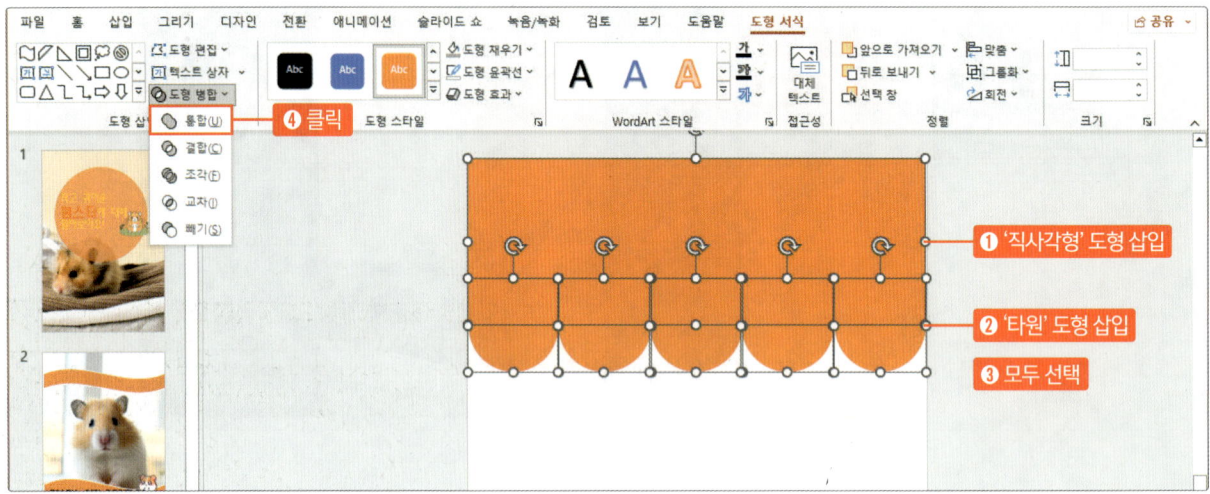

2. 병합한 도형을 클릭하고 [도형 서식] 작업창에서 [단색 채우기]의 색을 '주황, 강조 2', 투명도를 '40%', 선을 '선 없음'으로 변경한 후 맨 뒤로 보내기를 합니다.

실력 쑥쑥! 창의력 쑥쑥!

1 도형의 투명도를 적용하여 다음과 같은 동시를 완성해 보세요.

예제파일: 나비.jpg   완성파일: 나비(완성).pptx

① 배경 서식
  그림 채우기 – '나비.jpg'
② 도형 삽입
  • '사각형: 둥근 모서리'
   도형 채우기 – '흰색, 배경1'
   투명도 – '30%'
   도형 윤곽선 – '윤곽선 없음'
③ WordArt 삽입
  '그라데이션 채우기: 황금색, 강조 4, 윤곽선 – 강조색 4'
  글꼴 – '휴먼엑스포'
④ 텍스트 상자 삽입
  글꼴 – '휴먼아미체'
  글꼴 크기 – '24pt'

2 도형의 투명도를 적용하여 다음과 같은 영화관 예절은 완성해 보세요.

예제파일: 영화관에티켓1~6.jpg   완성파일: 영화관에티켓(완성).pptx

① 배경 서식
  그림 채우기 – '영화관에티켓1.jpg'
  '그라데이션 채우기: 주황, 황금색, 강조 4, 80% 더 밝게'
② 도형 삽입
  • '타원'
   도형 채우기 – '흰색, 배경1, 50% 더 어둡게'
   투명도 – '46%'
   도형 윤곽선 – '윤곽선 없음'
③ 텍스트 상자 삽입
  글꼴 – '휴먼둥근헤드라인', '휴먼옛체', 'HY엽서M', '24pt', '20pt', '28pt', 검정, 텍스트 1, '빨강', '텍스트 그림자'
④ 그림 삽입
  '영화관에티켓2~6.jpg'

나는 누구일까요?

오늘의 미션
- 맞춤 기능으로 정렬하기
- 애니메이션 추가하기
- 지연 시간 설정하기

 도형에 가려진 그림이 무엇인지 맞추는 퀴즈를 만들어 보려고 합니다. 이번 시간에는 파워포인트 프로그램으로 애니메이션 기능을 이용하여 가려진 그림을 확인하여 퀴즈를 푸는 문제를 만들어 봅시다.

 작품 미리보기

예제파일 사자.png　　**완성파일** 누구일까(완성).pptx

01 맞춤 기능으로 정렬하기

그림을 슬라이드 중앙에 위치하도록 맞춤 기능을 이용합니다.

① Powerpoint 2021을 실행한 다음 [홈] 탭의 [슬라이드] 그룹에서 [레이아웃]을 클릭하여 [빈 화면]으로 변경한 후 '사자.png' 그림을 삽입한 다음 [그림 서식] 탭의 [정렬] 그룹에서 [맞춤]의 [가운데 맞춤], [중간 맞춤]을 차례로 클릭합니다.

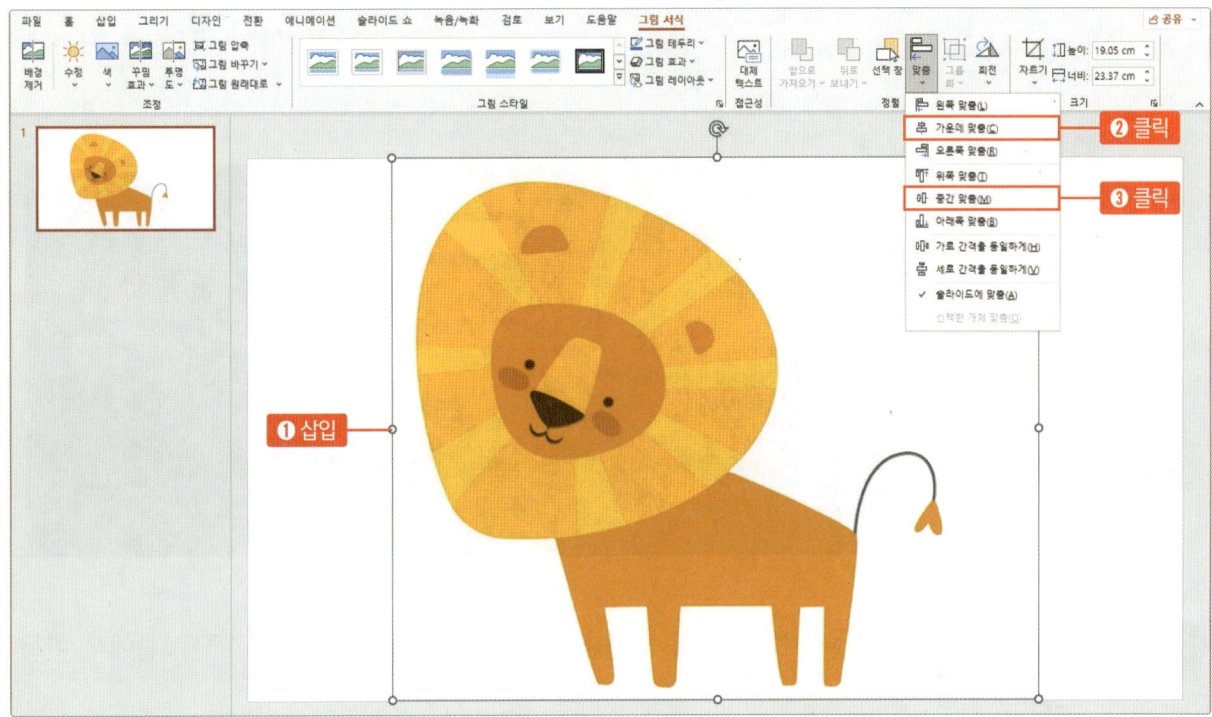

② '직사각형' 도형을 슬라이드 크기에 맞춰 삽입하고 [도형 채우기]-'검정, 텍스트 1', [도형 윤곽선]-'윤곽선 없음'으로 지정한 후 '타원' 도형 2개를 겹친 모양으로 삽입합니다.

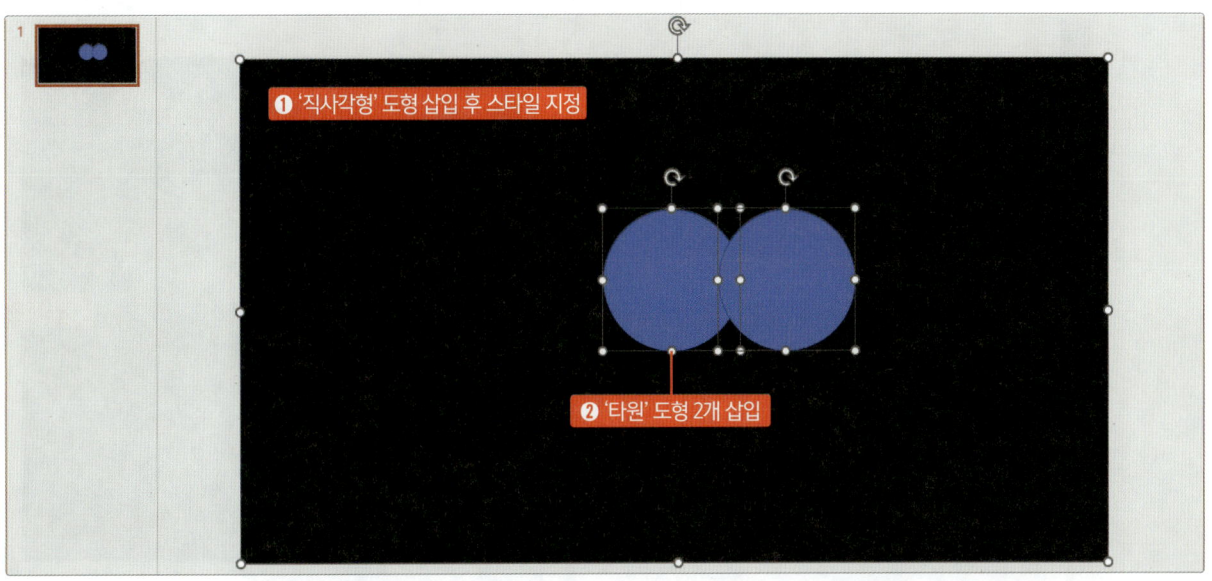

02 애니메이션 추가하기

애니메이션이 지정된 개체에 애니메이션을 추가합니다.

① Shift 키를 누른 상태로 '직사각형' 도형과 '타원' 도형을 차례로 선택한 후 [도형 서식] 탭의 [도형 삽입] 그룹에서 [도형 병합]-[빼기]를 클릭합니다.

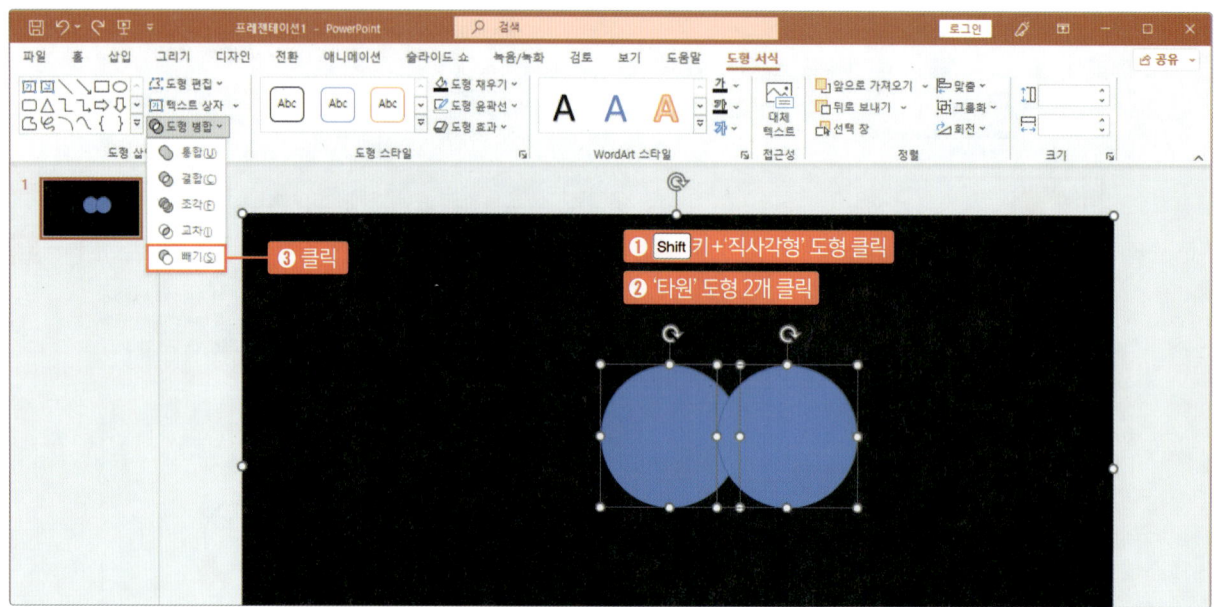

② '직사각형' 도형 뒤로 보이는 '사자' 그림을 클릭한 후 [애니메이션] 탭의 [애니메이션] 그룹에서 '이동 경로'의 '선'을 클릭합니다.

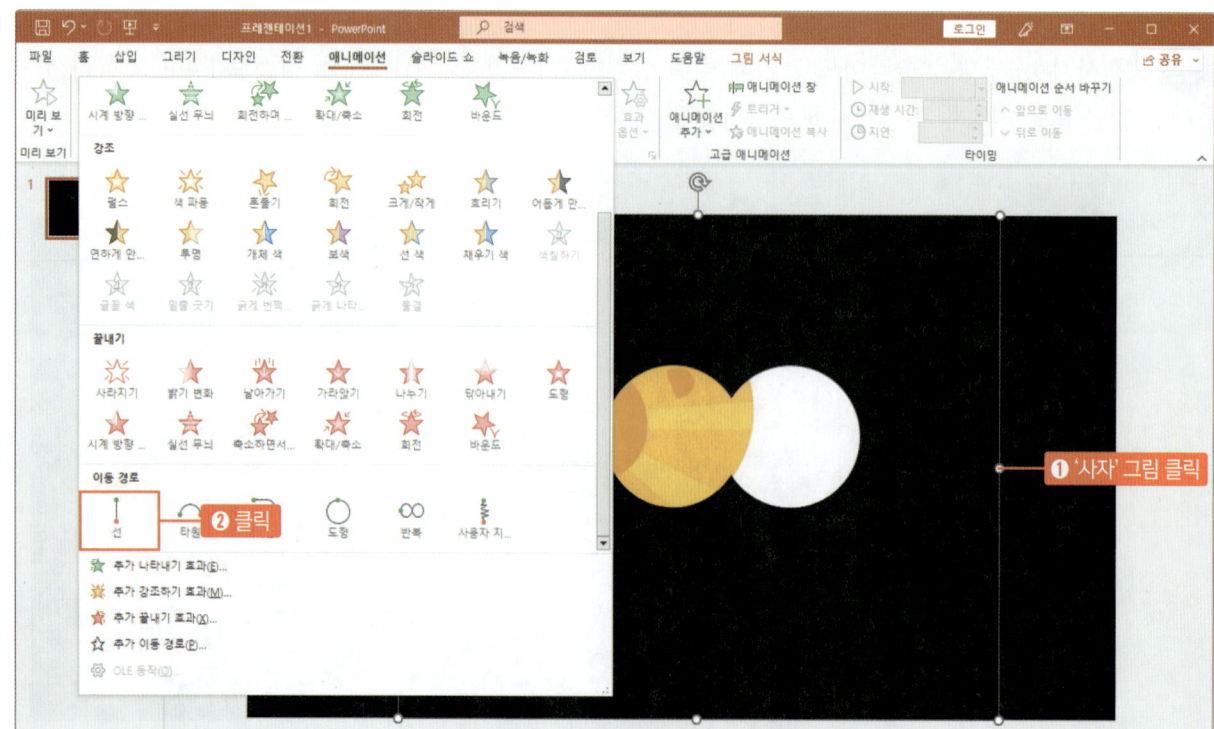

132 파워포인트 2021 작품만들기

③ 이동 경로 애니메이션이 설정된 '사자' 그림에 애니메이션을 추가하기 위해 [애니메이션] 탭의 [고급 애니메이션] 그룹에서 [애니메이션 추가]를 클릭하여 '이동경로'의 '선'을 클릭합니다.

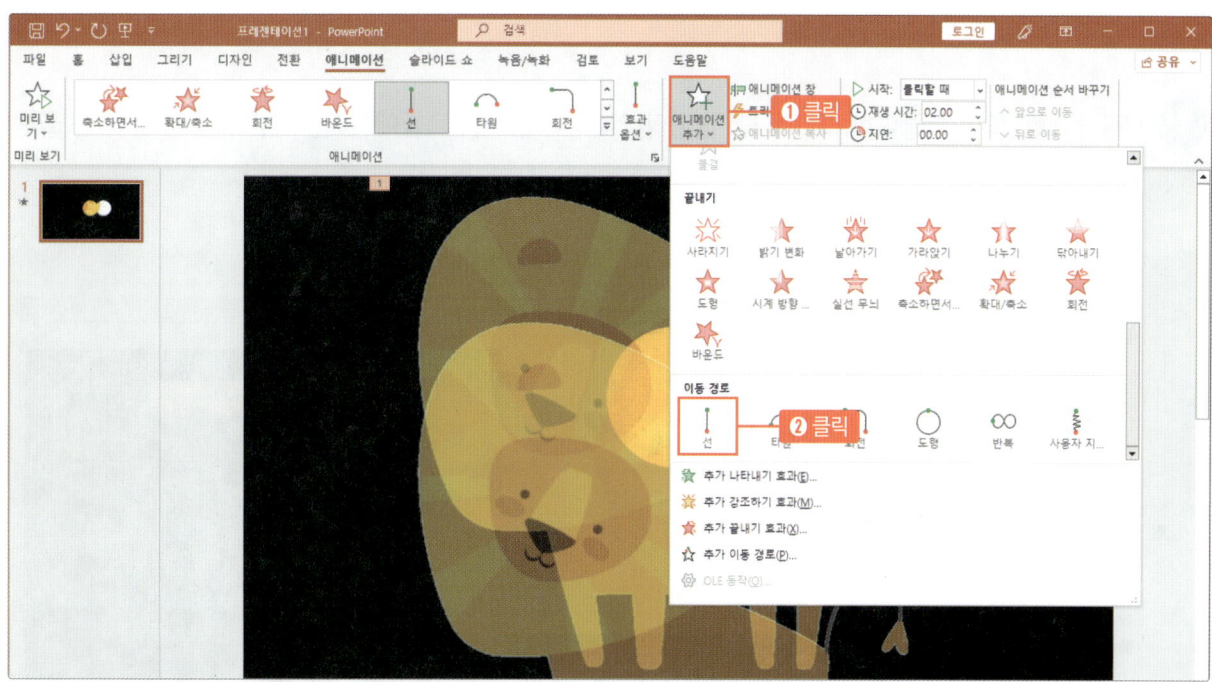

④ 추가된 '선' 이동 경로의 출발점인 초록 점과 종료점인 빨간 점을 마우스로 드래그하여 원하는 방향으로 이동 경로를 변경합니다.

03 지연 시간 설정하기

애니메이션을 지정하고 지연 시간을 설정합니다.

1 '직사각형' 도형을 클릭한 후 [애니메이션] 탭의 [애니메이션] 그룹에서 '끝내기'의 '밝기 변화'를 클릭합니다.

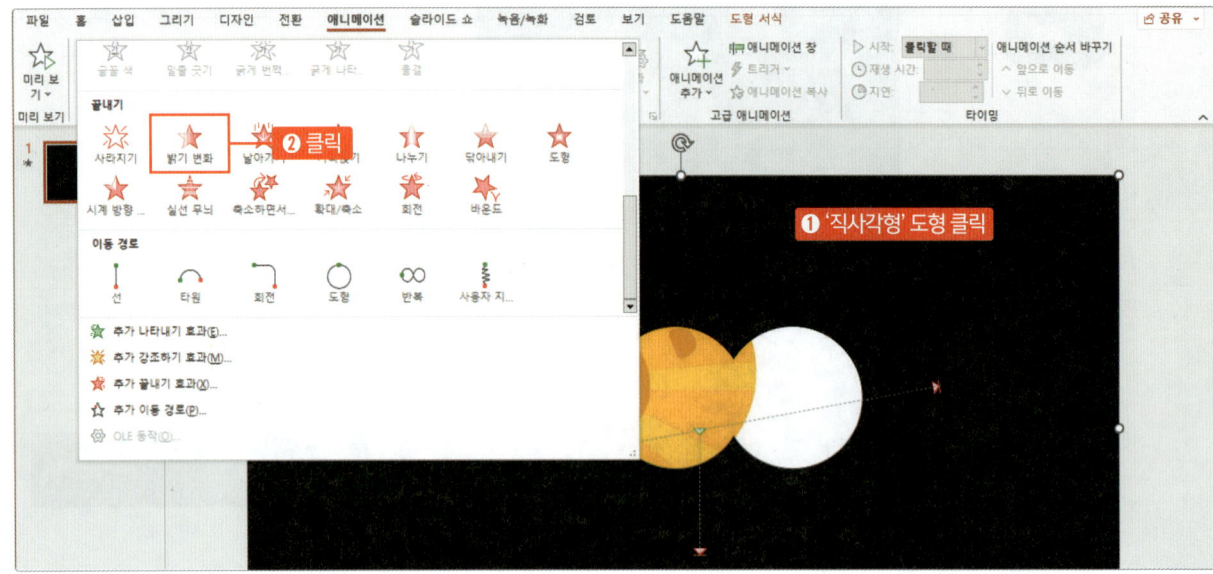

2 [애니메이션] 탭의 [타이밍] 그룹에서 시작을 '이전 효과 다음에', 재생 시간을 '2초', 지연을 '1초'로 변경합니다.

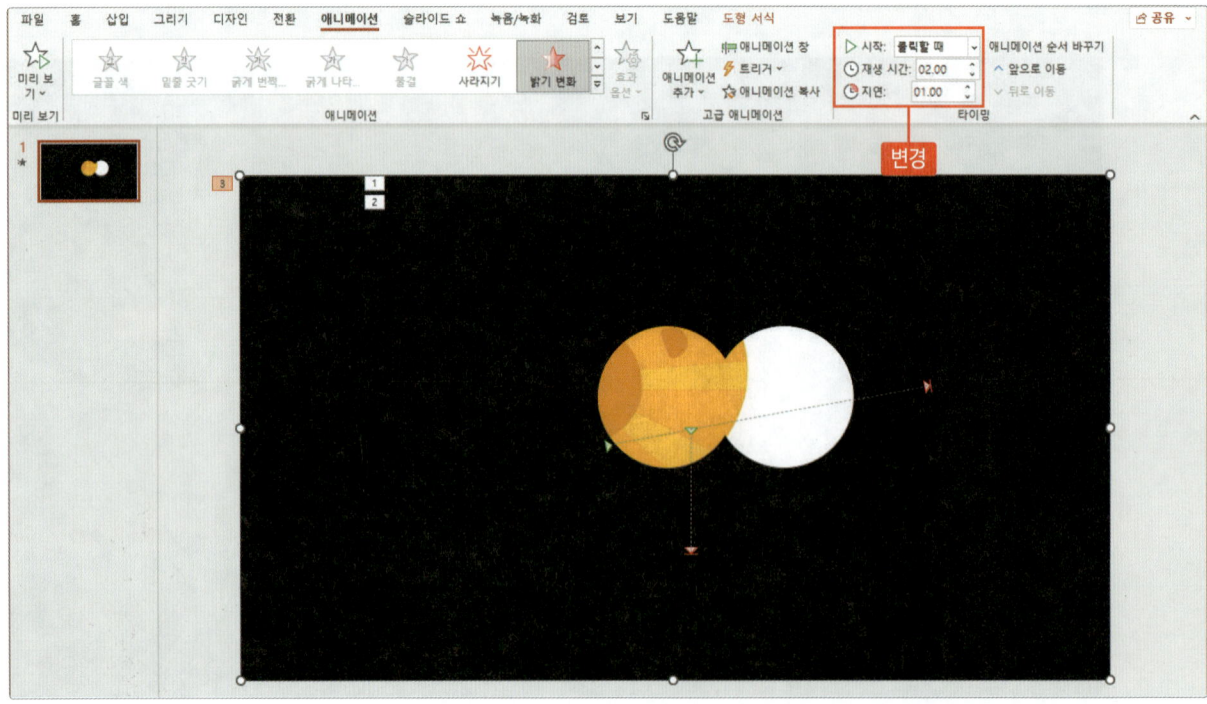

3 F5 키를 눌러 슬라이드 쇼를 열고 설정한 애니메이션을 확인합니다.

실력 쑥쑥! 창의력 쑥쑥!

1 이동경로 애니메이션을 추가하여 다음과 같은 햄버거 광고를 완성해 보세요.

예제파일 햄버거1~6.png　　**완성파일** 햄버거(완성).pptx

❶ 배경 서식
　단색 채우기 – '파랑, 강조 1, 80% 더 밝게'
❷ 그림 삽입
　'햄버거1~6.png'
❸ 애니메이션
　이동경로 – '선', '이전효과 다음에', 재생시간: '2초'

2 이동경로 애니메이션을 추가하여 다음과 같은 티슈를 뽑는 모습을 완성해 보세요.

예제파일 티슈뽑기.pptx, 손.jpg　　**완성파일** 티슈뽑기(완성).pptx

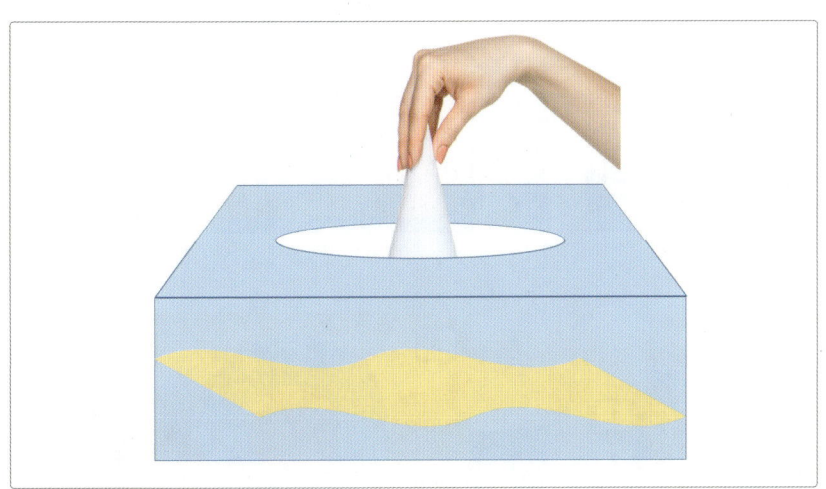

❶ 그림 삽입
　'손.jpg'
❷ 애니메이션
　이동경로 – '사용자 지정 경로', '선', '이전효과 다음에', 재생시간: '2초'

> **TIP** 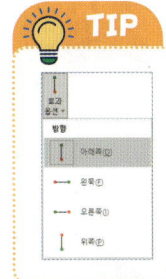 이동경로 – '선'을 고르고 **[효과 옵션]**을 클릭하면 선이 향하는 방향을 고를 수 있습니다.

CHAPTER 22
알쏭달쏭 재미있는 넌센스 퀴즈

오늘의 미션
- ✓ 애니메이션 설정하기
- ✓ 시작옵션 변경하기 ①
- ✓ 시작옵션 변경하기 ②
- ✓ 하이퍼링크 설정하기

논리적으로 맞지 않지만 웃음짓게 만드는 퀴즈를 '넌센스 퀴즈'라고 합니다. 이번 시간에는 파워포인트 프로그램에서 애니메이션 시작 옵션을 변경하여 넌센스 퀴즈를 만들고, 만든 퀴즈를 친구들과 함께 풀어 봅시다.

예제파일 넌센스퀴즈.pptx **완성파일** 넌센스퀴즈(완성).pptx

애니메이션 설정하기

도형을 삽입하고 애니메이션을 설정합니다.

1 PowerPoint 2021 프로그램을 실행한 다음 '넌센스퀴즈.pptx' 파일을 불러온 후 2번 슬라이드를 클릭합니다. 그 다음 '곱하기 기호' 도형을 삽입한 후 노란 조절점을 드래그하여 도형모양을 변경하고 [도형 채우기]-'빨강', [도형 윤곽선]-'윤곽선 없음'으로 지정합니다.

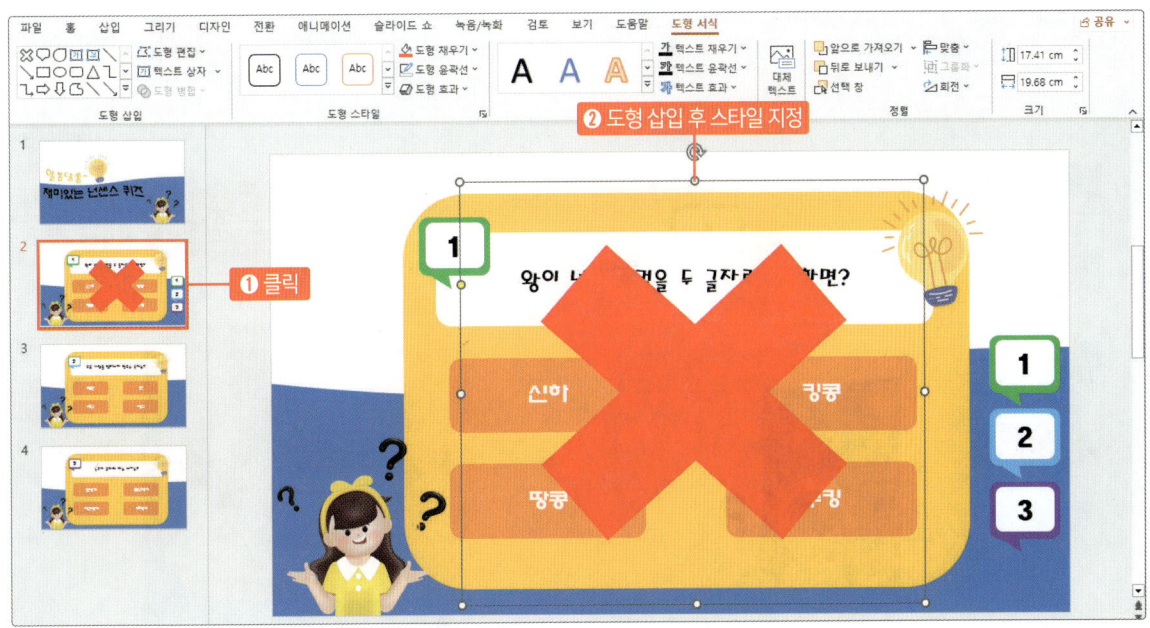

2 '곱하기 기호' 도형을 클릭하고 [애니메이션] 탭의 [애니메이션] 그룹에서 '나타내기'를 클릭합니다. 그 다음 [고급 애니메이션] 그룹에서 [애니메이션 추가]를 클릭하여 '끝내기'의 '사라지기'를 클릭하고 [타이밍] 그룹에서 시작을 '이전 효과 다음에'를 선택합니다.

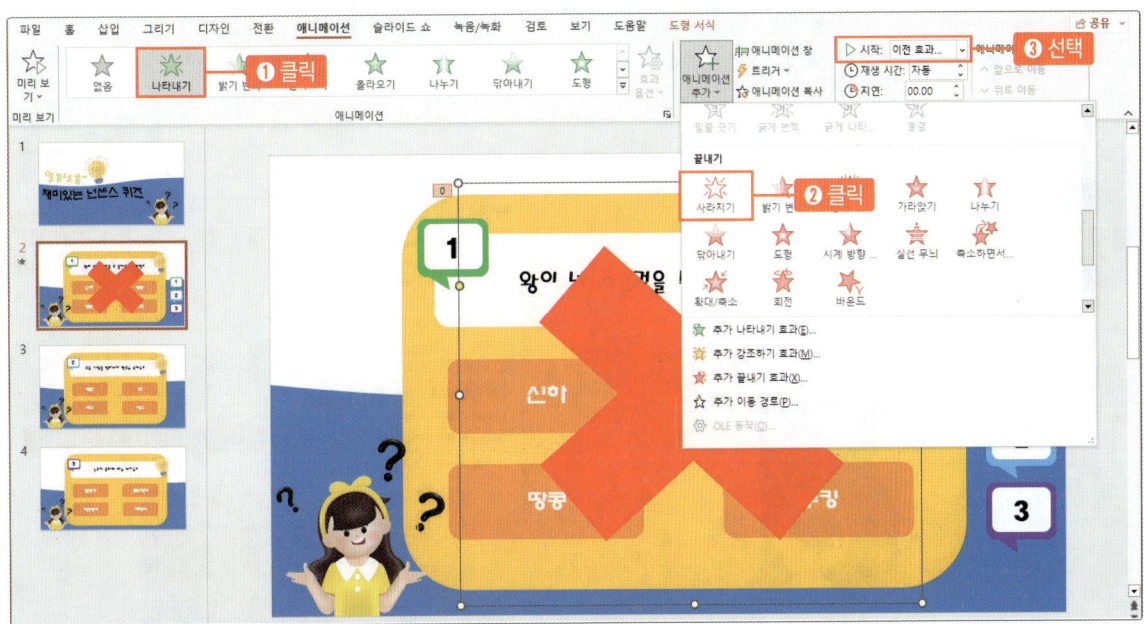

CHAPTER 22 - 알쏭달쏭 재미있는 넌센스 퀴즈 **137**

02 시작 옵션 변경하기 ①

오답을 클릭하면 '곱셈 기호' 도형이 나타났다가 사라지도록 시작 옵션을 변경합니다.

1. [고급 애니메이션] 그룹에서 [애니메이션 창]을 클릭합니다. [애니메이션 창]에서 애니메이션을 모두 선택한 다음 마우스 오른쪽 버튼을 클릭하여 바로가기 메뉴의 [타이밍]을 클릭합니다.

2. [효과 옵션] 대화 상자가 실행되면 [타이밍] 탭의 [시작 옵션]을 클릭하고 '다음을 클릭하면 효과 시작'을 클릭한 후 '사각형: 둥근 모서리 2 : 신하'를 선택합니다.

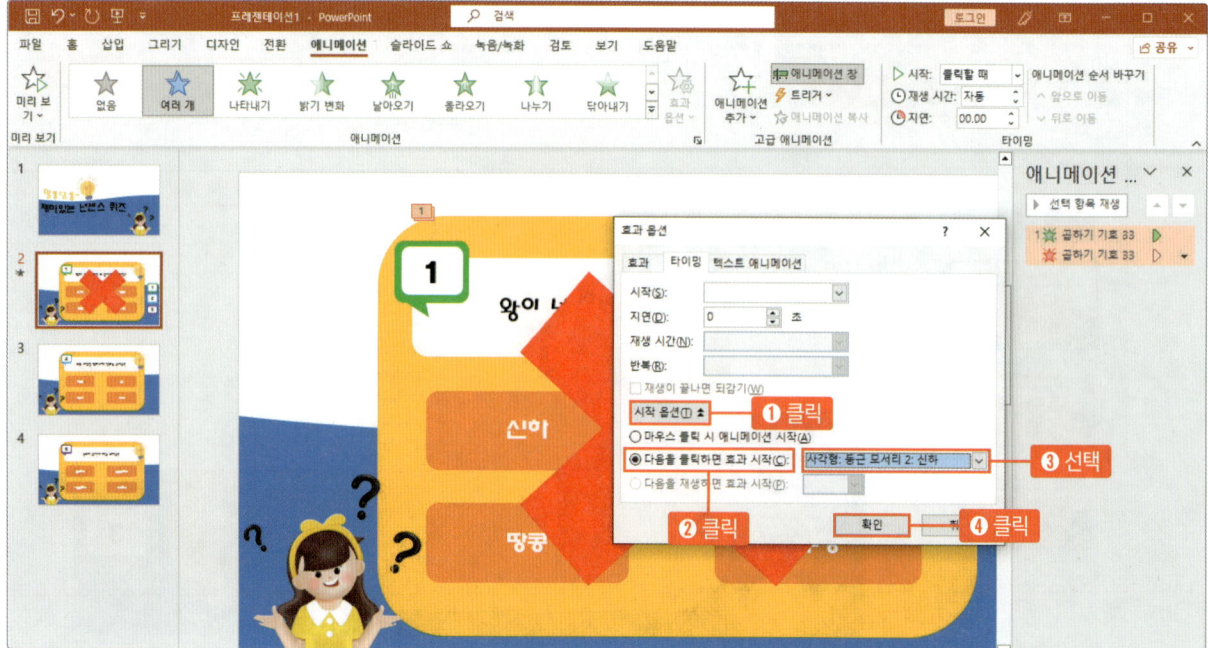

③ '곱하기 기호' 도형을 클릭하고 [애니메이션] 탭의 [고급 애니메이션] 그룹에서 [애니메이션 추가]를 클릭하여 '나타내기'의 '나타내기', '끝내기'의 '사라지기' 애니메이션을 차례로 추가합니다. 그 다음 '사라지기' 애니메이션을 클릭하고 시작의 '이전 효과와 함께', 지연의 '2초'를 클릭하여 지정합니다.

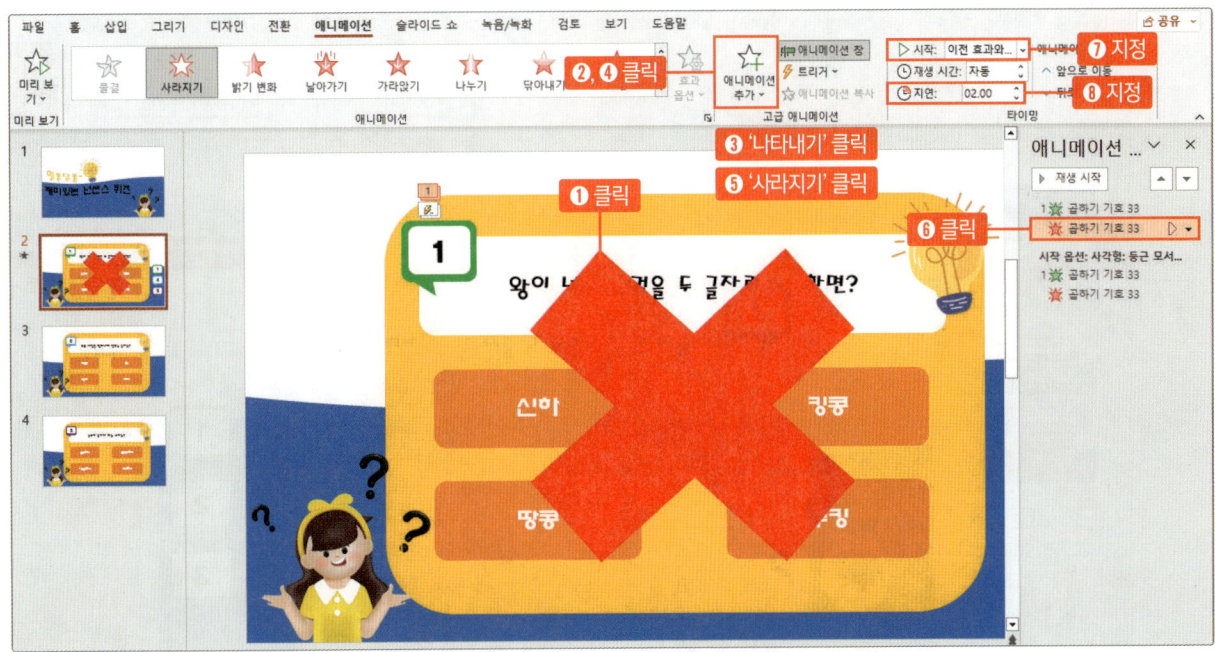

TIP
[애니메이션] 탭의 [애니메이션] 그룹에서 지정할 경우, 기존의 애니메이션이 사라져요.

④ [애니메이션 창]에서 2개의 애니메이션을 선택한 다음 마우스 오른쪽 버튼을 클릭하여 바로가기 메뉴의 [타이밍]을 클릭하고, [효과 옵션] 대화 상자가 실행되면 [타이밍] 탭의 [시작 옵션]을 클릭하고 '다음을 클릭하면 효과 시작'을 클릭한 후 '사각형: 둥근 모서리 4 : 땅콩'을 선택합니다.

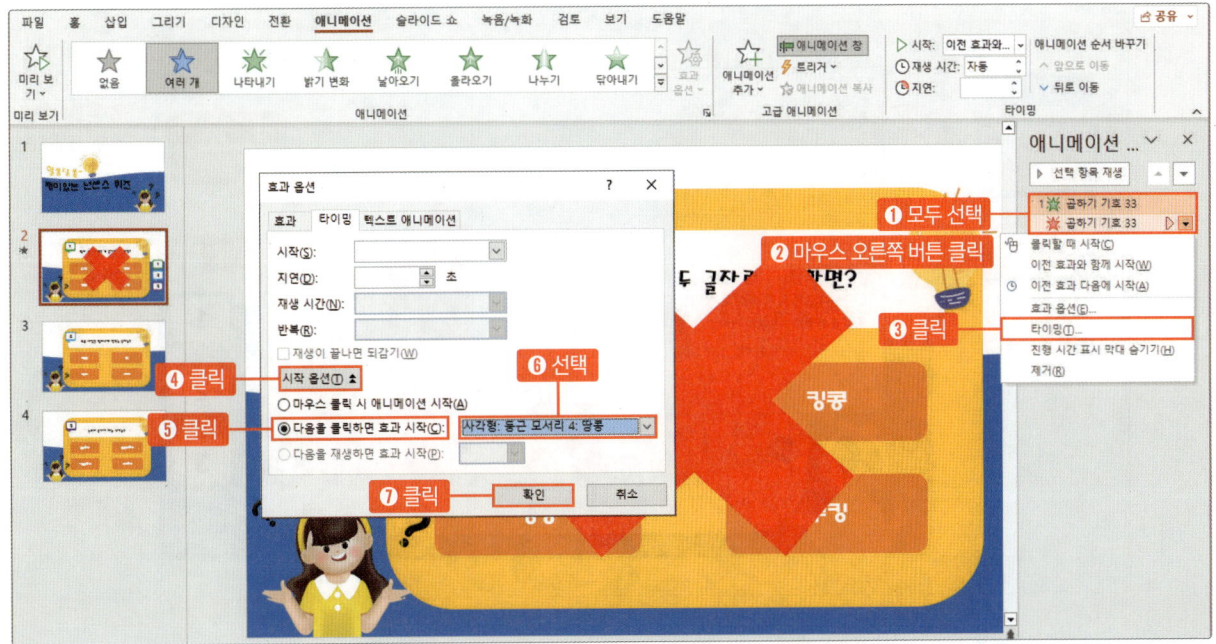

CHAPTER 22 - 알쏭달쏭 재미있는 넌센스 퀴즈

5 '곱하기 기호' 도형을 클릭하고 [애니메이션] 탭의 [고급 애니메이션] 그룹에서 [애니메이션 추가]를 클릭하여 '나타내기'의 '나타내기', '끝내기'의 '사라지기' 애니메이션을 차례로 추가합니다. 그 다음 '사라지기' 애니메이션을 클릭하고 시작의 '이전 효과와 함께', 지연의 '2초'를 지정합니다.

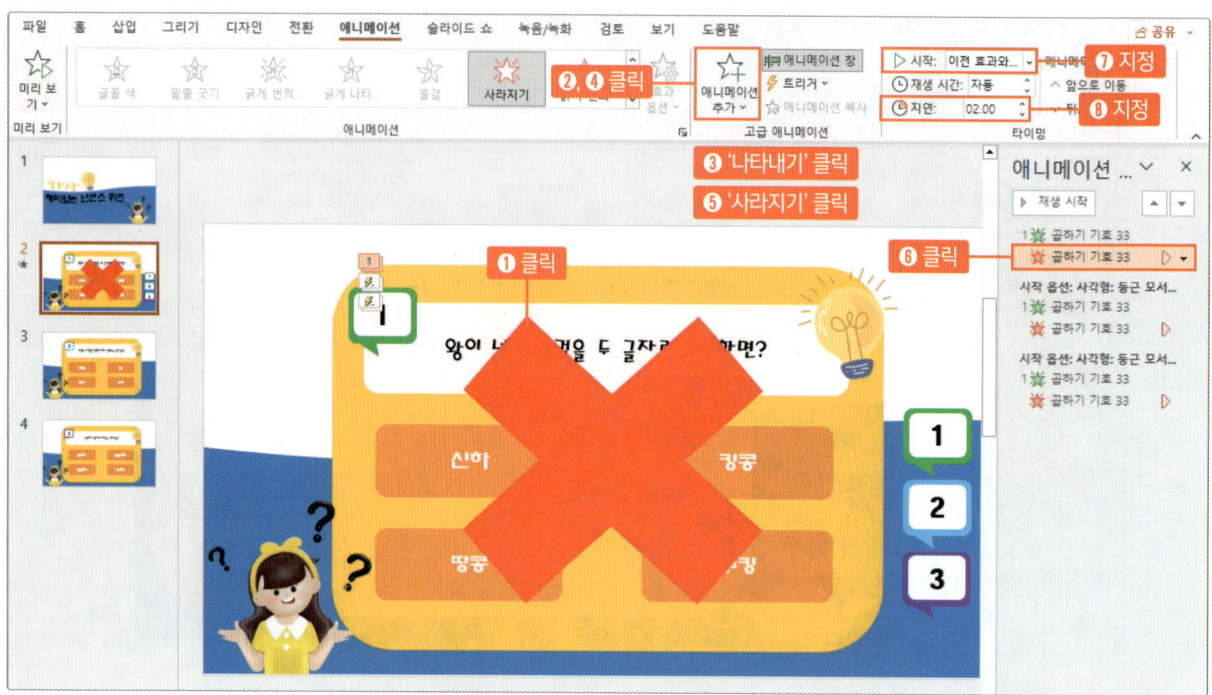

6 [애니메이션 창]에서 2개의 애니메이션을 선택한 다음 마우스 오른쪽 버튼을 클릭하여 바로가기 메뉴의 [타이밍]을 클릭하고, [효과 옵션] 대화 상자가 실행되면 [타이밍] 탭의 [시작 옵션]을 클릭하고 '다음을 클릭하면 효과 시작'을 클릭한 후 '사각형: 둥근 모서리 5: 쿠킹'을 선택합니다.

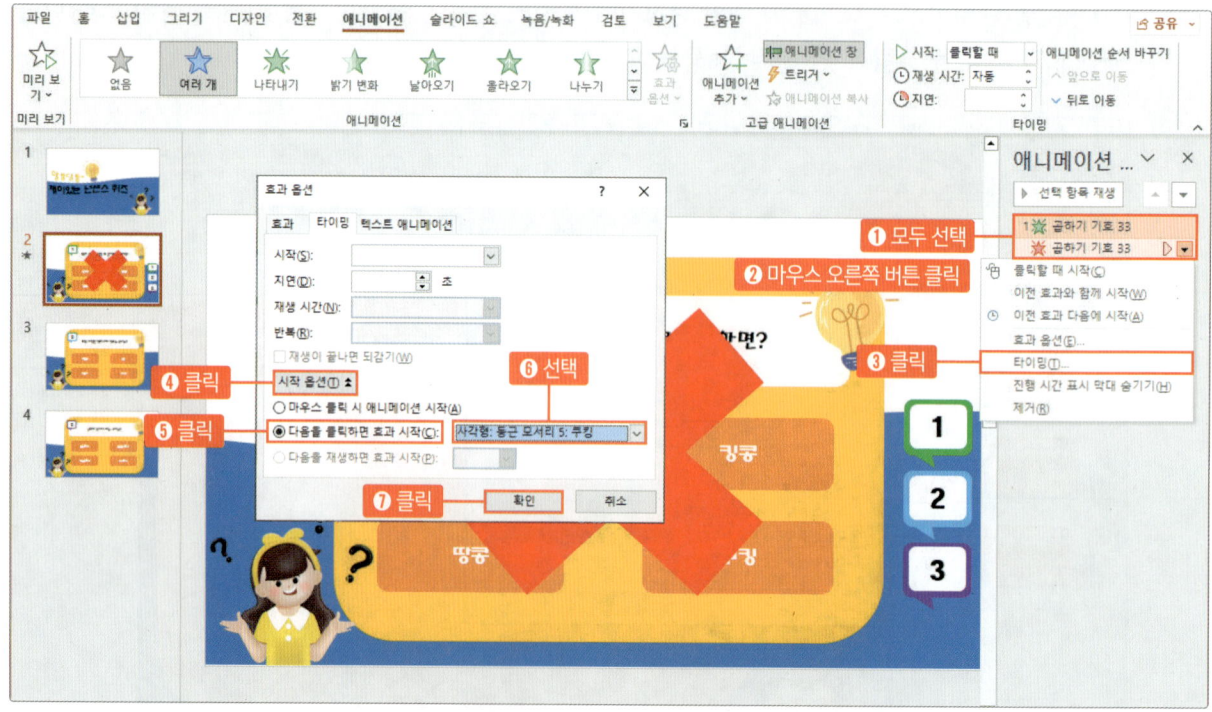

03 시작 옵션 변경하기 ②

정답을 클릭하면 '원형: 비어있음' 도형이 나타났다가 사라지도록 시작 옵션을 변경합니다.

① '원형: 비어있음' 도형을 삽입한 후 [도형 채우기]-'연한 파랑', [도형 윤곽선]-'윤곽선 없음'으로 지정한 다음 [애니메이션 추가]를 클릭하여 '나타내기'의 '나타내기', '끝내기'의 '사라지기' 애니메이션을 추가합니다. 그다음 '사라지기' 애니메이션을 클릭하고 시작의 '이전 효과와 함께', 지연의 '2초'를 지정합니다.

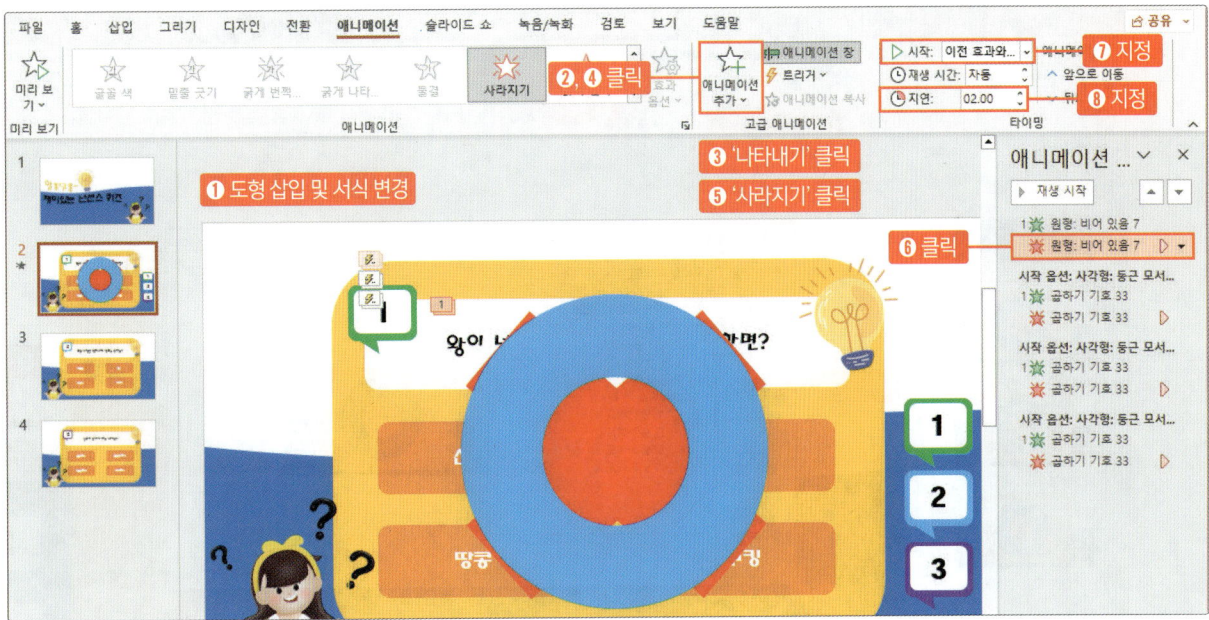

② 앞에서와 같은 방법으로 [효과 옵션] 대화 상자를 실행하여 [시작 옵션]을 클릭하고 '다음을 클릭하면 효과 시작'을 클릭한 후 '사각형: 둥근 모서리 3: 킹콩'을 선택합니다.

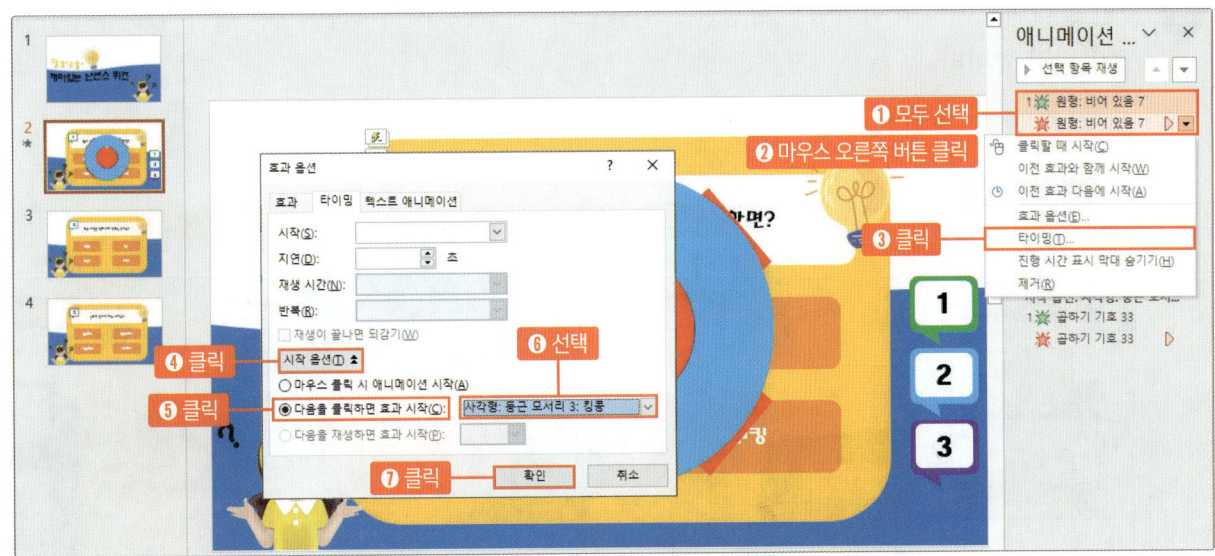

③ 3번, 4번 슬라이드도 같은 방법으로 완성합니다.

04 하이퍼링크 설정하기

문제 번호를 클릭하면 해당 번호 문제 슬라이드로 연결되도록 하이퍼링크를 설정합니다.

① 2번 슬라이드에 '1' 그림을 클릭한 후 [삽입] 탭의 [링크] 그룹에서 [하이퍼링크]를 클릭한 다음 [하이퍼링크 편집] 대화상자가 실행되면 연결 대상의 [현재 문서]를 클릭하고, '슬라이드 2'를 클릭한 후 [확인]을 클릭합니다.

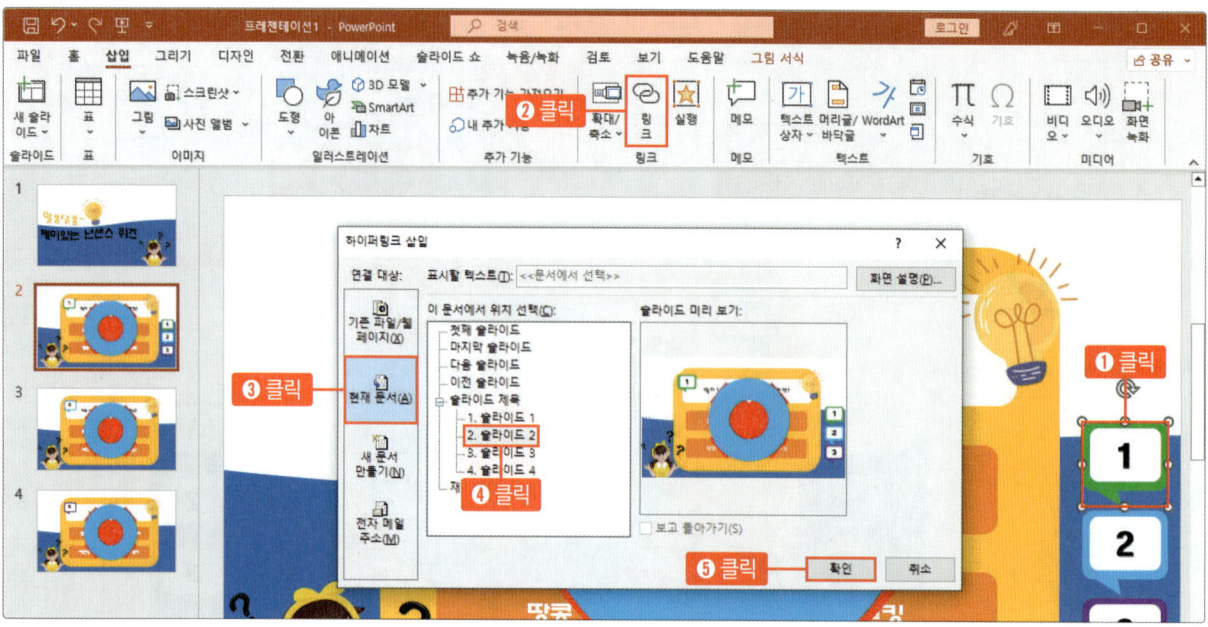

② ①과 같은 방법으로 '2', '3' 그림들도 각각 3번, 4번 슬라이드로 하이퍼링크를 연결합니다.

③ 2번 슬라이드에서 하이퍼링크 설정한 그림을 모두 선택한 후 복사하여 3번 슬라이드, 4번 슬라이드로 붙여넣기 합니다.

실력 쑥쑥! 창의력 쑥쑥!

1 애니메이션의 시작 옵션을 변경하여 다음과 같은 우주 퀴즈를 완성해 보세요.

> 예제파일 우주퀴즈.pptx   완성파일 우주퀴즈(완성).pptx

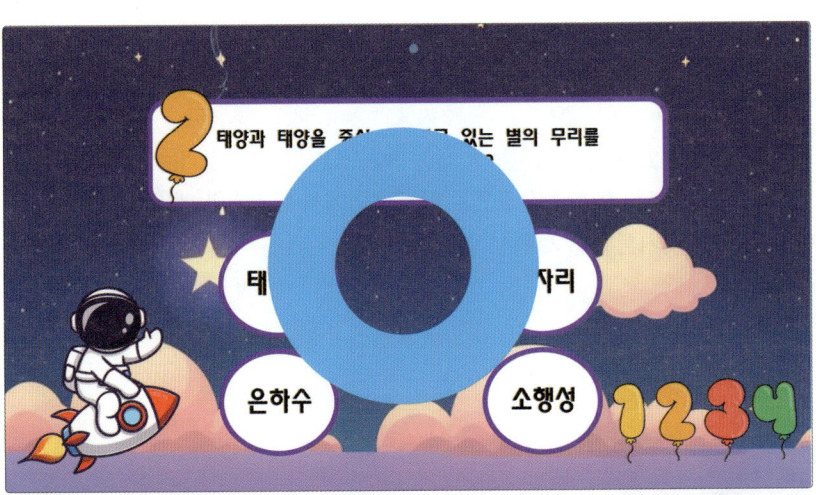

- **1** 도형 삽입
  - '곱하기 기호', '원형: 비어있음'
    도형 채우기 – '임의의 색'
    도형 윤곽선 – '윤곽선 없음'
- **2** 애니메이션
  나타내기 – '나타내기'
  끝내기: '사라지기' – '이전효과 다음에', '2초'
- **3** 하이퍼링크

CHAPTER 22 · 알쏭달쏭 재미있는 넌센스 퀴즈

숨은 그림 찾기

오늘의 미션
- Ctrl + D 키를 이용하여 복사하기
- 트리거 적용하기
- 애니메이션 효과 옵션 설정하기

커다란 그림 속에 숨어있는 작은 그림들을 찾는 게임인 숨은 그림 찾기는 관찰력과 집중력을 키워줍니다. 이번시간에는 파워포인트 프로그램에서 트리거와 애니메이션 효과를 설정하여 숨은 그림 찾기를 만들어 봅시다.

 작품 미리보기

예제파일 숨은그림찾기.pptx   **완성파일** 숨은그림찾기(완성).pptx

01 Ctrl+D 키를 이용하여 복사하기

그림을 Ctrl+D 키를 이용하여 복사합니다.

1 Powerpoint 2021를 실행한 다음 '숨은그림찾기.pptx' 파일을 불러온 후 '공룡' 그림을 클릭하고 Ctrl+D 키를 눌러 그림을 복사한 다음 숨길 곳으로 이동하고 크기를 조절합니다.

2 ①과 같은 방법으로 '농구공', '망원경', '로켓', '오리', '토성'을 복사하여 곳곳에 숨깁니다.

> **TIP**
> [그림 서식] 탭의 [색]에서 색을 변경하면 자연스럽게 숨길 수 있어요.

02 트리거 적용하기

숨긴 그림을 클릭하면 '타원' 도형이 표시되도록 트리거를 적용합니다.

① '타원' 도형을 삽입한 후 마우스 오른쪽 버튼을 클릭하여 바로가기 메뉴의 [도형 서식]을 클릭한 다음 [도형 서식] 작업창에서 '채우기 없음', 선을 '실선', 색을 '빨강', 너비를 '4pt'로 변경합니다. 그 다음 '공룡' 그림에 맞추어 크기와 위치를 조절합니다.

② 삽입한 '타원' 도형을 복사하여 숨긴 '공룡' 그림 위로 위치를 변경합니다. '타원' 도형을 모두 선택하여 [애니메이션] 탭의 [애니메이션] 그룹에서 '밝기 변화'를 클릭합니다.

146 파워포인트 2021 작품만들기

③ [고급 애니메이션] 그룹에서 [트리거]를 클릭하여 [클릭할 때]의 '그림3'(숨긴 공룡 그림)를 클릭합니다.

그림 및 도형 삽입 순서에 따라 그림 및 도형의 번호가 달라져요.

④ ①~③번과 같은 방법으로 숨은 그림 위로 '타원' 도형을 삽입하고 복사한 후 '밝기 변화' 애니메이션 및 트리거를 적용합니다.

CHAPTER 23 - 숨은 그림 찾기

03 애니메이션 효과 옵션 설정하기

숨은 그림이 아닌 부분을 클릭하면 곱셈 기호가 나타나도록 효과 옵션을 설정합니다.

① '직사각형' 도형을 삽입한 후 마우스 오른쪽 버튼을 클릭하여 바로가기 메뉴에서 [도형 서식]을 클릭하고 [도형 서식] 작업창을 실행합니다.

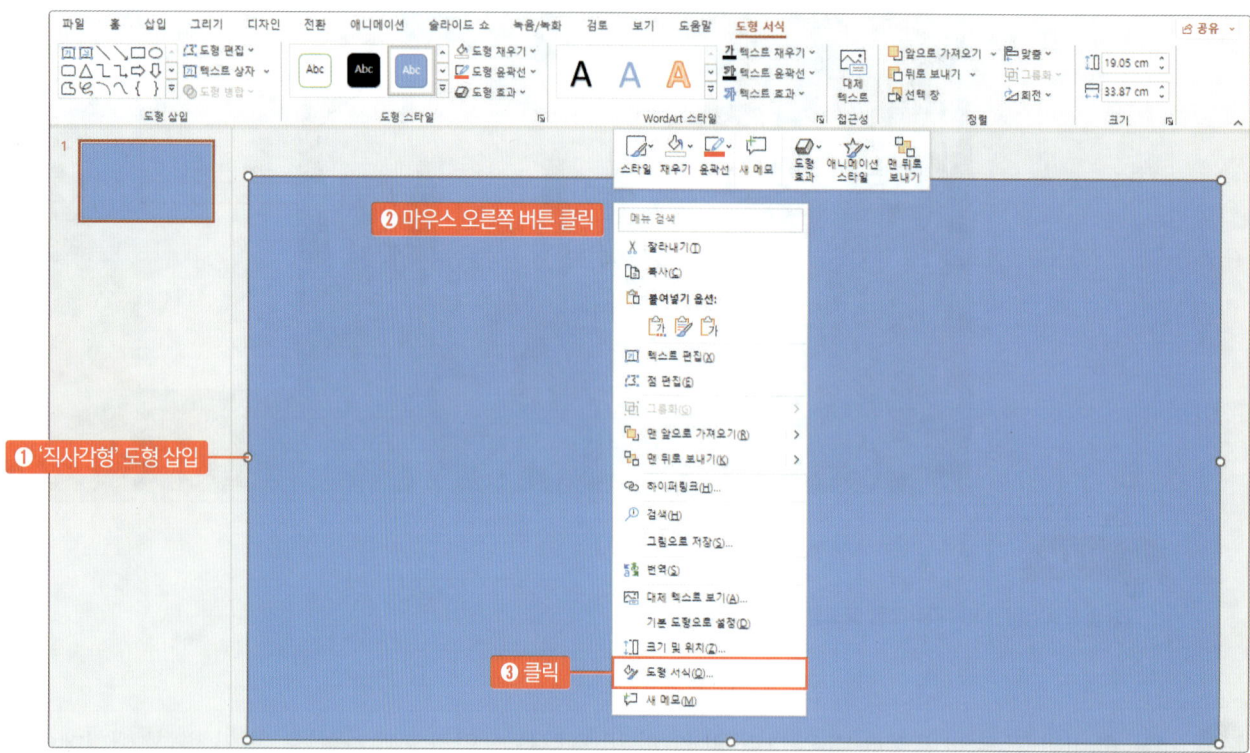

② [도형 서식] 작업창에서 채우기의 투명도를 '100%', '선 없음'으로 변경합니다.

③ 투명한 '직사각형' 도형을 클릭하고 [도형 서식] 탭의 [정렬] 그룹에서 [뒤로 보내기]의 [맨 뒤로 보내기]를 클릭합니다.

④ '곱하기 기호' 도형을 삽입한 후 노란 조절점을 드래그하여 도형 모양을 변경하고 [도형 채우기]-'빨강', [도형 윤곽선]-'윤곽선 없음'으로 지정합니다.

⑤ 삽입한 '곱하기 기호' 도형을 클릭하고 [애니메이션] 탭의 [애니메이션] 그룹에서 '밝기 변화'를 클릭한 후 [고급 애니메이션] 그룹에서 [애니메이션 창]을 클릭하고 곱하기 기호 애니메이션에서 마우스 오른쪽 버튼을 클릭하여 [효과 옵션]을 클릭합니다.

⑥ 효과옵션 창이 열리면 [효과] 탭에서 '애니메이션 후'를 '애니메이션 후 숨기기'로 변경합니다. 그 다음 [타이밍] 탭의 [시작 옵션]을 클릭하고 '다음을 클릭하면 효과 시작'을 클릭한 후 '직사각형 32'(투명한 직사각형 도형)을 선택하고 [확인]을 클릭합니다.

실력 쑥쑥! 창의력 쑥쑥!

① 트리거를 이용하여 다음과 같은 카드 맞추기 게임을 완성해 보세요.

> 예제파일 그림1~4.jpg
> 완성파일 카드맞추기게임.pptx

❶ 그림 삽입
그림 1~4.jpg

❷ 도형 삽입
- '사각형: 둥근 모서리'
  도형 채우기 – '황금색, 강조 4, 40% 더 밝게'
  도형 윤곽선 – '윤곽선 없음'
- '직사각형'
  도형 채우기 – '임의의 색',
  투명도 – '100%'
  도형 윤곽선 – '윤곽선 없음'

❸ 애니메이션
- '사각형: 둥근 모서리'
  끝내기: '사라지기'
  클릭할 때: 사각형: 둥근 모서리
  나타내기 – '나타내기'
  클릭할 때: '직사각형', 지연: 1초

TIP

'사각형: 둥근 모서리' 도형을 클릭하면 가려졌던 그림이 보이고, 빈 공간을 클릭하면 다시 가려지도록 만들어 봅니다.

CHAPTER 23 - 숨은 그림 찾기

CHAPTER 24
내가 만드는 그림 퍼즐

오늘의 미션
- ✓ 도형 삽입하기
- ✓ 도형 병합하기 및 그림으로 저장하기
- ✓ 그림 퍼즐 완성하기

작은 조각들이 모여 하나의 그림을 완성하는 퍼즐놀이를 하려고 합니다. 이번시간에는 파워포인트 프로그램의 도형 병합과 그림으로 저장 기능을 이용하여 나만의 그림 퍼즐을 만들어 봅시다.

예제파일 퍼즐배경.pptx, 그림.jpg　　**완성파일** 퍼즐1~12.png, 그림퍼즐(완성).pptx

01 도형 삽입하기

그림 퍼즐을 만들기 위해 도형으로 슬라이드 배경을 나눕니다.

1 Powerpoint 2021을 실행한 다음 '퍼즐배경.pptx' 파일을 불러온 후 크기에 맞추어 '그림.jpg'을 삽입합니다.

2 그 위로 '직사각형' 도형을 삽입한 후 [도형 서식] 탭의 [크기] 그룹에서 높이를 '6.35cm', 너비를 '8.4cm'로 변경합니다.

③ 삽입한 '직사각형' 도형을 클릭한 후 [도형 채우기]-'투명도: 100%', '실선', '흰색, 배경 1', '3pt'로 서식을 변경합니다.

④ '직사각형' 도형을 Ctrl+Shift 키를 누른 채로 드래그하여 총 12개 도형으로 복사합니다.

02 도형 병합하기

퍼즐 모양으로 만들기 위해 여러 개의 도형을 병합합니다.

1 '타원' 도형을 삽입한 후 [도형 서식] 작업창에서 '투명도: 100%', '실선', '흰색, 배경 1', '3pt'로 서식을 변경하고 Ctrl+Shift 키를 이용하여 '직사각형' 도형의 선이 닿아있는 자리에 맞추어 도형을 복사합니다.

2 밖으로 튀어나온 퍼즐 조각을 만들기 위해 병합할 '직사각형' 도형과 '타원' 도형을 선택한 후 [도형 서식] 탭의 [도형 삽입] 그룹에서 [도형 병합]-[통합]을 클릭합니다.

CHAPTER 24 - 내가 만드는 그림 퍼즐

③ 안쪽으로 들어간 퍼즐 조각을 만들기 위해 병합할 '직사각형' 도형과 '타원' 도형을 선택한 후 [도형 서식] 탭의 [도형 삽입] 그룹에서 [도형 병합]-[빼기]를 클릭합니다.

④ ②~④와 같은 방법으로 나머지 도형들을 [도형 병합]기능을 사용하여 퍼즐 조각 모양으로 만듭니다.

TIP 먼저 [통합], [빼기]에 사용한 '타원'은 같은 위치에 다시 삽입하여 연결되는 퍼즐 모양을 만듭니다.

03 그림 퍼즐 완성하기

그림으로 저장한 그림 퍼즐 조각으로 퍼즐을 완성합니다.

① 왼쪽 축소판에서 슬라이드를 복제하여 총 12개의 슬라이드로 만듭니다. 그 다음 1번 슬라이드에서 퍼즐 도형 하나를 클릭하고 맨 아래 삽입한 '배경.jpg'를 클릭하여 [도형 병합]-[교차]를 클릭합니다.

② 교차로 잘라낸 조각에 마우스 오른쪽 버튼 클릭을 한 후 [그림으로 저장]을 눌러 'png' 파일로 저장합니다.

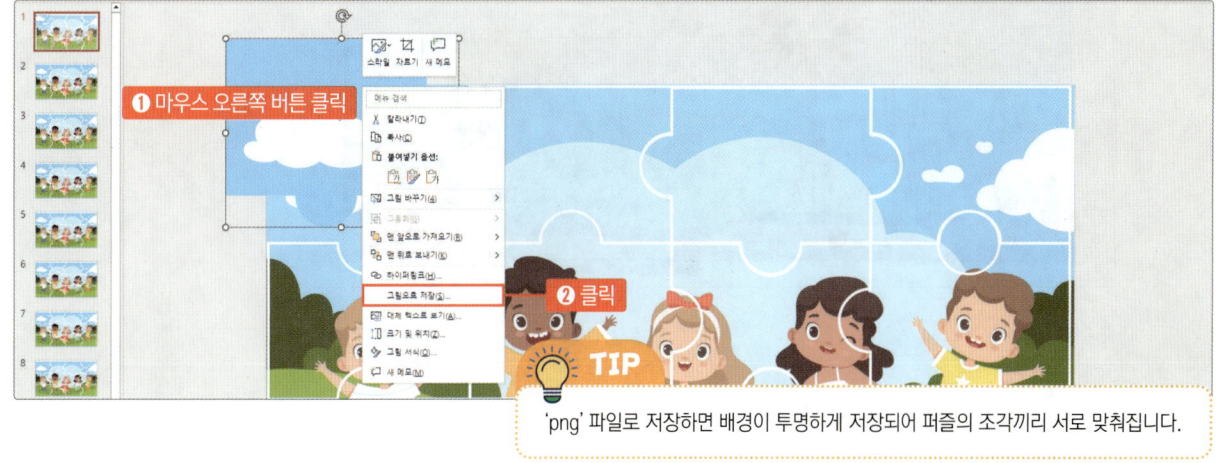

TIP: 'png' 파일로 저장하면 배경이 투명하게 저장되어 퍼즐의 조각끼리 서로 맞춰집니다.

③ ①~②와 같이 2~12번 슬라이드에서도 퍼즐 조각 틀과 배경을 교차해 잘라 그림으로 저장합니다.

④ 새로운 프레젠테이션을 열어 [삽입] 탭의 [이미지] 그룹에서 앞서 그림으로 저장한 퍼즐 조각 그림을 삽입해 보며 그림 퍼즐을 완성합니다.

실력 쑥쑥! 창의력 쑥쑥!

1 다음과 같이 도형 병합기능을 사용하여 퍼즐을 완성해 보세요.

예제파일 야자수.png   완성파일 야자수퍼즐(완성).pptx

❶ **배경 서식**
  그림 또는 질감 채우기 – '야자수'
❷ **도형 삽입**
  • '직사각형'
    도형 윤곽선 – '임의의 색'
❸ **도형 병합**
❹ **그림으로 저장하기**

초등 전과목
디지털학습 플랫폼

디지털 초크

첫 달 100원
무제한 스터디밍

지금 신규 가입하면
첫 달 ~~9,500원~~ → 100원!

초등 전과목
교과 학습

AI 문해력
강화 솔루션

AI 수학 실력
향상 프로그램

웹툰으로 만나는
학습 만화

초중고 교과서 발행 부수 1위 기업 **MiraeN**